羊城学术文库·老城市新活力丛书

广州迈向国际一流文化城市

Guangzhou Maixiang Guoji
Yiliu Wenhua Chengshi

程焕文　肖鹏　宋佳　等　著

社会科学文献出版社
SOCIAL SCIENCES ACADEMIC PRESS (CHINA)

羊城学术文库
总　序

　　学术文化作为文化的一个门类，是其他文化的核心、灵魂和根基。纵观国际上的知名城市，大多离不开发达的学术文化的支撑——高等院校众多、科研机构林立、学术成果丰厚、学术人才济济，有的还产生了特有的学术派别，对所在城市乃至世界的发展都产生了重要的影响。学术文化的主要价值在于其社会价值、人文价值和精神价值，学术文化对于推动社会进步、提高人的素质、提升社会文明水平具有重要的意义和影响。但是，学术文化难以产生直接的经济效益，因此，发展学术文化主要靠政府的资助和社会的支持。

　　广州作为岭南文化的中心地，因其得天独厚的地理环境和人文环境，其文化博采众家之长，汲中原之精粹，纳四海之新风，内涵丰富，特色鲜明，独树一帜，在中华文化之林中占有重要的地位。改革开放以来，广州成为我国改革开放的试验区和前沿地，岭南文化也以一种崭新的姿态出现在世人面前，新思想、新观念、新理论层出不穷。我国改革开放的许多理论和经验就出自岭南，特别是广州。

　　在广州建设国家中心城市、培育世界文化名城的新的历史进程中，在"文化论输赢"的城市未来发展竞争中，需要学术文化发挥应有的重要作用。为推动广州的文化特别是学术文化的繁荣发展，广州市社会科学界联合会组织出版了"羊城学术文库"。

　　"羊城学术文库"是资助广州地区社会科学工作者的理论性学术著作出版的一个系列出版项目，每年都将通过作者申报和专家评审程序出版若干部优秀学术著作。"羊城学术文库"的著作涵盖整个人文社会科学，将按内容分为经济与管理类，文史哲类，政治、法律、社会、教育及其他等三个系列，要求进入文库的学术著作具有较高的学术品位，以期通过我们持之以恒的组织出版，将"羊城学术文库"打造成既在学界有一定影响力的学术品牌，推动广州地区学术文化的繁荣发展，也能为广州增强文化软实力、培育世界文化名城发挥社会科学界的积极作用。

广州市社会科学界联合会

2016 年 6 月 13 日

目 录
CONTENTS

前　言

广州是广东省省会、国家中心城市、历史文化名城，是粤港澳大湾区的核心城市。改革开放以来，广州经济蓬勃发展，GDP 年均增速达13%，2017 年 GDP 超过 3000 亿美元，已经成为中国国内最具影响力和知名度的大城市之一。

随着 21 世纪的到来，文化成为城市经济增长和生活质量提升的催化剂，在世界各地的城市政策中占据日益突出的地位。在发展经济的同时，广州也一直努力推进城市空间、交通设施、科技创新、历史文化与公共服务等方面的建设，朝着"独具特色、文化鲜明的国际一流城市"和"美丽宜居、充满活力的全球城市"的目标砥砺奋进。随着新时期的到来，如何发挥广州文化的优势，促进城市振兴和经济发展，提高国际化水平，建成全球引领型城市，是广州城市发展的关键命题。

2018 年 4 月，本课题组受广州市社科联委托，承担广州市委书记年度圈题重点项目"广州建设独具特色、文化鲜明的国际一流城市"的研究任务，相继开展了文献调查、理论研究、评估体系分析、政策调研和广州城市发展现状分析，在此基础上提出了具体的策略建议，并形成了终期研究报告。

本研究报告分为 9 章，围绕广州建设独具特色、文化鲜明的国际一流城市，回答了什么是独具特色、文化鲜明的国际一流城市，归纳、总结和分析了广州当前的文化资源和文化发展状况，提出了广州建设独具特色、文化鲜明的国际一流城市的可选择路径和具体策略。

关于国际一流城市的内涵与评价体系的研究，重点回顾了城市文化的理论基础与建设国际一流城市的现有研究成果，从理论研究和现有城市评估体系两个层面分析国际一流城市的内涵。在此基础上，选取世界一流城市案例，考察其城市文化的建设策略与发展经验，以资借鉴。

关于广州文化的特色、现状与评价的研究，重点从民间认知和发展现状两个层面考察和梳理广州文化的鲜明特色，并以国际一流城市评估体系为中心考察广州在全国和国际城市中的地位与特色。

研究报告最后结合国际城市发展理论和广州城市发展现状，提出了广州建设独具特色、文化鲜明的国际一流城市的建议和策略，以资参考。

本研究报告的具体分工情况如下。（1）研究设计、规划和组织：程焕文、肖鹏、宋佳。（2）前期调研组织：宋佳、苏日娜、文琴。（3）前期调研和数据收集：苏日娜、刘佳亲、曾文、李璇、郑炜楠、刘溪、陈润好。（4）初稿撰写：第一章赵心；第二章第一节刘佳亲、傅钰，第二节刘佳亲，文琴、苏日娜统稿；第三章第一节李璇，第二节李璇，第三节曾文、刘溪，第四节刘溪，第五节苏日娜，第六节苏日娜，第七节苏日娜，苏日娜统稿；第四章第一节刘溪，第二节李璇，第三节吴莉；第五章第一节冯芳玲、陈润好，第二节冯芳玲、曾文，第三节冯芳玲，第四节冯芳玲、曾文；第六章苏日娜、文琴、赵心；第七章第一节肖鹏，第二节肖鹏，第三节文琴；第八章第一节文琴，第二节刘佳亲，第三节曾文、刘溪、李璇，文琴、肖鹏统稿；第九章第一节文琴、刘溪、李璇，第二节曾文、郑炜楠，第三节郑炜楠，第四节冯芳玲。（5）二稿、三稿修改：肖鹏、宋佳，曾斯钰参与了二稿、三稿校对。（6）统稿定稿：程焕文。

本研究报告完成于 2019 年。两年来，在习近平新时代中国特色社会主义思想指引下，广州市牢记习近平在广东视察调研时关于广州实现老城市新活力和"四个出新出彩"的殷切嘱托，坚持"四个意识"，坚定"四个自信"和"五大发展理念"，城市建设日新月异，取得了飞速发展，本报告中的部分建议已经成为现实。为忠实本课题终期研究报告，在出版中课题组反对原有章节内容进行了调整和删减，没有对相关统计数据做进一步更新，在此特予以说明。

由于本研究课题涉及面甚广，难免挂一漏万，存在诸多不足，敬祈专家学者批评指正。

第一章
城市文化的基础理论与研究回顾

衡量国际一流城市，有多个不同的评判维度，但从本书的研究任务来讲，关注的主要是其文化面相。城市作为人类社会的一种形态，在其发展历程中，往往要受到自然环境、经济发展水平等多方面的影响，这些影响最终凝练并沉淀为截然不同的城市文化。

现代学界对城市的研究可追溯至 19 世纪。在工业革命之前，乡村仍是人类最主要的聚居模式，而随着工业革命的出现和发展，大规模的城市化越来越成为一种不可逆转的潮流和趋势，城市的扩张速度进入一个人类历史上前所未有的水平。与西方发达国家相比，中国城市化和城市的现代化起步较晚，但无论从学理、政策还是实践层面，均有其独到的特色。21 世纪以来，中国的城市化进程日益加快，2017 年城镇化率已达58.5%[①]，未来必然还将进一步提升。

如今大部分城市都面临着如何在现代城市建设和发展城市文化中保持平衡的问题，尤其是当城市现代化建设危及城市传统文化的时候。另外，西方发达国家也都或多或少遇到过中国城市发展历程中面临的一些困境。因此，我们有必要对前人已有的城市研究进行回顾和总结，以期从中获得帮助和借鉴。

城市文化的理论基础涉及以下几个方面：（1）城市理论，这是城市发展与建设的基础；（2）文化理论，这是城市文化发展的大背景；（3）城市文化理论，这是本研究最核心的部分；（4）城市空间理论，空间是城市文化的载体与表现；（5）城市经济学理论，这是城市文化发展的基础与支撑；（6）其他一些相关理论，如文化产业理论。

---

① 李克强. 政府工作报告［N］. 人民日报，2018 - 03 - 23（001）.

城市文化的研究回顾包括以下几个方面：（1）城市文化研究，这是关于城市文化研究的总体呈现；（2）文化政策研究，文化政策是文化发展的政治保障与基础，在文化发展历程中发挥着举足轻重的作用；（3）城市文化发展研究，涵盖了不同国家和地区的城市文化发展状况；（4）城市文化遗产保护研究，城市文化遗产是城市文化不可或缺的一部分，是城市文化的灵魂；（5）城市文化评估研究，文化评估是对城市文化发展的总结，能够为城市文化的进一步发展指明方向；（6）文化产业研究，文化产业是文化发展的重要组成部分，是文化传承与传播的重要渠道；（7）创意城市研究，创意城市是未来城市发展的方向之一，包括硬件与软件两个方面。

第一节 基础理论

城市作为人类社会的一种集聚方式，涉及人类社会的各个方面，因此城市研究作为一个综合性的研究领域，涉及的范围亦非常广泛。本书仅选择以下四个主要方面进行梳理：城市、文化和城市文化理论，城市空间理论，城市经济学理论，其他与城市文化相关的理论。

1.1.1 城市理论

19世纪以来，由于工业革命的发展和影响，城市形态开始变化，以城市为对象的研究逐渐兴起。随着社会政治、经济的发展，以及意识形态等方面的影响，新的城市理论不断提出，本书主要对部分有代表性的观点进行介绍。

早期的城市学研究以英国的埃比尼泽·霍华德等人为代表，19世纪末英国出现了城市人口过分集中、农村地区衰竭的状况，为解决这一问题，霍华德提出了"田园城市"[①] 理论。霍华德认为，人们在"城市生活"和"乡村生活"之外还有第三种选择，即"田园城市"，在霍华德的设想中，田园城市将城市生活的便利性与乡村生活的优美环境都囊括其中。此外，霍华德还指出城市规模应当

---

① 〔英〕埃比尼泽·霍华德著，金经元译. 明日的田园城市 [M]. 北京：商务印书馆，2009.

限制在一定范围内，当城市规模过大时，应当将过量的部分疏散到周边其他城市或者建设小城市来接纳，并通过田园城市的建设消灭土地私有制和限制大城市的无限制发展，用小城市群取代大城市，建设城乡一体的社会结构，从而取代城乡对立的二元社会结构。霍华德的田园城市理论提出了关心人民群众利益的新城市模式，摆脱了孤立看待城市的陈腐观念，对如今的城市建设与发展很有启发意义。

"城市性理论"是将城市与乡村视作两个完全相互独立的生活共同体的理论，这方面的代表有路易斯·沃斯和甘斯等。沃斯将城市性理解为一种生活方式，并将城市生活的范围扩展到了城市地区之外。[①] 在综合考虑了构成城市的多种要素后，沃斯将城市生活的主要特征归纳为人口数量、人口密度、居民以及群体生活的异质性三方面；在此基础上，把"城市"定义为"由不同的异质个体组成的一个相对大的、相对稠密的、相对长久的居住地"。根据沃斯的分析，城市生活的特点在于次级关系，具有肤浅、匿名与短暂的特征，即个体间差异巨大，人们只保持着微弱的联系，情感淡漠却又无比宽容。个体只有加入组织才能实现自身的完满，但个体不会属于单一群体，他们所属的群体要么没有关系，要么互相重合。同时，出生率下降成为城市化的重要标志，人口数量与都市生活方式相互影响。然而，甘斯却认为，应该用某一地域的居民特性而非地域自身来解释生活方式，此处的"特性"即居民的"经济、社会和文化特征以及他们在生命周期中所处的阶段"[②]；要想揭示行为模式的原因究竟是居住地特性还是自然环境，就必须将特性分析作为生活方式研究的原点。

在《美国大城市的死与生》中，简·雅各布斯提出了"城市多样性"理论，她认为城市的天性就是多样性，城市的规划必须建立在理解城市的基础上，而要深入地理解城市，就要重视城市所具有的多种功能。多样性关系到城市居民的各种需求及其内部联系，

---

①　〔美〕路易斯·沃斯. 作为一种生活方式的都市生活 ./孙逊，杨剑龙主编. 都市文化研究　第3辑　阅读城市：作为一种生活方式的都市生活 ［M］. 上海：上海三联书店，2007：2 - 18.

②　蔡禾主编，张应祥副主编. 城市社会学：理论与视野 ［M］. 广州：中山大学出版社，2003：73.

简·雅各布斯提到"城市里的多样性，不管是什么样的，都与一个事实有关，即城市拥有众多人口，人们的兴趣、品位、需求、感觉和偏好五花八门、千姿百态"①。城市多样性涉及商业、文化与城市景观等多方面的多样性。城市要形成多样性，需要具备四个条件：地区具备两个以上的主要功能，短小的街道，多样的建筑，足够高的人流密度。上述条件促使城市能够有效聚集经济资源进而具有多样性。

"城市符号互动理论"是城市社会学与符号互动论的结合，该理论有三个主要观点。第一，该理论指出，城市是一个符号环境，具有价值和意义，城市中的个体通过与他人的交往发展出"自我"，人们充分理解城市环境并利用其构建身份。因此，人们如何理解城市环境会影响其是否愿意利用城市环境，进而影响到城市的经济活动和城市活力。第二，城市居民都在城市这个舞台上扮演着某种角色，虽然其"舞台"情境是暂时的，但人们在扮演自己的角色时会有相应的行动策略和行为准则，使他们能够在公共场所管理自己的身份。第三，人们将自我融入场所中并产生认同，而且"利用领地来宣称社会团体的联结纽带及边界"②。

新城市主义产生于20世纪90年代，产生背景是美国城市郊区化的蔓延。郊区化的蔓延导致了内城的衰落和公共生活的缺失，针对这种现象，新城市主义倡导对中心城市进行改造，注重城市的多样性、发展紧凑城市，并从"大都市、城市和村镇""邻里、城市特别片区和交通走廊""街区、街道和房屋"③ 三个方面提出了关于城市公共政策和城市规划的原则和建议。新城市主义有两个核心理论模式，一是杜安伊夫妇提出的"传统邻里开发"模式，主张统筹开发，每个社区都有一个明确的中心，人们工作生活的场所不能相隔太远，拥有网状道路的同时街道不能太宽，多种类型住宅混合

① 〔加〕简·雅各布斯著，金衡山译. 美国大城市的死与生 [M]. 南京：译林出版社，2005：161.

② 蔡禾主编，张应祥副主编. 城市社会学：理论与视野 [M]. 广州：中山大学出版社，2003：102.

③ 何可人译. 新城市主义宪章 [J]. 建筑师，2003：50–51.

以提升社区宜居性;① 二是卡尔索普提出的"公共交通导向开发"
模式,即以公共交通站点为核心,围绕该核心建设住宅、商业与工
作场所等,建设交通网络与混合住宅,保护生态环境和原有的公共
空间等。②

1.1.2　文化理论

文化构成的形态包括物质文化、行为文化、制度文化、精神文
化。文化具有多种属性,如超自然性、时间性、社会性、空间性和
民族性。围绕上述多种形态与多种属性,文化研究形成了不同的
学派。

进化学派从进化论的角度探讨人类文化,核心理论是文化进化
论,即用生物学上的进化论来阐释人类文化的起源和发展,其哲学
基础是实证主义和社会有机论。③ 该学派认为,文化的发展也是按
照从低级到高级的顺序进行的,世界各地不同群体的文化发展路线
都基本相同,只存在发展速度的快慢差异。该学派的研究主要集中
于宗教的起源与发展以及婚姻家庭的起源与发展这两个方面。进化
学派还提出了"心理一致""文化一致"和"历史一致"三个理
论。但早期进化学派忽视了不同民族、不同地区的文化差异性,以
欧洲文化为中心和标准忽视了文化发展的不平衡性和特殊性,忽视
了文化传播与文化整体之间的联系。后来的新进化学派提出"科学
决定论""多线进化"等观点。

传播学派则强调文化传播在文化发展史上的意义,认为传播是
人类历史发展的主要内容,"甚至把人类社会全部历史归结为文化
现象的联系、冲突、借用和转移"④,不同地区和群体之间相似的
文化也是文化传播的结果,任何一种文化只会在某一地区或群体中
产生然后向外传播,而不会在其他地区再次独立产生。新文化的产
生是几个群体文化交叉传播的结果,因此,人类文化的发展历史就

① Andres Duany, Elizabeth Plater-Zyberk, *Towns and Town-Making Principles* [M], New York: Rizzoli, 2006.
② Peter Calthorper, *The Next American Metropolis: Ecology, Community and the American Dream* [M], New York: Princeton Architectural Press, 1993: 67.
③ 王玉德. 文化学 [M]. 昆明:云南大学出版社, 2006: 36-40.
④ 杨镜江编著. 文化学引论 [M]. 北京:北京师范大学出版社, 1992: 33.

是几个群体之间文化传播交融的历史。该学派的莱奥·弗洛贝纽斯认为文化是不依赖于人的独立客体，可以移植在任何自然条件下，同时"'文化没有脚'，仅仅靠人们的搬运和传播对人类产生影响"①。在此基础上，弗洛贝纽斯提出了"文化圈"的概念，即在同一个文化圈的地区里，文化具有相同的特征。弗里茨·格雷布纳尔对该理论进行了系统化，提出了"文化圈"和"文化层"理论，并将具有一定数量相同文化要素的地区划为一个文化圈，文化圈的重叠形成了文化层。

功能学派于 20 世纪 20 年代产生于英国，其理论和方法的基本点为：要把一个民族的文化习俗视作一个整体，要将其作为一个内部相互联系的系统来进行考察，每个文化要素都是这个整体不可分割的一部分。文化是一个由各种相互关联的文化要素构成的有机体，每个文化要素都有其功能，正是文化要素间的相互作用决定了文化的性质。因此，功能学派非常重视文化的完整性，强调文化系统中整体与部分、部分与部分之间的相互作用。但功能学派过分强调文化的整体性和功能性，往往忽视了对文化的动态分析。

结构主义学派是运用结构分析的方法来研究文化的流派，代表人物是列维·斯特劳斯。斯特劳斯受到结构语言学大师雅各布森的影响，渐渐形成了自己的结构主义理论。他将文化看作一个系统，并根据文化系统内部要素之间的结构关系来进行研究和分析。在他看来，文化研究的核心就是文化系统内部要素之间的结构关系，这种结构关系即是隐藏在实际关系背后的深层结构。要想深刻认识这种深层结构，仅仅依靠观察是做不到的，必须要依靠研究人员的概念模式。这种概念模式包括有意识模式和无意识模式两种，而后者更为重要，起着决定作用。

1.1.3　城市文化理论

城市在适应环境的过程中，产生了不同地域、不同特色的生活生产方式，亦即产生了城市文化。由于学术研究路径不同，学界对"城市文化"的理解也不一样，代表性的理论有以下几种。

"容器说"主要来自刘易斯·芒福德。通过对城市与文化联系

---

① 陈华文主编. 文化学概论新编 ［M］. 北京：首都经济贸易大学出版社，2009：34.

的分析，芒福德归纳出城市的本质，认为城市是储存、发展和传承文化的巨大容器，而文化则是城市的深层本质，"城市文化在时空维度所具备的特征决定着城市的特殊功能"①，文化是城市长久存在的最好解释；城市则将人文形态赋予自然环境，又通过永恒的集体形态使人文遗产物化或外化②。从空间维度上看，城市是一个文化磁体，把外部的非居住者吸引过来，又浓缩了不同地区、不同类型的生产方式之精华，而这些生产方式之精华被赋予了彼此交融与实现新组合的可能性③；从时间角度上看，芒福德认为城市是时间的产物，文化习俗、价值观念、历史事件等都借助于历史文化遗产遗迹流传下来，城市因而串联起了每个世代的具体特征。因此，城市是孕育、储存、发展和传承文化的容器。"容器说"最大的贡献就是表明了城市的功能——城市是历史文化的重要载体，而城市中的历史文化遗产遗迹更是城市不同时期文化与特征的载体。保护历史文化遗产遗迹，对于维持城市时间上的完整性具有重要作用。

　　城市文化资本论从文化与经济关系的角度出发解释文化对城市发展所起的作用。布迪厄根据资本在不同场所的作用将资本分为经济资本、社会资本和文化资本三种形态，三种资本相互联系相互转化。其中，文化资本的概念启发了人们重新看待文化所具有的经济和政治价值。受文化资本概念的影响，张鸿雁提出了"城市文化资本"，历史文化遗产遗迹、传统习俗、文化艺术等文化资源都可以被视为文化资本，为城市的发展提供动力，"而一旦城市资源转化为'城市文化资本'，这种属于城市本身的文化资本就会形成资本的垄断性、历史的延续性、价格的刚性和文化的品位性，使城市具有魅力"④。城市文化资本通过再生产会形成文化的涵容机制，从而使城市文化具有地域性和现代性。随着城市文化资本的形成，城市内部会产生一种内驱力，"城市社会的结构与功能便会出现循环

---

① 赵强．芒福德的城市观及其启示 [J]．苏州大学学报（哲学社会科学版），2011，32（4）：47 – 53.
② 〔美〕刘易斯·芒福德著；宋俊岭，李翔宁，周鸣浩译．城市文化 [M]．北京：中国建筑工业出版社，2009：5.
③ 〔美〕刘易斯·芒福德著；宋俊岭，李翔宁，周鸣浩译．城市文化 [M]．北京：中国建筑工业出版社，2009：2.
④ 张鸿雁．城市文化资本论 [M]．南京：东南大学出版社，2010：7.

累积性增长，并转化为内在结构与功能，通过城市文化的涵容、创造、扬弃与创新性建设，形成一种以人文精神为象征的城市'文化动力因'"①。城市文化资本论不仅阐释了文化在经济发展中的重要作用，即文化不仅可以作为知识财富，还可以转换为经济资本和社会资本，具有经济和社会价值。同时文化资本赋予城市独特的吸引力，吸引着外部的人、财、物到城市中，促进城市发展。

"软实力说"借用国际政治学的概念，意在强调文化在城市发展和对外交流中的无形作用。如同国家实力一样，城市实力既包括硬实力也包括软实力，软实力即是城市的机制体制、文化水平和人文环境等，文化软实力的本质是"城市人在城市空间内一切社会实践的积淀和结晶"②。从根本上说，城市文化软实力的构建是对城市人、城市区位、社会环境和制度的培育和塑造。总的来说，文化软实力认为文化是城市发展的精神动力，也是促进生产力发展的内在动力。

文化生态学是从社会文化的角度来研究社区结构的形成与变化，该理论的代表人物有费雷、乔纳森、库波、瓦茨和戴维斯。文化生态学认为要将城市或社区看作一个整体，城市的各项功能在城市空间上一一对应，并且每个城市都有多个功能需求，城市要在不同功能之间达成平衡，而在不同的文化价值体系中，城市功能的侧重点会有所不同，哪项功能最重要是一个文化定义的问题，比如在封建社会防御是城市的首要功能，而在现代社会，商业活动则是大部分城市的重要功能。领土完整性是该理论的第二个重要观点，即只有当城市拥有足够的领土以满足各项功能需求时才能正常运转。该理论的第三个观点是城市的整体效用和各子系统的局部效用的关系问题，即只有当各项功能的安排达到一个平衡点时，城市才会达到最大效用，反之则会降低城市的整体效用。

科罗德·费舍提出的亚文化理论③也值得重视，其中心观点是

---

① 张鸿雁. 城市文化资本论 [M]. 南京：东南大学出版社，2010：7.

② 李亚娟. 现代城市治理与城市文化建设研究 [M]. 上海：上海人民出版社，2015：18.

③ Fischer, C. "Toward a Subcultural Theory of Urbanism" [J]. *American Journal of Sociology* 80（May）1975.

人口聚集产生了多种亚文化，进而促进了亚文化的发展和扩散。即一个地方越具有城市特征，亚文化的种类就越多、强度就越大，传播资源数量的增多导致更多的东西传播到亚文化中去，与此同时非规范行为的发生率也会增加。

1.1.4　城市空间理论

城市的空间规划是一座城市精神面貌最直观的展示，城市空间理论也是城市相关理论中的一个重要组成部分。

随着城市学的发展，有学者借鉴其他学科的理论——人类生态学——来构造城市的生态模型，代表人物有伯吉斯、霍伊特、哈里斯和厄尔曼。伯吉斯首次运用人类生态学理论构建城市生态模型，提出了同心圆理论，即城市是由不同的环状地带构成的，按照"同心圆"进行布局。同心圆的核心，即城市的中心地区，往往是城市的中心商业区，这里聚集了众多获利最高的商业和金融部门，同时也是地价最高的地方。中心商业区外围则是过渡区，这里会有许多商业和轻工业部门，以及由移民、底层人民组成的社区。过渡区的外围是工人和商店职员的居住区。第四圈是高级住宅区，居民通常以白领等中产阶级为主。第五圈为往返区，通常是上层人士的别墅等。在同心圆理论中，城市扩张的趋势是每一个地带入侵相邻的外部地带，以致最后达成替代。霍伊特则提出了"扇形说"，认为工厂并不会按照环形分布，而是从中心区向外呈放射状，工人则住在工厂附近，城市由这样的若干个扇面构成。哈里斯和厄尔曼的"多核心说"则把城市职能机构与居住区域的设置与资源环境联系在一起，相互协调的机构会产生空间上的联系，而不协调的机构则会在空间上分离。同心圆理论和扇形理论也被称为理想描述性理论。和理想描述性理论相似的还有实证理性主义理论，该理论也认为城市中有一个中心点，该中心点具有良好的通达性，即交通便利。但不同之处在于，该理论主要探求某种普遍的原则来解释城市空间的分布。实证理性主义学者认为成本或土地价格是决定城市空间分布的唯一因素，将空间适应完全看成一种经济活动，即所有的社会体系都是经济单位，空间与社会的关系就像商品一样，价格是其特征。在此逻辑基础上，实证理性主义者认为"城市是一个自然有机体，其生物性机制过程导致了社会活动在空间内的有序分布"①。然而，古典人类生态学家的缺陷在于，他们没有看到城市空间过程与社会过程的联系，仅仅将空间视为独立、客观的研究对象。

城市空间的政治经济学则将城市空间放在了资本主义生产方式下进行考察。该理论的创始人是亨利·列菲弗尔，在他看来，空间、日常生活和资本主义社会关系的再生产这三者共同构成了城市概念。空间具有资本主义烙印，资本主义社会关系在日常生活中通过空间构造而被再生产；与此同时，空间也具有社会性，社会关系包含着空间，空间又同时支持着社会关系的生产。② 这就促成了一个基本矛盾的产生，即资本主义在空间上的扩张导致空间的分割，中心权力面临着来自边缘的挑战。因此在资本主义发展的新阶段，需要构建"自下而上"的新空间，实现普遍性的自我管理，即由人民大众来管理空间，使空间为人民服务。空间成为支撑资本主义发展或崩溃的一个平衡点。列菲弗尔之后的一些学者对城市土地问题进行了分析，解释城市空间如何影响资本主义组织，比如城市土地的私人所有制对城市空间的最优化利用有负面影响，追求个人利益会使人忽视整体利益。资本主义对利润的追求要求最有效的土地利用方式，但土地的私人所有制妨碍了这种利用方式。因此，城市空间的规划需要政府干预，但由于私人所有制的存在，政府的干预只能是消极的。之后戴维·哈维对资本主义环境下的城市过程进行了分析，哈维认为城市是由各种人造环境混合构成的，城市这个空间也负载了资本主义的各种矛盾，比如资本的第一循环和第二循环等，因此在资本主义条件下，城市的产生和发展都是资本作用的结果③。同时剩余资本也主要由城市来吸收，资本的再生产通过城市化实现，而城市的形态也受到剩余资本的巨大影响。

法国城市规划大师勒·柯布西耶的"现代城市"理想——理性主义的城市规划思想，对西方现代城市规划有着重要且深刻的影

① 蔡禾主编，张应祥副主编. 城市社会学：理论与视野［M］. 广州：中山大学出版社，2003：43.

② 〔法〕亨利·列菲弗尔. 空间：社会产物与使用价值. //包亚明主编. 现代性与空间的生产［M］. 上海：上海教育出版社，2003：47-58.

③ 〔美〕戴维·哈维. 叛逆的城市：从城市权利到城市革命［M］. 北京：商务印书馆，2014：3-90.

响。作为建筑师，柯布西耶从功能和理性主义角度发展出关于城市规划的基本构思，即通过对现存城市本身的改造使其能够适应未来发展的需要。柯布西耶提出了关于城市改造的四个原则，分别是："减少市中心的拥堵，提高其密度，增加交通运输方式和增加植被面积"①，即在市中心建立中央车站，东南西北四个方向都有快速干道，建设摩天大楼以容纳商业活动，建设锯齿状或密闭式社区，城市四周是绿色植被，在更外围的区域建设花园新城以容纳更多居民。此外，柯布西耶认为城市规划方案必须以几何学的方式进行，以达到标准化生产，从而实现规范和完美性。

1.1.5　城市经济学理论

城市经济对城市的方方面面都有影响，也包括城市文化。城市经济学有三大基础理论，分别是集聚经济理论、区位经济理论和城市化理论。

集聚经济是城市经济学的核心概念之一，"一般指因企业、居民的空间集中而带来的超额经济利益或节约成本"②。德国学者阿尔弗雷德·韦伯在《工业区位论》③中提出并系统阐述了集聚经济理论。在他看来，要想最大限度地节约成本、实现经济效益，就必须将彼此之间存在相互联系的工业企业集中布局于某个特定地点；而不存在相应联系的工业集聚则可能产生负面影响。韦伯还提出了集聚的两个阶段，第一个阶段是通过企业的扩张使生产集中，第二个阶段是相同或不同种类的企业集聚使生产规模扩大。影响集聚的因素有交通、区位、劳动力。集聚引出了"地方化经济"和"城市化经济"两个概念。当同行业内的企业因集聚在某地而使得企业得到相互间交往的便利时，就产生了地方化经济。城市化经济则是指"由于城市基础设施的共享和经济集聚而产生的正面影响，使得城市的产出在不增加投入的情况下随着城市规模的扩大而增长"④。

---

① 〔法〕柯布西耶著，李浩译．明日之城市［M］．北京：中国建筑工业出版社，2009：160-161.

② 王雅莉，张明斗．城市经济学［M］．北京：中国财政经济出版社，2017：64.

③ 〔德〕阿尔弗雷德·韦伯．工业区位论［M］．北京：商务印书馆，2009：129-170.

④ 王雅莉，张明斗．城市经济学［M］．北京：中国财政经济出版社，2017：70.

经济区位论通过对土地租金、运输成本、运输和通勤时间等的研究，分析了工厂、商业机构、城市居民等经济主体如何选择其在城市中的区位，即如何布局才能使自己获得最大的经济效益。经济区位论包括农业区位论、工业区位论、交通运输区位论、商业区位论和中心地带理论等。农业区位论①由冯·杜能创立，他在讨论了城市对农业的影响之后，提出农业区位向心圈的理论模式，即以城市为中心，距离市中心越远，运输费用越高而土地租金越小，由此杜能以城市为中心，划分了围绕城市的六个农业圈层带。工业区位论由韦伯提出，强调了空间在工业生产中的重要作用，认为地理区位对生产场所的布局具有决定作用，故而在决定工业企业的布局时，必须将降低生产成本作为重要的考量。交通运输区位论通过分析运输距离、交通工具等因素和运输费用之间的关系，研究如何选择运输费用最小的区位以及在既定区位上如何选择效益最大的运输方式。商业区位论着眼于以最低的社会价格提供商品的区域，其中心思想是利用销售区这一概念来解释城市机制体制。

　　城市化，即城市人口占比不断扩大的过程，也即劳动力从第一产业向第二、第三产业转移的过程。影响城市化发展的因素有很多，其中就包括政治、经济、文化等多方面的因素，而产业结构的非农转化、经济要素的流动、相关制度的安排与创新正是其中的关键因素。② 产业结构的转化为城市化提供动力，农业生产率的提高是城市化的前提和基础，工业化的发展导致了城市规模的扩大和新兴工业城市的形成，并且吸引了剩余农业劳动力，促进了城市人口的增加，工业化同时瓦解了自然经济和小农经济，使农村和城市的联系更加紧密。第三产业的发展则推动了城市多样性的形成并成为城市化的后续动力。

1.1.6　小结

　　上文对基础理论做出了简要的介绍和分析，它们对广州城市文化的研究工作有着重要的意义。

---

① 〔德〕约翰·冯·杜能著，吴衡康译. 孤立国同农业和国民经济的关系［M］. 北京：商务印书馆，1986.

② 刘传江. 中国城市化的制度安排与创新［M］. 武汉：武汉大学出版社，1999：48.

　　首先是国际一流城市评估视角下的城市文化内涵。根据结构主义学派的观点，文化被视为一个系统，"文化研究的中心就是找出文化系统内各要素的结构关系"。而国际一流城市评估体系恰是将城市文化分解为各个要素，让人们理解国际一流城市应当具有何种特征与文化。同时，需要借助现有研究机构所构建的已经成熟的评估指标体系，对城市文化进行深入理解，从而明确文化应当如何发展，城市文化如何体现在城市空间规划当中，以及如何平衡文化保护和经济发展。

　　其次是总结广州特色文化与现状。根据城市符号互动理论，人们将自我融入场所中并产生认同，通过城市市民认同的视角，对广州文化符号进行分析，有着重要的意义。此外，根据"容器说"，城市是时间的产物，文化习俗、价值观念、历史事件等都借助于历史文化遗产遗迹流传下来。比如千年来的商业文化与国际交流历史造就了广州开放包容的精神气质，而这种城市特质又对广州的发展具有相当大的促进作用。

　　最后是分析产业与事业视角下的广州文化。文化产业与文化事业对于城市文化发展的推动作用无须赘述，上文中诸如"软实力说"、城市经济学理论等都对此进行了深入的分析。在城市建设的新时期，促进广州文化的继续发展与传播需要各行各业的努力。比如作为城市文化重要组成部分的文化产业，在文化传承与传播方面举足轻重，而这又涉及经济学相关理论，需要从中获得指导，以推动文化产业的发展，从而带动城市文化的发展与传播。

　　除此以外，其他方面如城市空间改造、城市发展策略对文化发展也具有启发和影响，在此不一一赘述。

第二节　研究回顾

　　根据本课题的研究方案，从以下几个方面对以往研究进行回顾和梳理：城市文化研究、文化政策研究、城市文化发展研究、城市文化遗产保护研究、城市文化评估研究、文化产业研究、创意城市研究。与基础理论的梳理相比，研究回顾将侧重借鉴性更强的国内研究。

1.2.1　城市文化研究

刘观伟认为，城市文化由城市精神文化、城市制度文化、城市行为文化和城市物质文化组成，具有集聚性、多元性、地域性和辐射性四个特点。城市精神文化是城市文化的核心，对城市行为文化起决定作用；城市制度文化居于城市文化的中间层，与城市行为文化相互反馈、相互促进①；城市物质文化则是上述三种文化的外在表现形式。此外，刘观伟还对城市文化发展战略进行了分析，认为城市文化战略包括内部指向性和外部指向性战略两部分，其中内部指向性城市文化战略包括建构城市文化主题，培育文化创意产业，营造特色文化场所，投资文化基础设施，支持大众文化艺术，创新文化制度政策；外部指向性城市文化战略包括整合区域文化创意产业，设计升华城市形象，演绎大型文化事件，全球营销文化城市。

沈福煦区分了城市文化与城市文明，认为文化相对于文明更为具体，文明是文化的深层内涵，文化是文明的外化，"城市文明实质上代表着人类文明的程度"②。城市形象不仅包括各种建筑物、街道和广场这类"硬"的形象，还包括当地居民的衣食住行等这类"软"的形象，而城市文化结构则包括城市文化的物质形态、经济形态和城市规划。沈福煦提出了"城市意识"一词，从城市意识出发探讨了城市文化与人的心态，认为城市文化对人们的文化评价标准、信息沟通、行为和集体都有影响，而城市意识则在道德准则、城市保护等方面对城市产生影响。最后，他还提出了未来城市的三个文化特征，分别是：全球城市、城市文化本身的问题和无地域性。

奚洁人等分析了全球城市的精神文化，不同的城市具有不同的精神文化特质，比如纽约的多元文化精神、巴黎的创新与批判精神和伦敦的理性精神等。作者认为虽然不同城市的精神文化特质不同，但有共同本质，表现为："世界城市是人文文化和科学文化都处于较高水平的城市；全球城市的文化产业都十分发达；全球城市

①　刘观伟主编. 以文化人，以人化城：城市文化建设研究［M］. 北京：中国社会科学出版社，2017：52.

②　沈福煦. 城市文化论纲［M］. 上海：上海锦绣文章出版社，2012：46.

都拥有优秀文化人才和高素质市民。"① 不仅如此，城市精神文化的形成受到城市制度的深层影响，会在城市的形态和风格上得到体现。此外，作者还介绍了另外一些城市的精神，包括柏林的秩序与静穆、莫斯科与圣彼得堡的英雄主义、东京的秩序、孟买的多元和谐与上海的海派文化精神。

皇甫晓涛基于文化创意理念讨论了中国城市建设的转型与发展，提出了文化诗学体系、文化重构与都市再造模型以及文化异化和文化失语等发展问题；在关于城市建设的文化模型与创新模式方面，开展了相关经济理论体系、自主创新理论体系、评估指标体系等方面的研究；在文化科学与城市规划理论方面，构建了文化创意理念的科学体系与认知科学理论体系，探讨了关于城市建设的创新体系与转型模型，并对中国城市区域文化渊源与文化类型做了相关研究。②

1.2.2 文化政策研究

吉姆·麦圭根认为，文化政策就是"关于文化和权力的研究"③。他在著作《重新思考文化政策》中对文化政策的三种话语结构作出了深入的探讨，并在此基础上对欧洲文化政策从国家话语到市场思维的转变进行了分析。不仅如此，吉姆·麦圭根还进一步阐释并发展了雷蒙德·威廉斯对文化政策区分的观点，指出文化政策涵盖了公共经费资助艺术的政策、媒介调控政策和文化身份的协商构建政策；而文化政策展示则主要有国家形象放大的政策与经济还原主义的政策。

而托比·米勒等人认为文化政策是"用以沟通美学创造与集体生活方式的制度性支持——美学和人类学两个领域之间的桥梁"④，并从七个方面对文化政策进行研究，分别是：（1）治理性，文化政

---

① 奚洁人等. 世界城市精神文化论 [M]. 上海：学林出版社，2010：16 – 17.
② 皇甫晓涛. 城市文化与国家治理：当代中国城市建设理论内涵与发展模式建构 [M]. 北京：经济科学出版社，2015.
③ 〔英〕吉姆·麦圭根著，何道宽译. 重新思考文化政策 [M]. 北京：中国人民大学出版社，2000：6.
④ 〔澳〕托比·米勒，〔美〕乔治·尤迪思著；刘永孜，付德根译. 文化政策 [M]. 南京：南京大学出版社，2017：1.

策，尤其是语言方面的政策在国家治理方面的作用；（2）趣味，抑或审美；（3）管理伦理不完善的主体，即如何利用文化和教育培养好公民；（4）文化资助，艺术和通俗文化的资金获取差异以及如何资助艺术助其发展；（5）国家计划与跨国家身份认同，即国家文化政策的历史；（6）公民权与文化；（7）文化政策研究的现状。

根据戴维·索罗斯比的观点，文化政策包括艺术政策、文化遗产政策、城市文化政策、旅游文化政策、文化多样性政策、文化贸易政策、艺术教育政策、知识产权政策和文化统计等。① 这些政策的分类是基于索罗斯比构建的文化产业"同心圆"模式，该模式最核心的部分是根据相关标准来看文化内涵和商业价值之比最高的核心产业。此外，索罗斯比分析了文化政策的经济目标和文化与艺术目标，经济目标包括效率、权益、增长、全民就业、价格稳定和外部平衡；文化与艺术目标包括艺术生产和消费、文化认同和象征主义、庆祝的多样化以及确保连续性。

1.2.3　城市文化发展研究

黛博拉·史蒂文森的著作《文化城市：全球视野的探究与未来》聚焦于文化、场所与公民身份，从这三个方面讨论了文化规划这一主题。黛博拉·史蒂文森在探讨了文化与城市文化概念的基础上，分析了文化规划对公民的影响，认为文化规划在"创造公民和公民权形成的空间中发挥着重要作用"②，同时分析了场所在文化规划中的意义，认为场所是文化规划的核心，"它关系到规划一个城市或一个特定区域的未来"③。黛博拉·史蒂文森在该书的第二部分讨论了不同国家、地区和城市的文化规划实践，包括英国、澳大利亚、美国、加拿大、新加坡和中国的上海与香港。

日本的行政区划设置与中国略有不同，其一级区划为：都、道、府、县，二级区划为：市、町、村和特别区。江波和史晓婷对

---

① 〔澳〕戴维·索罗斯比著，易昕译．文化政策经济学［M］．大连：东北财经大学出版社，2013：15-33.

② 〔美〕黛博拉·史蒂文森著；董亚平，何立民译．文化城市：全球视野的探究与未来［M］．上海：上海财经大学出版社，2018：35.

③ 〔美〕黛博拉·史蒂文森著；董亚平，何立民译．文化城市：全球视野的探究与未来［M］．上海：上海财经大学出版社，2018：54.

日本的城市文化进行了介绍，包括日本的首都文化、古都城市文化、古城文化、港口城市文化和温泉城市文化。① 日本历史悠久，拥有多处世界文化遗产，如法隆寺、姬路城、严岛神社等，因此二人也对日本的文化遗产保护进行了介绍。有关文化遗产保护的法律主要有《古器物保存法》《古社寺保存法》《国宝保存法》《文化财产保护法》等，而《文化财产保护法》又对文化财产作出了细致的划分，将其分为有形、无形、民俗、纪念物、传统建筑物群五类。

金岱等对广州文化抑或文化广州进行了相关研究，内容包括广州的学术文化、艺术文化、学习文化、宗教文化以及各种类型的文化产业。② 他认为大珠三角都市圈的性质是前沿，海洋性最强，内陆性最弱；传统文化的积淀最弱，商业文化积淀最强。故而，广州学术文化具有开放性、先锋性、务实性和独立性，艺术文化具有都市性、平民性、流行性，环境宽松，宗教文化具有多元性、从俗性；在文化产业方面，拥有敢为人先、勇于监督公权、注重培养市民的参与意识等特征。金岱等提出，广州是珠三角都市圈的地理、交通、人流和物流中心，并且是珠三角地区的政治、经济、文化中心，因此广州具备成为大珠三角都市圈文化核心的潜力。

1.2.4 城市文化遗产保护研究

单霁翔着重关注城市历史文化遗产保护方面的问题，认为目前我国城市文化发展中面临的诸如文化遗产遭到破坏、城市建设缺乏文化特色、文化多样性陷入危机等困境。对此，在深入研究国内外城市文化的探索实践与城市文化建设的意义后，单霁翔提出城市文化建设的针对性策略——"从'文物保护'走向'文化遗产保护'，从'大规模改造'走向'有机更新'，从功能城市走向文化城市"③。

顾军等人从文化遗产保护历史回顾、文化遗产保护机构的组织

① 江波，史晓婷. 日本城市与城市文化［M］. 北京：中国社会科学出版社，2011.
② 金岱，张永璟，许仲友等. 城市：作为符号与表征——文化现代化视域中的文化广州论［M］. 北京：人民出版社，2011.
③ 单霁翔. 文化遗产保护与城市文化建设［M］. 北京：中国建筑工业出版社，2008.

建置与职能、文化遗产保护法的制定和文化遗产保护经验四个方面考察了世界上几个主要国家和地区的文化遗产保护，包括意大利、法国、英国、美国、日本、韩国和中国等。① 并且介绍了联合国教科文组织及相关国际组织的文化遗产保护原则与举措。此外，顾军等人对世界文化遗产保护先进国家的经验进行了总结，认为可以从建立科学的组织管理体系、建立科学的专家决策机制、科学地对待文化遗产等几方面入手。这些经验虽然是国家层面的，但对城市的历史文化遗产保护与开发也同样适用。

林志宏提出历史文化名城的保护要注重对社会文明和城市生活与经济的整体保护，而不仅仅关注物质形态的保护，同时要兼顾到居民良好的居住环境。保护历史文化不仅包括保护文物和文化遗产，还包括各种非物质文化遗产，同时还要坚持以人为本，关注居民参与的社会生活，维护社会稳定，促进可持续发展。② 林志宏以巴黎、雷恩、圣地亚哥和曲阜为例，通过对这四个城市的传统街区保护与都市适度更新进行深入探究，对城市和谐性与历史文化名城可持续发展的议题作出了鞭辟入里的分析，提出城市的规划除了要考虑经济发展的要求，还要考虑到城市的社会人文演变，并且古建筑之外的其他遗迹如工厂、都市景观等都是集体记忆的一部分，因此土地规划应当与城市特色相契合。最后，林志宏指出，历史城市发展的根本问题就在于如何在保护历史遗产不受破坏的情况下完美地联通历史与未来，并总结了历史文化城市保护的思路："城市空间政策与经济、社会、文化等政策结合，遗产保护政策与住房、交通、景观等系统结合，管理制度创新以及公私部门及公众共同参与，留存传统技术，发扬文化记忆。"③

1.2.5 城市文化评估研究

范周对城市文化竞争力进行了系统分析，认为城市文化竞争力是"一定区域和时期内，一个城市与精神创造活动及其结果有关的

① 顾军，苑利．文化遗产报告：世界文化遗产保护运动的理论与实践［M］．北京：社会科学文献出版社，2005：265－279．
② 林志宏．世界文化遗产与城市［M］．上海：同济大学出版社，2012：179．
③ 林志宏．世界文化遗产与城市［M］．上海：同济大学出版社，2012：284－287．

有形与无形要素实力的总和"①。在此基础上，其构建了包含两层指标体系的城市文化竞争力评估指标，对中国部分城市进行个案分析，认为目前我国中心城市文化竞争力主要呈现四个特征，分别是：文化竞争力与城市发展水平正相关；不同城市文化竞争力差异较大，且内部存在不均衡性；一线城市具有较大的文化竞争力优势；文化竞争力的核心要素趋向大城市与中心城市，马太效应开始显现。不仅如此，范周还指出了我国城市文化竞争力所面临的一些困境，主要有文化贫困与城市文化底蕴不足、文化发展战略缺乏创新性、城市文化资源开发利用程度低、人才缺乏、城市间文化交流程度低等。

1.2.6 文化产业研究

联合国教科文组织的《文化、贸易和全球化》对文化产业进行了如下定义："包含创作、生产、销售'内容'的产业。从本质上讲它们是不可触摸的并与文化有关，一般通过著作权来保护，并且以商品或服务的形态出现。"②

大卫·赫斯蒙德夫将文化与权力联系起来，在其著作《文化产业》③中对文化产业进行了深入的分析。在对20世纪中叶以来的文化产业变迁进行解释后，他分析了文化政策，如电信和广播的市场化、著作权政策、创意产业政策等对文化产业的变迁所造成的影响，进而分析文化产业在不同方面的变化：在商业方面，集团化与反集团化倾向并存，进入文化产业的投资增加；在文化生产组织和文化工作方面，营销人员的地位日益突出而创作者的收入却未见起色；在国际化方面，地域上的集中趋势依然明显；最后，互联网和计算机技术对文化产业产生了巨大的影响。

熊澄宇围绕构成文化产业的四个要素（内容、资本、科技和服务），对世界上几个主要国家的文化产业进行了考察和分析，进而

---

① 范周主编.中国城市文化竞争力研究报告（2015）［M］.北京：知识产权出版社.2015：41.

② 张玉国，朱筱林.文化、贸易和全球化（上）［J］.中国出版，2003（01）：47 - 52.

③ ［英］大卫·赫斯蒙德夫著，张菲娜译.文化产业［M］.北京：中国人民大学出版社，2016.

总结道：美国以知识产权为核心的版权业、英国的创意产业、法国以维护民族文化为目的的内容产业、德国的出版业和会展业、澳大利亚的传媒产业、印度独具特色的电影业、日本和韩国作为国家战略的内容产业，在政策扶持、法律规范等方面具有不同特点和优势。熊澄宇认为，"国际文化产业的发展态势呈现了不同国家的文化差异和战略思考，同时也启示我们去认识和理解不同文化群体的生存环境、交往方式和社会结构"①。

詹姆斯·海尔布伦等人运用经济学方法对文化产业进行了分析，以表演艺术为例讨论了微观经济学中的供给和需求及二者在市场中的相互影响。在需求方面，价格、消费者收入和品位决定了需求，供给与需求的相互作用决定了商品的价格和产量，而"价格弹性——因为它影响着售票收入，从而对赤字预算和财政平衡具有潜在的影响——不仅与单个艺术公司和机构有关，还与关心艺术政策的相关人员有关"②。在供给方面，市场结构对表演艺术的产出具有很大影响，市场规模越大，公司创新性越强、创造力越高。此外，他们通过直接消费、间接消费和引致消费分析了艺术在当地经济中的作用，虽然最后得出的结论是艺术在经济中的重要性并不高，但经济学家们依然赞成艺术在很大程度上提高了当地居民生活的幸福感。艾伦·J. 斯科特则从经济地理学的角度讨论了文化产业，认为城市、文化和经济三者之间是共生的，"地方文化有助于塑造城市内部经济活动的特点；经济活动也成为特定地点文化生产与创造能力的动力要素"③，并且从四个方面——文化社区的形成、经济活动的组织、集聚生产体系的动态和竞争的本质，阐述了文化产业的经济逻辑、文化产业与城市经济集聚之间的关系，即文化产业如何呈现出集聚的形式。并且，斯科特从文化产业的不同门类（珠宝业、家具产业、电影、音乐和多媒体等）审视了现代城市文化的发展，最后提出虽然当前美国在国际文化产业中居于领导地位，但这种情况不会一直持续下去，一个全球化的多中心、多层次

① 熊澄宇. 世界文化产业研究［M］. 北京：清华大学出版社，2012：7.
② ［美］詹姆斯·海尔布伦，［美］查尔斯·M. 格雷著；詹正茂等译. 艺术文化经济学［M］. 北京：中国人民大学出版社，2007：135.
③ ［美］艾伦·J. 斯科特著；董树宝，张宁译. 城市文化经济学［M］. 北京：中国人民大学出版社，2010：6.

的文化生产体系将会出现。

王列生等对公共文化服务体系进行了相关研究，提出了构建公共文化服务体系的基本原则，即公平正义、普遍价值（即"文化体验过程中的普遍可接受性和广泛认同性"）和基本权益；分析了文化体制障碍，分别是"体制目标的价值逆向性、体制结构的无序性、体制设计的非论证性"[①]；认为中国公共文化服务体系的构建应当坚持意识形态前置；讨论了基本文化权益的内容，包括"文化生活参与权、文化成果拥有权、文化方式选择权和文化利益分配权"[②]。此外，他们还对公共文化服务体系的利益配置方案、人力资源动员保障系统、文化产业的制度支撑、财政投入机制与方式等议题进行了深入探讨。最后，在比较了中国与西方国家的公共文化政策并总结了西方国家的策略和经验后认为，中国可以学习的内容有："推动政府文化管理体制变革；建立基于市场导向的资助文化事业的现代公共财政模式；发展公益性文化事业，促进公共文化服务主体的多元化；变革管理方式，提升公共文化服务的社会绩效；推行公共文化服务均等化策略。"[③]

1.2.7　创意城市研究

创意城市的构想由查尔斯·兰德利于20世纪80年代末提出，强调创意文化的必要性。近些年来，对创意城市的研究也有不少。

彼得·霍尔认为创造力来自寻找解决城市秩序和组织问题的方法的过程中，创意城市古已有之，比如古希腊时期的雅典、15世纪的佛罗伦萨、莎士比亚时期的伦敦等。在对这些城市进行了历史性研究后，其总结出这几座城市的共同特点：（1）这些城市的规模虽然相差悬殊，但都是当时的重要城市；（2）这些城市都处在快速的社会经济变革之中；（3）它们都是伟大的商贸城市，"贸易催生

[①]　王列生，郭全中，肖庆. 国家公共文化服务体系论 [M]. 北京：文化艺术出版社，2009：51-63.

[②]　王列生，郭全中，肖庆. 国家公共文化服务体系论 [M]. 北京：文化艺术出版社，2009：93.

[③]　王列生，郭全中，肖庆. 国家公共文化服务体系论 [M]. 北京：文化艺术出版社，2009：239-240.

了新的经济组织形式，又进一步衍生出新的生产方式"①；（4）这些城市都是各国最富庶的地方；（5）这些城市都是推崇高雅文化的地方；（6）这些城市都吸引了世界各地的人才。最后他总结道：保守的社会不利于文化艺术的发展，但混乱失序的社会也不利于艺术的创作，"在很大程度上，创意城市都是旧有秩序和观念受到挑战，或者是已经被推翻的地方"②。

查尔斯·兰德利认为，创意可以来自任何人，而创意城市所倡导的，是在城市运作中"深植创意文化的必要性"③。而在新的城市架构下，"创意是主要的通货之一"。兰德利提出创意城市的组成要素至少包括七个，分别是：（1）个人特质，即善于思考和自我反省、具有开放性且能够弹性思考的创意人才和心胸开放有勇气的思考者；（2）意志力与领导力，有助于做出判断和决策；（3）人力的多元性与各种人才发展的管道，人才的多元性能促进了解与学习，从而为城市带来活力；（4）组织文化，创意组织需要向学习型组织迈进，培养个人能力、改变集体思维；（5）地方认同感，包括文化认同，认同感能为城市自尊、城市环境维护等制造先决条件；（6）城市空间与设施，包括各种公共空间与公共设施，如集会场所、研究与教育设施、创意空间等；（7）网络与组合架构，网络指城市内部与国际网络，可以促进居民之间的交流。④ 此外，兰德利还提出了"城市创意循环"的概念，认为这个循环可以分为五个阶段，分别是："（1）协助人们催生构想与方案；（2）实现构想；（3）为构想与方案建立网络，增加流通与营销；（4）落实机制，如廉价的出租空间、育成单位等；（5）向城市推广成果、建立市场与客群，并讨论这一切以激发新构想。"⑤

① 〔英〕彼得·霍尔著，王志章译. 文明中的城市 第1册〔M〕. 北京：商务印书馆，2016：396.
② 〔英〕彼得·霍尔著，王志章译. 文明中的城市 第1册〔M〕. 北京：商务印书馆，2016：399.
③ 〔英〕查尔斯·兰德利著，杨幼兰译. 创意城市：如何打造都市创意生活圈〔M〕. 北京：清华大学出版社，2009：3.
④ 〔英〕查尔斯·兰德利著，杨幼兰译. 创意城市：如何打造都市创意生活圈〔M〕. 北京：清华大学出版社，2009：167-197.
⑤ 〔英〕查尔斯·兰德利著，杨幼兰译. 创意城市：如何打造都市创意生活圈〔M〕. 北京：清华大学出版社，2009：305.

曾军等人认为,在后现代化的时代,创意思维不仅是解决城市问题的重要模式,也是实现城市更新与产业升级的关键策略,纽约、伦敦、巴黎、东京无不如此。创意城市的基础概念在于视文化为"价值观、洞见、生活方式,以及某种创造性表达形态……文化是创意得以生长的沃土"[①]。作者还介绍了中国的创意之都上海,上海成立创意产业中心与加入联合国教科文组织的"创意城市网络"等举措都使其成为当之无愧的"设计之都"。作者认为上海建设创意城市的文化资源包括多个层面,既有老上海的海派文化资源,也有大上海的扩容与新变——涵盖了内部与外部边界的扩容,还有上海的百年设计传统。上海日益壮大的设计阶层和门类齐全的设计产业使得创意集聚效应凸显,这些都为上海打造创意城市奠定了基础。

1.2.8　小结

通过对相关研究的回顾可以看出,目前国内研究更倾向于实践经验总结,如江波等对日本城市文化的研究,金岱对广州文化的研究,单霁翔等对城市文化遗产保护等方面的研究,都是对已有实践的分析梳理和总结;而国外研究更倾向于城市文化基础理论的构建,比如吉姆·麦奎根、托比·米勒和戴维·索罗斯比等人对文化政策的分析研究,大卫·赫斯蒙德夫、詹姆斯·海尔布伦等人对文化产业的研究,都更倾向于理论分析而非实践探索。

通过对相关研究的回顾可见:一方面,当前的研究重视城市文化指标评估与效能问题,但缺乏对"独具特色、文化鲜明"的整体性建设理念与建设思路的探索。在我国的相关研究中,对于城市的特色文化多只是简单梳理和归纳,介绍不同城市目前的特色文化,但尚未能提出具有针对性的城市文化特色建设理论与策略,为未来的城市文化建设提供方向。就本课题而言,如果仅仅从评估的层面而言,广州已然建立起具有一定影响力的城市文化体系,但如何在此基础上,实现进一步的系统提升、突出文化特征、塑造国际一流的城市形象,才是关键所在。另一方面,针对城市文化细分领域的

---

① 曾军,陈鸣,朱洪举. 创意城市:文化创造世界 [M]. 上海:格致出版社,2010:36.

研究较多，但缺少宏观层面的理路构建。目前的研究成果大多是针对诸如非物质文化遗产、公共文化服务、城市文化产业等特定领域的探索，缺乏宏观视域下对城市文化建设的全面把握。城市文化的发展不能各自为政，需要将城市的历史文化遗产、文化政策、公共文化服务、城市文化产业等结合起来，以全局的视角将城市文化的方方面面统筹起来，以建设国际一流城市为目标共同发展。最后，当前相关研究对于中国特色与中国故事的重视程度不足，还应当结合中国情景与社会主义核心价值观对城市建设展开研究。因此，本课题将立足广州特色文化，在总结广州传统文化的基础上，分析广州文化当前的竞争力优势、存在的问题与不足之处，对如何在传承现有文化特色、保持现有优势的基础上继续发展具有创意的广州文化进行探索，为广州市文化建设提供建议与策略。

第二章
国际一流城市评估及其文化内涵

国内外学者和研究机构不仅关注城市基础理论，还纷纷从实践层面构建城市评估体系，而城市评估体系反映了与城市发展密切关联的影响因素。

第一节　国际一流城市评估体系研究

目前国内外主要有18个有关国际一流城市的评估体系，其中，国外城市评估体系12个，国内城市评估体系6个。本课题对这18个评估体系重点开展了以下两个方面的调查。

（1）各城市评估体系总体情况。课题组调研了每个国际一流城市评估体系的内容，收集包括发布机构、创办时间、更新频率、已发次数、城市样本数量等基本信息，并着重了解每个评估体系的指标构成。

（2）各城市评估体系中综合表现最优的城市，以及中国入选城市的排名情况。

国际一流城市评估体系有的涉及文化类指标，有的没有文化类指标，有的是专门的城市文化评估体系。因此，根据指标类型分为综合性的城市评估体系和专门性的城市文化评估体系两大类，同时兼顾国内外的城市评估体系，将所调查的评估体系细分为四类：国际一流城市评估体系、国际专门的城市文化评估体系、国内一流城市评估体系、国内专门的城市文化评估体系。

2.1.1　国际一流城市评估体系

国际一流城市评估体系是指对全球范围内多个国家的城市进行综合评估的体系。通过国际一流城市评估体系，既可以了解在全球范围内最具影响力和发展潜力的城市，也可以了解这些城市最具特色的竞争力。

（一）全球城市排名①

自 2008 年起，美国科尔尼管理咨询公司（A. T. Kearney）就开始发布《全球城市排名》，起初为每两年更新一次，2014 年开始每年更新一次，已发布 8 次，该榜单是目前国际上具有影响力的十大城市排名之一。全球城市的评选依据由两项指标体系构成：《全球城市指数》（Global Cities Index）和《全球城市展望》（Global Cities Outlook）。前者用于反映城市的实际发展情况，后者重在评估城市的发展潜力。

《全球城市排名》主要依据《全球城市指数》的计量分析。《全球城市指数》包含 5 个领域：商业活动（Business Activity，30%）、人力资源（Human Capital，30%）、信息交流（Information Exchange，15%）、文化积累（Cultural Experience，15%）、政治参与（Political Engagement，10%）。

在 2018 年的全球城市评选中，共有 135 个城市入选，其中北美 16 个、欧洲 24 个、中东 13 个、拉丁美洲 15 个、非洲 13 个、亚太区 54 个。本次评选比 2017 年度的评选新增了 7 个城市，中国的新增城市最多，共 6 个，分别是长沙、佛山、宁波、唐山、无锡和烟台。总体而言，排名前 5 的城市分别是纽约、伦敦、巴黎、东京、香港。就领域来看，纽约、巴黎、东京、华盛顿分别在商业活动、人力资源、信息交流、文化积累、政治参与 5 个领域中拔得头筹。

在《全球城市指数》排行中，中国入选城市共 26 个，分别是：香港（No. 5）、北京（No. 9）、上海（No. 19）、广州（No. 71）、深圳（No. 79）、天津（No. 87）、南京（No. 88）、成都（No. 89）、武

———————

① Kearney, A. T. Global Cities 2017: Leaders in a World of Disruptive Innovation [EB/OL]. [2018 - 7 - 1]. https://www. atkearney. com/documents/10192/12610750/Global + Cities + 2017 + - + Leaders + in + a + World + of + Disruptive + Innovation. pdf/c00b71dd-18ab-4d6b-8ae6-526e380d6cc4. Kearney, A. T. Global Cities 2018: Learning from the East-Insights from China's Urban Success [EB/OL]. [2018 - 7 - 20]. https://www. atkearney. com/documents/20152/1136372/2018 + Global + Cities + Report. pdf/21839da3-223b-8cec-a8d2-4082 85d4bb7c.

汉（No. 102）、大连（No. 106）、青岛（No. 110）、西安（No. 113）、重庆（No. 114）、苏州（No. 115）、杭州（No. 117）、哈尔滨（No. 118）、沈阳（No. 120）、宁波（No. 123）、长沙（No. 124）、郑州（No. 128）、无锡（No. 130）、佛山（No. 131）、烟台（No. 132）、东莞（No. 133）、唐山（No. 134）、泉州（No. 135）。

（二）美世生活质量调查[①]

《美世生活质量调查》是一项由美世咨询公司主导的、以全球城市生活条件为目标的调查，该调查覆盖面广，涵盖全球231个城市。该排名从1998年开始发布，每年4月公布调查结果，至今已连续发布20年，共有10个分类39个指标：政治与社会环境、经济环境、社会文化环境、医疗与健康因素、学校与教育、公共服务与交通、娱乐、消费品、住房、自然环境（见表2-1）。各项评分以纽约定为100分，参评城市再与纽约比较，所得分数之平均值为该城市的得分。

根据该排名，每年最多城市入选前列的国家是美国、德国、澳大利亚和加拿大，每年前30位中几乎超过一半是欧洲城市，维也纳连续9年被评为全球"最佳城市"。以2018年为例，前10位分别是维也纳、苏黎世、慕尼黑、奥克兰、温哥华、杜塞尔多夫、法兰克福、日内瓦、哥本哈根、悉尼，排在后10位的主要是非洲和中东地区的城市，它们都属于发展中国家城市。

亚洲地区Top5城市，排在首位的是新加坡（No. 25），其余均是日本城市，分别是东京（No. 50）、神户（No. 50）、横滨（No. 55）、大阪（No. 59）。

中国入选的城市有11个，分别是：上海（No. 103）、北京（No. 119）、广州（No. 119）、深圳（No. 130）、成都（No. 133）、南京（No. 140）、西安（No. 145）、青岛（No. 146）、重庆（No. 147）、沈阳（No. 157）、吉林（No. 169）（见表2-2）。

---

① Mercer. Quality of Living City Ranking［EB/OL］.［2018 - 6 - 20］. https://mobilityexchange. mercer. com/Portals/0/Content/Rankings/rankings/qol2018l852963/index. html. Mercer. Quality of Living City Ranking［EB/OL］.［2018 - 6 - 18］. https://www. mercer. com/qualityofliving.

根据《美世生活质量 20 周年报告》①，广州自 1998 年起，其排名增长了 11.4%，位列亚洲地区增长城市（Growth Cities）第 3 名，排在前两位的是上海（+15.7%）、新德里（+13.8%），其余增长率在前 10 名的城市还有：第 5 名南京（+8.3%）、第 6 名北京（+8%）、第 10 名香港（+4.4%）。

表 2-1 《美世生活质量调查》计量指标

类别	指标
政治与社会环境	政治稳定性、犯罪、执法等
经济环境	货币兑换监管、银行业服务
社会文化环境	媒体便利性和审查制度，对个人自由的限制
医疗与健康因素	医疗用品和服务，传染病，污水、废水处理，空气污染等
学校与教育	国际学校水准以及便利性等
公共服务与交通	电力、水、公共交通、交通拥堵等
娱乐	餐馆、剧院、影院、运动和休闲等
消费品	食品/日常消费品的便利性，轿车等
住房	租赁住房、家用电器、家具、维修服务
自然环境	气候、自然灾害记录

表 2-2 《美世生活质量调查》排名结果（N = 231）

全球 Top10	维也纳、苏黎世、慕尼黑、奥克兰、温哥华、杜塞尔多夫、法兰克福、日内瓦、哥本哈根、悉尼
亚洲 Top5	新加坡（No. 25）、东京（No. 50）、神户（No. 50）、横滨（No. 55）、大阪（No. 59）
中国入选城市	上海（No. 103）、北京（No. 119）、广州（No. 119）、深圳（No. 130）、成都（No. 133）、南京（No. 140）、西安（No. 145）、青岛（No. 146）、重庆（No. 147）、沈阳（No. 157）、吉林（No. 169）

（三）全球城市动态指数②

《全球城市动态指数》（Cities in Motion Index，CIMI）由西班牙

① Mercer Quality of Living Ranking 20 Year Anniversary［EB/OL］.［2018-7-19］. https://mobilityexchange.mercer.com/Portals/0/Images/infographics/Mercer-Quality-of-Living-Ranking-20-Year-Anniversary.PDF.

② Berrone, P. R., Enric, J. IESE Cities in Motion Index. IESE Business School［EB/OL］.［2018-7-8］. https://media.iese.edu/research/pdfs/ST-0396-E.pdf.

纳瓦拉大学 IESE 商学院制定，从 2014 年开始连续发布。以 2018年发布的排名（第五版）为例，调查覆盖 165 个城市，74 个首都，涵盖 80 个国家，是当今地理范围覆盖最广泛的城市指数之一。

该指标最初包含 10 个领域 77 个指标：经济、人力资本、社会凝聚力、环境、治理、城市规划、国际推广、技术、流动性和交通、公共管理。在 2018 年发布的第五版中，将公共管理合并到治理领域中，共 9 个领域，83 个指标。

根据 2018 年发布的排名结果，全球 Top10 城市依次是：纽约、伦敦、巴黎、东京、雷克雅未克、新加坡、首尔、多伦多、香港、阿姆斯特丹。中国上榜城市有：香港（No.10）、上海（No.57）、北京（No.78）、广州（No.109）、深圳（No.115）、天津（No.149）。报告称中国城市总体呈现经济表现良好，社会凝聚力表现不佳。[1]

（四）宜居性调查

《宜居性调查》由英国《经济学人》智库（Economist Intelligence Unit）制定，从 2002 年开始发布，每年更新两次，调查覆盖全球 140 个城市，与《美世生活质量调查》同为较具公信力的世界最佳宜居城市排名。各城市就 5 个大类共 30 个指标进行评比：稳定性（25%）、医疗卫生（20%）、文化和环境（25%）、教育（10%）、基础设施（20%）。从中可知，该指标更加突出稳定性、文化和环境、医疗卫生、基础设施，而教育相对弱化。每项评定1—100 分，其中 1 被认为是不可忍受的，100 被认为是理想的。宜居性评级既可作为总分，也可作为每个类别的分数。同时，以纽约为基准，参评城市再与纽约比较打分，给出每个类别的相对得分。

根据 2018 年的评选结果，前 10（Ten Most Liveable Cities）的城市包括：维也纳（奥地利）、墨尔本（澳大利亚）、大阪（日本）、卡尔加里（加拿大）、悉尼（澳大利亚）、温哥华（加拿大）、多伦多（加拿大）、东京（日本）、哥本哈根（丹麦）、阿德莱德（澳大利亚）。

---

[1]　IESE Cities in Motion Index（2018）［EB/OL］．［2018 – 07 – 08］．https://media. i-ese. edu/research/pdfs/ST-0471-E. pdf.

（五）聚焦 2025：全球城市未来竞争力评比①

2012 年 3 月，英国《经济学人》智库公布了《聚焦 2025：全球城市未来竞争力评比》（Hot Spots 2025：Benchmarking the Future Competitiveness of Cities），这一排名调查了全球 120 个城市。该指标体系分为 8 类共 32 个指标：经济实力（30%）、有形资本（10%）、金融成熟度（10%）、制度特征（15%）、人力资本（15%）、全球吸引力（10%）、社会和文化特质（5%）、环境和自然灾害（5%）；经济实力所占权重最高，社会和文化特质、环境和自然灾害相对弱化。

该报告为了保持地区代表的平衡性，在几大经济体中设置了城市上限：中国大陆（11 个城市）、印度（8 个城市）、美国（12 个城市）。中国入选的城市分别是：香港（No. 4）、台北（No. 11）、上海（No. 38）、北京（No. 49）、深圳（No. 69）、天津（No. 81）、青岛（No. 82）、大连（No. 83）、苏州（No. 83）、成都（No. 86）、广州（No. 89）、杭州（No. 93）、重庆（No. 98）。

该评比报告中，广州的排名为 89，相比 2012 年的排名降低了 23 个名次；得分为 45.3（Score/100），相比 2012 年的得分降低了 1.4 分。

该评比报告得出结论，尽管北美和欧洲城市面临老龄化、基础设施老化、负债和增长缓慢等问题，但它们仍是当今全球最具竞争力的城市，并且到 2025 年有可能依然保持该优势；同时该报告预测印度、巴西和俄罗斯的主要城市将提高其竞争力，并赶上发达国家的许多城市。根据该报告排名，纽约（No. 1）和伦敦（No. 2）是 2025 年全球最具竞争力的两个城市，紧接着是新加坡（No. 3）、香港（No. 4）、东京（No. 5）。在前 30 名城市中，美国、加拿大和欧洲占据了 21 个。

（六）文化创意城市监测②

《文化创意城市监测》（The Cultural and Creative Cities Monitor）

① Hot Spots 2025（2012）［EB/OL］.［2018 – 07 – 08］. https：//www. citigroup. com/citi/citiforcities/pdfs/hotspots2025. pdf.

② The Cultural and Creative Cities Monitor 2017 edition［EB/OL］.［2018 – 07 – 05］. http：//publications. jrc. ec. europa. eu/repository/bitstream/JRC107331/kj0218783enn. pdf.

由欧盟委员会下的联合研究中心（The Joint Research Centre，JRC）制定，旨在促进城市之间的相互交流和学习，促进以文化为主导的发展，于 2017 年首次发布，调查覆盖 30 个欧洲国家的 168 个城市。该指标体系涵盖 3 个主要方面：文化活力（40%）、创意经济（40%）、有利环境（20%）。在这之下，又可以划分为 9 个领域共 29 个指标：文化场所和设施、文化参与和吸引力、创意与知识型员工、知识产权与创新、创意领域的新工作、人力资本与教育、开放宽容和信任、本地和国际连接、治理效率。同时，根据城市人口划分为不同的城市等级：XXL（超过 100 万人）、XL（50 万—100 万人）、L（25 万—50 万人）、S－M（5 万—25 万人）。

该监测报告发现，理想的欧洲文化创意城市是 8 个城市的混合体，并且大多数是中小城市：巴黎（法国）、科克（爱尔兰）、艾恩德霍芬（荷兰）、默奥（瑞典）、鲁汶（比利时）、格拉斯哥（英国）、胡德勒支（荷兰）、哥本哈根（丹麦）。该监测报告仅限于欧盟城市的分析，无中国城市数据。

（七）世界城市综合力排名[①]

《世界城市综合力排名》（Global Power City Index，GPCI）是一项由日本森纪念财团城市战略研究所评定、涉及全球 44 个城市的排名。该排名从 2008 年开始发布，每年更新一次。该指标体系分为 6 类共 70 个指标：经济、研发、文化交流、宜居性、环境、交通和便利度，对每个领域的得分进行汇总，从而评估出城市的实力。除了评价指标外，该排名也由 5 类主导全球城市活动的角色（经理、研究员、艺术家、游客和居民）来评定。此外，该研究所还制定了世界城市市中心综合力排名（Global Power Inner City Index，GPICI），主要调查 8 个世界超级城市（纽约、伦敦、上海、香港、巴黎、东京、新加坡、首尔），旨在揭示各自的优势、劣势、吸引力和挑战。GPICI 指标体系也包含 6 类共 70 个指标：活力、文化、互动、奢侈、设施和流动性。[②]

根据 2018 年的排名，伦敦、纽约、东京、巴黎和新加坡分别

---

① Global Power City Index 2017 ［EB/OL］. ［2018 – 07 – 08］. http://mori-m-foundation. or. jp/pdf/GPCI2017_en. pdf.

② Global Power Inner City Index 2015 ［EB/OL］. ［2018 – 07 – 08］. http://mori-m-foundation. or. jp/english/ius2/gpici2/index. shtml.

名列前5，同时这些城市已连续10年名列前5，第6到第10名城市依次是阿姆斯特丹、首尔、柏林、香港、悉尼。从区域来看，欧洲城市在宜居性和环境领域得分最高，亚洲城市在经济领域得分最高。根据5大角色的评估，经理和游客给伦敦评分最高，研究员给纽约评分最高，艺术家和居民给巴黎评分最高。

2017年中国入选城市有香港（No.9）、北京（No.13）、上海（No.15）、台北（No.36）。2018年，中国城市中除香港以外排名发生了变化：北京（No.23）、上海（No.26）、台北（No.35）。

（八）改革城市指数①

《改革城市指数》（Innovation Cities™ Index，ICI）由澳大利亚2thinknow智库制定，调查覆盖全球500个城市，是世界上最大的全球城市排名指数。该排名从2007年开始发布，每年更新一次。该指标体系包括3大领域162个指标：文化资产、基础设施、网络市场。

以2016—2017年的排名为例，前10名分别为伦敦、纽约、东京、旧金山、波士顿、洛杉矶、新加坡、多伦多、巴黎、维也纳，有5个北美城市，3个欧洲城市。在历年排名中，波士顿曾连续4年获得领先地位，也是获得第1最多的城市。2007—2015年排名第1的城市分别是：维也纳（2007年、2008年）、波士顿（2009年、2010—2013年）、旧金山（2014年）、伦敦（2015年）。

在2018年的排名中，该指数覆盖中国城市44个，中国在全球500个城市中排名前50%的城市有8个，依次是香港（No.27）、上海（No.35）、北京（No.37）、深圳（No.55）、台北（No.60）、广州（No.113）、苏州（No.220）、南京（No.241）。从排名变化来看，广州名次比上一次评比下降了16名。

（九）普华永道：机遇之城（世界版）

普华永道自2007年开始发布《机遇之城》（Cities of Opportunity：The Living City）系列调研，迄今已有7期。项目源于美国9·11恐怖袭击事件后，是普华永道与纽约合作组织共同开展的城

① 2thinknow Innovation Cities Index 2016 – 2017［EB/OL］.［2018 – 07 – 08］. http//www. innovation-cities. com/. 2thinknow Innovation Cities Index 2018［EB/OL］.［2018 – 07 – 08］. https://www. innovation-cities. com/innovation-cities-index-2018-global/13935/.

市研究。

在 2016 年发布的第九版排名中，对全球商业中心城市的经济和社会发展进行了全面考察，从智力资本和创新、技术成熟度、门户城市、交通和基础设施、健康安全和治安、可持续发展和自然环境、人口架构和宜居性、经济影响力、宜商环境、成本 10 个维度衡量这些城市的表现。本次研究共测评全球城市 30 个，覆盖中国城市共 3 个，依次是香港（No. 9）、北京（No. 19）、上海（No. 21）。

（十）全球化与世界城市研究网络

《全球化与世界城市研究网络》（Globalization and World Cities Research Network，GaWC）是由英国拉夫堡大学地理系进行评级的，关注城市间关系国际商业、可持续性、城市政策和物流等问题。此项目强调的是世界城市的联络而非排名，按照城市对所处地区的生产服务能力将城市分类为世界城市网络集成的级别。换句话说，入选城市均对所在地区生产力和地区联系创造了贡献，并以辐射能力不同而分级，依次是 A、B、G、HS、S。每个级别又分优（＋）、次（－）级。A＋级别城市始终仅有伦敦、纽约两个。

自 2000 年起，分别在 2000 年、2004 年、2008 年、2010 年、2012 年、2016 年发布，共 6 期。其中覆盖的中国城市有香港、台北、北京、上海、广州、深圳、青岛、大连、重庆、厦门、武汉、苏州、长沙、西安、沈阳、济南。中国城市各年度评级结果如表 2－3 所示：入选城市数量逐年增加，广州的等级稳步上升。

表 2－3　中国城市在《全球化与世界城市研究网络》中的
年度评级结果

年份	城市			
2000	A＋（香港）	B＋（北京）	G－（广州）	
2004	A＋（香港） A－（上海、北京、台北）		G－（广州）	
2008	A＋（香港、上海、北京） A－（台北）	B－（广州）	G（深圳）	S（成都、天津、南京、大连）

续表

年份	城市			
2010	A＋（香港、上海） A（北京） A－（台北）	B（广州）		HS（天津） S（南京、成都、杭州）
2012	A＋（香港、上海、北京） A－（台北）	B＋（广州） B－（深圳）	G－（天津）	HS（成都、杭州、南京、重庆） S（大连、厦门、西安）
2016	A＋（香港、上海、北京） A－（台北、广州）	B－（成都、天津）	G＋（南京、杭州、青岛） G（大连、重庆、厦门） G－（武汉、苏州、长沙、西安、沈阳）	HS（济南）

2.1.2 国际专门的城市文化评估体系

国际专门的城市文化评估体系是指专门就文化领域对全球范围内多个国家的城市进行评估的体系。相对而言，此类评估体系较为少见，多数尚处于研究阶段，只对参与城市的文化指标进行分析，并未提出排名结果。

（一）世界城市文化报告①

《世界城市文化报告》（World Cities Culture Report）由英国BOP 咨询公司制定，调查覆盖全球 30—40 个城市，是专门反映全球城市文化领导力的报告，共分为 13 个领域 70 个指标。该报告分析数据来源于每个国家、城市发布的公开信息，如统计年鉴、年度报告等。该报告由世界城市文化论坛（The World Cities Culture Forum）发布，论坛内容涉及每个城市不同舆论界人士的访谈，包括艺术家、商界领袖、民间社会代表、企业家和政治家。

《世界城市文化报告》首次发布是在 2012 年，每 3 年更新一

---

① The World Cities Culture Forum. World Cities Culture Report 2018 Announced［EB/OL］.［2018 － 07 － 08］. http://www. worldcitiescultureforum. com/. The World Cities Culture Forum. DATA［EB/OL］.［2018 － 07 － 08］. http://www. worldcitiescultureforum. com/data.

次，最近《世界城市文化报告》于 2018 年 11 月在旧金山举行的年度世界城市文化论坛上发布。该论坛有 7 个地理区域的 37 个参与成员城市，香港、台北、上海、深圳代表中国参与到该论坛中，而广州并不在其中，因此无相关数据和分析结果呈现。

2012 年《世界城市文化报告》表明，世界城市是全球文化的制造者。该报告审查了世界上 24 个城市的文化建议，收集了 60 个文化指标。2015 年报告表明，文化是世界城市成功的关键因素，是贯穿城市规划和政策各个方面的黄金主线。2018 年报告包括 70个文化基础设施和消费指标的比较数据和纵向数据，着眼于城市如何通过其文化政策引领潮流。

《世界城市文化报告》不以排名为目的，而是对参与城市的文化指标进行分析和展望，对各个指标逐一分析，对世界共同体的文化发展提出展望和畅想。

（二）文化发展指数①

《文化发展指数》由联合国社会发展研究所（UNRISD）和联合国教育、科学及文化组织（UNESCO）共同制定，于 2009 年提出，每年发布一次报告，主要针对发展中国家。《文化发展指数》是一种通过量化进行政策宣传的政策工具，涵盖 7 个关键政策领域22 个具体指标。7 个关键政策领域分别是经济、教育、治理、社会参与、性别、交流、遗产。

《文化发展指数》公布了全面的分析方法，CDIS 被认为是一种务实和有效的方法工具，可对低收入和中等收入国家政策目的指标的构建和分析提供指导。它不仅提供了文化对经济、社会的可持续发展有所贡献的直观数据，也提供了把文化纳入发展战略和议程的案例，CDIS 促进了 2005 年公约和联合国《2030 年可持续发展议程》的实施。这项研究还在进行中，因此未公布最终国家排名结果。

---

① McKinley, T. Cultural Indicators of Development [R]. UNRISD Occasional Paper Series on Culture and Development, 1997. UNESCO Culture for Development Indicators (CDIS) /Diversity of Cultural Expressions [EB/OL]. [2018 - 07 - 08]. https://en. unesco. org/creativity/activities/cdis.

2.1.3 国内一流城市评估体系

国内一流城市评估体系是指对中国范围内多个城市进行综合评估的体系。通过国内一流城市评估体系，我们可以了解到在全国范围内影响力和综合竞争力最佳的城市。

（一）中国城市综合发展指标

《中国城市综合发展指标》从环境、社会、经济三个维度来分析和评价中国城市。该评估标准于 2016 年开始。对象城市为所有地级及以上城市，包括 4 个直辖市、27 个省会城市及自治区首府、5 个计划单列市和 259 个其他地级城市，共有 295 个城市。

指标体系为环境、社会、经济 3 个大项，每个大项包括 3 个中项，每个中项包括 3 个小项，每个小项包括数个指标，共 133 项指标。

《中国城市综合发展指标 2016》[1] 的数据来源为各级政府公布的统计数据（2014 年度数据）、互联网采集数据（2015 年度数据）、卫星遥感数据（2014 年度数据）。[2]

2016 年中国城市综合发展指标综合排名前 10 位的城市依次是北京、上海、深圳、广州、天津、重庆、杭州、苏州、南京、成都。

（二）中国城市竞争力报告[3]

《中国城市竞争力报告》是由中国社会科学院战略研究院倪鹏飞主任率领团队编制的系列报告。该报告隶属"城市竞争力蓝皮书"系列[4]，自 2003 年起由中国社会科学院战略研究院与经济日报联合发布，一年一期，就综合经济竞争力、宜居竞争力和可持续竞争力分别对 2017 年中国的 294 个城市与 289 个城市进行了研究。

根据该排名，2017 年中国城市可持续竞争力排名前 10 的城市

---

[1] 国家发展与改革委员会发展规划司，云河都市研究院. 中国城市综合发展指标2016——大城市群发展战略［M］. 北京：人民出版社，2016.

[2] 国家发展与改革委员会发展规划司，云河都市研究院. 中国城市综合发展指标2016——大城市群发展战略［M］. 北京：人民出版社，2016.

[3] 城市竞争力蓝皮书［EB/OL］.［2018 - 07 - 08］. https://www.pishu.com.cn/skwx_ps/classify? SiteID = 14&classType = Book&deriesId = 1451.

[4] 城市竞争力蓝皮书［EB/OL］.［2018 - 07 - 08］. https://www.pishu.com.cn/skwx_ps/classify? SiteID = 14&classType = Book&deriesId = 1451.

依次为香港、北京、上海、深圳、广州、杭州、南京、武汉、澳门、成都。

（三）普华永道：机遇之城（中国版）①

《机遇之城》系列调研报告由中国发展研究基金会和普华永道（中国）联合发布，从 2014 年开始到 2018 年，已经发布了 5期。该报告的分析框架和视角借鉴了普华永道全球城市研究报告《机遇之城》（Cities of Opportunity），又结合中国的实际情况来构建指标体系。数据来源为统计年鉴和公报、大学排行榜、实验室年度报告、数据库。2018 年发布的调研报告，样本数量为30 个城市。其中，北京、上海、广州、深圳这 4 个超大城市单独分列，其余 26 个城市进行对比，评估指标共包括 10 个维度 57 个变量。

2018 年《机遇之城》（中国版）显示，4 座超大城市的排名是北京、上海、深圳、广州，其余 10 大城市的排名为杭州、武汉、南京、成都、厦门、西安、天津、长沙、苏州、郑州。

2.1.4　国内专门的城市文化评估体系

国内专门的城市文化评估体系是指专门就文化领域对中国范围内多个城市进行评估的体系。在本课题组所调查到的评估体系中，只有中国城市文化竞争力报告、城市文化评估指标和文化城市统计评估指标体系属于此类。

（一）中国城市文化竞争力报告②

《中国城市文化竞争力报告》由中国传媒大学文化发展研究院、首都师范大学文化研究院联合发布，目前已有 2015 年版和 2016 年版报告。该报告为首都师范大学文化研究院 2013 年度社科基金重大项目"世界中心城市文化竞争力核心要素比较研究"的核心成

---

①　普华永道：机遇之城 2017 ［EB/OL］. ［2018 - 07 - 08］. https：//www. pwccn. com/zh/research-and-insights/publications/chinese-cities-of-opportunities-2017/chinese-cities-of-opportunities-2017-zh. pdf. 普华永道：机遇之城 2018 ［EB/OL］. ［2018 - 07 - 08］. https：//www. pwccn. com/zh/research-and-insights/publications/chinese-cities-of-opportunities-2018/chinese-cities-of-opportunities-2018-zh. pdf.

②　范周主编. 中国城市文化竞争力研究报告（2016）［M］. 北京：知识产权出版社，2017.

果。对象城市为 36 个城市，主要包括直辖市、省会城市、副省会城市和计划单列市。

在《中国城市文化竞争力研究报告（2016）》中，城市文化竞争力综合指数得分位居前 10 的城市分别为北京、上海、广州、杭州、南京、深圳、武汉、西安、重庆、成都。

（二）城市文化评估指标①

城市文化评估指标在刘观伟主编的《以文化人　以人化城：城市文化建设研究》一书中提出。主要从基础性要素、文化资源、文化创意产业、文化景观、文化氛围 5 个方面来评价城市文化。共 13 个二级指标、65 个细化指标。

城市文化建设的经典案例包括：城市品牌建设——"红色西柏坡，多彩石家庄"，城市公共艺术创作——"北京城市雕塑发展"，城市文化产业发展——"西安大唐文化"等。

（三）文化城市统计评估指标体系②

文化城市统计评估指标体系是高福民、花建主编的《文化城市：基本理念与评估指标体系研究》中提出的评估指标体系。数据的采集方法一是利用现有的权威统计资料，二是委托有关部门如统计局、文化局等进行搜集或者调查。

2.1.5　国内外城市评估指标对比

（一）发布来源

从发布来源来看，各评估指标体系的制定和发布机构集中在咨询研究机构，如咨询公司、智库、高等学校、研究所等。机构所在城市集中在欧美地区，尤其是美国、英国（见表 2 - 4）；国内主要由政府相关部门、研究院或高等学校等专业机构合作完成（见表 2 - 5）。

---

① 刘观伟主编. 以文化人　以人化城：城市文化建设研究［M］. 北京：中国社会科学出版社，2017.

② 高福民，花建主编. 文化城市：基本理念与评估指标体系研究［M］. 北京：商务印书馆，2012.

表 2 - 4　国外城市评估指标发布来源统计

名称	发布国家	发布机构
全球城市排名	美国	美国科尔尼管理咨询公司
美世生活质量调查	美国	美世咨询公司
全球城市动态指数	西班牙	西班牙纳瓦拉大学 IESE 商学院
宜居性调查	英国	《经济学人》智库
聚焦 2025：全球城市未来竞争力评比	英国	《经济学人》智库
世界城市综合力排名	日本	日本森纪念财团城市战略研究所
改革城市指数	澳大利亚	2thinknow 智库
文化创意城市监测	欧盟	欧盟委员会联合研究中心
普华永道：机遇之城	美国	普华永道，纽约合作组织
全球化及世界城市研究网络	英国	英国拉夫堡大学地理系
世界城市文化报告	英国	英国 BOP 咨询公司
全球城市指标	世界银行	世界银行城市局，多伦多大学全球城市指标机构
文化发展指数	联合国	联合国社会发展研究所（UNRISD）和联合国教育、科学及文化组织（UNESCO）

表 2 - 5　国内城市评估指标发布来源统计

名称	发布城市	发布机构
中国城市综合发展指标	北京	国家发展和改革委员会发展规划司和云河都市研究院
中国城市竞争力报告	北京	中国社会科学院财经战略研究院、经济日报
普华永道：机遇之城系列调研报告	北京	中国发展研究基金会、普华永道（中国）
中国城市文化竞争力报告	北京	中国传媒大学文化发展研究院、首都师范大学文化研究院
城市文化评估指标	北京	刘观伟主编
文化城市统计评估指标体系	北京	高福民、花建主编

（二）指标类型与发布时间

通过梳理国内外城市评估指标体系，本课题组发现：综合类评估指标体系较多，专门评估文化指标较少，但文化类指标通常是综合评估体系中的重要部分。国外最早的城市评估体系开始于 20 世纪 90 年代,大部分实现了年度评估或 3 年一次的周期性评估,有的已经连续发布 20 年,成为较具公信力的品牌评估体系(见表 2 - 6)。国内相对起步较晚,最早是 2003 年,其余评估指标体系均是近几年才开始编制。国内评估指标也基本保持着一年一次的更新速度,由中国社会科学院发布的《中国城市竞争力报告》,迄今已发布 16 次(见表 2 - 7)。总体而言,国外的城市评估指标体系已经相对成熟,不仅实现了年度发布,且近两年仍在持续更新,保持着旺盛的生命力。

表 2 - 6 国外城市评估指标类型与发布时间

名称	类型	开始发布年份	最新发布年份	发布周期
全球城市排名	综合	2008	2018	2 年/次(2008—2014)年度(2014 至今)
美世生活质量调查	综合	1998	2018	年度
全球城市动态指数	综合	2014	2018	年度
宜居性调查	综合	2002	2018	半年/次
聚焦 2025:全球城市未来竞争力评比	综合	2012	—	—
世界城市综合力排名	综合	2008	2018	年度
改革城市指数	综合	2007	2018	年度
文化创意城市监测	综合	2017	—	—
普华永道:机遇之城	综合	2007	2016	
全球化及世界城市研究网络	综合	2000	2016	4 年/次
世界城市文化报告	文化类	2012	2018	3 年/次
全球城市指标	综合	—		
文化发展指数	文化类	2009		年度

表 2 - 7 国内城市评估指标类型与发布时间

名称	类型	开始发布年份	最新发布年份	发布周期
中国城市综合发展指标	综合	2016	2017	年度
中国城市竞争力报告	综合	2003	2022	年度

名称	类型	开始发布年份	最新发布年份	发布周期
普华永道：机遇之城 （中国版）	综合	2014	2018	年度
中国城市文化竞争力报告	文化类	2015	2016	年度
城市文化评价指标	文化类	2017	—	年度
文化城市统计评估指标体系	文化类	2012	—	年度

（三）指标样本

从表2-8可知，国外的样本范围基本上覆盖全球区域，包括北美、欧洲、中东、拉丁美洲、非洲和亚太区的多个国家；城市数量最多达500个，最少为30—40个，其他多是100—200个。有两个指标体系具有明确的指向性，分别对应欧洲国家和发展中国家的城市进行调研。

从表2-9可知，国内的样本范围有的涵盖了全国近300个城市，有的包含所有地级及以上城市，有的以直辖市、省会城市、副省会城市和计划单列市为主。

表2-8　国外城市评估指标样本分析

名称	样本数量	样本范围
全球城市排名	135个城市	全球
美世生活质量调查	231个城市	全球
全球城市动态指数	80个国家的165个城市， 74个首都	全球
宜居性调查	140个城市	全球
聚焦2025：全球城市未来竞争力评比	120个城市	全球
世界城市综合力排名	44个城市	全球
改革城市指数	500个城市	全球
文化创意城市监测	30个欧洲国家的168个城市	欧洲
普华永道：机遇之城	30个城市	全球
全球化及世界城市研究网络	—	全球
世界城市文化报告	30—40个城市	全球

续表

名称	样本数量	样本范围
全球城市指标	82 个国家的 255 个城市	全球
文化发展指数	100 个发展中国家	发展中国家

表 2 - 9　国内城市评估指标样本分析

名称	样本数量	样本范围
中国城市综合发展指标	295 个城市	所有地级及以上城市
中国城市竞争力报告	294 个城市	全国
普华永道：机遇之城系列调研报告	30 个城市	全国
中国城市文化竞争力报告	36 个城市	直辖市、省会城市、副省会城市和计划单列市
城市文化评价指标	—	—
文化城市统计评估指标体系	—	—

（四）评估排名

经统计各评估指标体系综合排名的前 10 名或前 5 名，发现评估排名具有以下特点：在出现频次上，伦敦出现频次最高，累计 14 次，其次是纽约和巴黎，各上榜 8 次。北京、上海、广州、深圳、杭州、南京和成都是国内出现频次最高的城市，各 4 次，其次是香港和武汉，各出现 3 次。香港虽然出现次数较少，但并不能否认其实力，因为有 2 次均为国外的评估排名结果，且大多数的国内评估指标体系并未将其纳入考察范围。在榜首频率上，伦敦 8 次名列榜首，纽约 4 次，巴黎 2 次，旧金山、莫斯科、圣彼得堡、维也纳和墨尔本各 1 次；国内方面，北京 3 次是榜首，杭州和香港各 1 次。从分布区域上，国外上榜城市多为欧洲和北美国家，国内上榜城市多分布在东部和中部区域。总体而言，排名靠前的城市在多项评估中重现率较高，可见城市排名的马太效应较为明显。

第二节　评估体系中的文化指标研究

文化是城市的重要组成部分之一，而城市文化又是城市发展的重要评估指标之一，对于吸引投资者、人才和游客起着重要作用。

为了详细了解各评估体系中城市文化所占比例，我们不仅对国际一流评估体系的总体情况进行了考察，还专门探讨了文化方面的指标。与上文的分类相对应，本节也将所调查的评估体系分为综合评估体系中的文化类指标和专门的城市文化评估指标两大类，同时展开以下3个方面的调查。

（1）各城市评估体系中的文化类指标。课题组调研了国际一流文化指标的指标构成及其内涵，收集包括文化指标的类型、数量、权重、细分指标等基本信息。

（2）各城市评估体系的计算方法。课题组针对各评估体系的计算方式、测量单位、数据来源等内容展开调查，以便了解相关文化指标的测量方式。

（3）各城市评估体系中文化类指标表现最优的城市。

本次调研的大多数国外城市评估指标体系都有权重值，从中也可以反映文化对一个城市发展的重要程度。在《全球城市排名》的5大领域中，"文化积累"占15%，仅低于"商业活动"和"人力资源"的权重值，体现出在考察城市的综合表现时，文化是较为重要的方面。在《宜居性调查》的5个大类中，"文化和环境"占25%，与"稳定性"同为分值最高的指标，可见在评定城市的宜居性时，文化和环境占据了非常重要的地位。在《聚焦2025：全球城市未来竞争力评比》中，"社会和文化特质"所占权重为5%，远低于"经济实力"的权重值（30%），这也体现出文化在评定城市竞争力时并不占据主要地位，但仍是不可缺少的成分（见表2-10）。相比之下，国内城市评估指标体系几乎没有对各大类指标赋予权重值，这也是值得注意之处。

有的城市评估指标体系对于各项文化指标也赋予不同权重。从表2-10可知，在偏重文化的《文化创意城市监测》指标体系中，文化活力占40%，创意经济占40%，有利环境占20%。在《中国城市文化竞争力报告》指标体系中，文化禀赋要素占15%，文化经济要素占28%，文化管理要素占23%，文化潜力要素占16%，文化交流要素占18%。在《聚焦2025：全球城市未来竞争力评比》中，"社会和文化特质"的4项指标权重分别为：言论自由和人权（20%）、开放性与多样性（20%）、社会犯罪（20%）、文化活力（40%）。由此可见，文化活力、文化经济和文化管理在城市文化中起到了更为关键的作用。

表 2 - 10　国内外评估指标体系的文化指标权重

名称	区域	类型	文化指标权重
全球城市排名	北美地区	综合	15%
宜居性调查	欧洲地区	综合	25%
聚焦 2025：全球城市 未来竞争力评比	欧洲地区	综合	一级指标 5% 二级指标： 言论自由和人权（20%） 开放性与多样性（20%） 社会犯罪（20%） 文化活力（40%）
文化创意城市监测	欧洲地区	综合	文化活力（40%） 创意经济（40%） 有利环境（20%）
中国城市文化竞争力报告	北京	文化类	文化禀赋要素（15%） 文化经济要素（28%） 文化管理要素（23%） 文化潜力要素（16%） 文化交流要素（18%）

2.2.1　国际城市评估指标中的文化类指标

（一）综合评估体系中的文化类指标

1. 全球城市指数——文化积累

文化积累（Cultural Experience）是《全球城市指数》的文化类指标，占有 15% 的权重，主要测量大型体育活动、博物馆和博览会等文化方面的可获得性。由博物馆、视觉与表演艺术、体育活动、国际游客、美食、友好城市共 6 项指标组成。

该指标体系的计分方式：通过每个维度的加权平均值得到 0—100 的分数（100 = 完美）。数据来源于公开的城市数据，在缺乏城市数据的情况下会用乡镇数据代替。

以 2017 年为例，伦敦在文化积累领域综合排名第 1，而在文化积累的 6 项具体指标之下，表现最优者依次为：莫斯科（博物馆指标第 1）、伦敦（在视觉与表演艺术、体育活动和国际游客 3 项指标上都为第 1）、纽约（美食指标第 1）、圣彼得堡（友好城市指标第1)。

2. 美世生活质量调查——社会文化环境

社会文化环境（Socio-cultural Environment）是《美世生活质量调查》的文化类指标，由个人自由的限制、媒体与审查两个指标组成。各项评分以纽约定为100分，参评城市再与纽约比较，所得分数之平均值为该城市的得分。

3. 全球城市动态指数——人力资本和国际推广

人力资本（Human Capital）和国际推广（International Outreach）是《全球城市动态指数》的文化类指标。人力资本由高等教育、商业学校、学生流动、大学数量、博物馆、美术馆、休闲与娱乐支出共7项指标构成。该研究机构认为："虽然人力资本并不仅仅通过这些指标来衡量，但国际上一致认为，教育水平和文化获取是衡量人力资本的不可替代的成分。"为增加可信度，《全球城市动态指数》还举出联合国开发计划署每年出版的《人类发展指数》包含教育和文化领域作为例证。国际推广由国际游客数量、航空公司乘客数量、酒店数、观光地图、国际学会与会议数量共5项指标组成。

该指标体系的计算方式：采用国际上最广泛使用的 DP2 技术计算全球城市动态指数，其方法是基于距离——指标的给定值与作为参考或目标的另一个值之间的差异。同时将每个指标与其他指标相比，得出"决定系数"（R^2）。每个维度在《全球城市动态指数》的相对权重如下：经济 = 1，人力资本 = 0.4814，国际推广 = 0.6212，城市规划 = 0.841，环境 = 0.6215，技术 = 0.3763，治理 = 0.4047，社会凝聚力 = 0.5941，交通和运输 = 0.4707，公共管理 = 0.571。人力资本和国际推广各指标的测量方式如表 2 - 11 所示。

表 2 - 11 《全球城市动态指数》中的人力资本和国际推广指标

人力资本指标		国际推广指标	
指标	说明和测量单位	指标	说明和测量单位
高等教育	中等和高等教育的人口比例	国际游客数量	游览该城市的国际游客数量（千人）
商业学校	商业学校数量（前100）	航空公司乘客数量	航空旅行的乘客数量（千人）

续表

人力资本指标		国际推广指标	
学生流动	高层次国际学生的数量	酒店数	人均酒店数量
大学数量	大学数量	观光地图	根据拍摄城市照片数量和Panoramio上传量的排名（社区在线分享照片）。排名靠前者对应于照片最多的城市
博物馆	每个城市的博物馆数量	国际学会与会议数量	一个城市举办的国际学会和会议数量
美术馆	每个城市的美术馆数量		
休闲与娱乐支出	休闲与娱乐支出（百万美元）		

以 2016 年为例，在各个领域的排名中，人力资本排名最优者为伦敦，表现为：有最多的顶尖商业学校，大学数量也最多，中学生所占的人口比例很高。国际推广排名最优者为巴黎，伦敦次之：巴黎的国际游客数量第 2，城市照片拍摄和上传量第 1，国际学会和会议数量最多；伦敦的航空旅行乘客数量最多，是世界上航线最繁忙的城市之一。

4. 宜居性调查——文化和环境

文化和环境（Culture and Environment）是《宜居性调查》的文化类指标，占有 25% 的权重，由湿度或温度等级、游客对气候的不适、腐败程度、社会或宗教限制、审查程度、饮食、商品及服务、运动可用性、文化可用性共 9 项指标组成。除了前两个属于环境的指标，后面 7 项均可归为文化类指标。

城市的每项指标分为 4 个等级：可接受的、可忍受的、不舒服的、不受欢迎的或不可容忍的。定性指标的评级基于内部分析师和城市相关领域贡献者的判断（EIU 评级）；定量指标基于外部数据来源得出的城市相对性能来计算。每项授予 1—100 分，其中 1 被认为是不可忍受的，100 被认为是理想的。宜居性评级既可作为总分，也可作为每个类别的分数。同时，以纽约为基准，参评城市再与纽约评比，给出每个类别的相对得分和总体排名。表 2 - 12 是文化和环境领域的指标数据来源。

表 2 - 12 《宜居性调查》中的文化和环境（权重：25%）

指标	数据来源
腐败程度	透明国际组织（Transparency International）
社会或宗教限制	EIU 评级
审查程度	EIU 评级
饮食	EIU 现场对 4 项文化指标的评级
商品及服务	EIU 对产品可用性的评级
运动可用性	EIU 现场对 3 项运动指标的评级
文化可用性	EIU 现场对 4 项文化指标的评级

5. 聚焦 2025：全球城市未来竞争力评比——社会和文化特质

社会和文化特质（Social and Cultural Character）是《聚焦2025：全球城市未来竞争力评比》的文化类指标，设计宗旨在于：一个多元化、开放的城市，具有能够吸引投资者和游客的繁荣社会和文化景观，使城市更具活力，从而具有竞争力。尽管其所占权重最低（仅5%），但它仍是评价城市竞争力的不可缺少的成分。该领域由言论自由和人权、开放性与多样性、社会犯罪、文化活力4项指标组成。

该指标体系的计算方式：将 2012 年和 2025 年的城市竞争力对标；EIU 研究小组在与内外部专家协商后，划分出类别和指标权重；每个类别根据基础指标的加权平均值计算出得分（0—100，100 = 最佳）；2025 指数的总分根据类别和指标得分的简单加权平均值计算得出。表 2 - 13 是社会和文化特质领域各指标的权重。

表 2 - 13 《聚焦 2025：全球城市未来竞争力评比》中的
社会和文化特质（权重：5%）

指标	2025 年权重	2012 年权重
言论自由和人权	20.0%	20.0%
开放性与多样性	20.0%	20.0%
社会犯罪	20.0%	20.0%
文化活力	40.0%	40.0%

其中，社会和文化特质领域每项指标的测量方法为：

（1）言论自由和人权的测量方法为：以 1—7 来衡量，由专家根据相关问题给出得分（1＝最自由，7＝最不自由）。

（2）开放性与多样性的测量有 5 个方面：全球/民族/种族多样程度，讲或听不同语言的数量，是否广泛使用英语或其他主要语言，外国人是否感觉舒适，是否接受不同生活方式和信仰。同时，对每个属性按 1—5 给分（1＝最封闭和同一，5＝最开放和多元化）。

（3）社会犯罪的测量由三部分组成：根据《经济学家》最新发布的宜居性调查中的相关类别，《经济学家》研究员对轻微和暴力犯罪流行程度的定性评估，以及引发将来犯罪的外部影响因素。

（4）文化活力的测量方式主要为：2012 年的得分是根据最新的宜居性调查中的文化、运动、饮食等类别；2025 年的得分由《经济学家》研究员定性评估，该评估基于城市在文化问题上的投资计划，同时给以 1—3 的评分（1＝文化活力预计降低，3＝文化活力预计增加）。

6. 文化创意城市监测——文化活力

文化活力（Cultural Vibrancy）是《文化创意城市监测》的文化类指标，占有 40% 的权重，包含两个主要领域：文化场所和设施（景点和地标、博物馆、电影院座位、音乐剧和展览、剧院）、文化参与和吸引力（博物馆参观者、过夜游客数量、电影院观众、对文化设施的满意度）。这两个指标在文化活力领域所占权重相等。文化场所和设施用于监测城市的文化富有程度，该研究机构认为，"参与文化生活有利于增加人们与彼此之间以及与居住地的联系，增强其创造性技能并改善心理健康"；文化参与和吸引力体现了城市吸引本地、国家和国际观众参与其文化生活的能力。此外，创意与知识型员工领域（艺术、文化和娱乐员工，媒体与传播员工，广告和时尚等创意服务员工）被同时划分到文化活力领域和创意经济领域之中，用于衡量城市在创造性和知识密集型领域获得高素质员工的程度，所占权重为 40%。

该指标体系的计算方式：每项类别以 0—100 计分；缺失数据则估计得出并将估算的指标归一化；由 12 位专家使用预算分配方法确定的权重的固定结构计算出市总分。文化活力领域指标的说明和测量方式如表 2－14 所示。

表 2 - 14　《文化创意城市监测》中的文化活力

指标名称	说明和测量方式	来源
文化场所和设施（Cultural Venues & Facilities）		
景点和地标	历史、文化和艺术景点数量占总人口的百分比（每 100000 人）	Trip Advisor
博物馆	公共博物馆数量占总人口的百分比（每 100000 人）	Trip Advisor
电影院座位	电影院座位数占总人口的百分比（每 1000 人）	Eurostat（Urban Audit）
音乐剧和展览	歌剧院、音乐场所和展览数量占总人口的百分比（每 100,000 人）	Trip Advisor
剧院	剧院数量占总人口的百分比（每 100000 人）	Eurostat（Urban Audit）
文化参与和吸引力（Cultural Participation & Attractiveness）		
博物馆参观者	博物馆售票总数占总人口的百分比（每 1000 人）	Eurostat（Urban Audit）
过夜游客数量	酒店等住宿场所的年均过夜宾客数量占总人口的百分比	Eurostat（Urban Audit）
电影院观众	全年所有电影的售票数量占总人口的百分比（每 1000 人）	Eurostat（Urban Audit）
对文化设施的满意度	非常满意城市文化设施的人口百分比	Flash Euro-barometer 366 by TNS/EC（Survey on Quality of life in cities）

　　其中科克在文化场所和设施方面突出，巴黎在文化参与和吸引力、创意与知识型员工方面突出。根据该排名，在四个城市等级中，综合实力排在第 1 名的分别是：巴黎、哥本哈根、爱丁堡、艾恩德霍芬；在文化活力方面排第 1 的分别是：巴黎、里斯本、佛罗伦萨、科克。

　　7. 世界城市综合力排名——文化交流

　　文化交流（Cultural Interaction）是《世界城市综合力排名》的文化类指标，由潮流引领潜力、文化资源、揽客设施、游客吸引力、国际交流 5 个指标组成。在二级指标之下，又分 16 个细分指标（见表 2 - 15）。

表 2 – 15　《世界城市综合力排名》中的文化交流指标

二级指标	细分指标
潮流引领潜力	国际会议召开次数
	主要世界文化活动举办次数
	视听及相关服务的贸易价值
文化资源	艺术家的创作环境
	联合国教科文组织世界遗产
	与文化、历史和传统的接触机会
揽客设施	剧场、音乐厅数量
	美术馆及博物馆数量
	体育场数量
游客吸引力	高档酒店客房数量
	酒店数量
	购物魅力
	餐饮魅力
国际交流	外籍居民人数
	海外游客数量
	留学生人数

该指标体系的计算方式：对每个领域的所有指标计算出平均得分，以此得出各领域的排名；各领域分数总和即为总分，以此得出综合排名。

以 2017 年为例，在文化交流领域，伦敦排名第 1 且优势明显，尤其餐饮魅力和海外游客数量扩大了其在竞争中的领先优势；纽约次之，在主要世界文化活动举办次数指标上相对不足；巴黎、东京、新加坡依次排在第 3 名、第 4 名、第 5 名；国内城市中北京第 7 名、上海第 17 名、香港第 22 名、台北第 44 名。

8. 改革城市指数——文化资产

文化资产（Cultural Assets）是《改革城市指数》的文化类指标，包含 63 项指标：建筑分层、建筑风格、环保建筑、历史、社区、电影院、文化节日、舞蹈或芭蕾、手工艺品、私人画室、公共美术馆、公共艺术品、博物馆、喜剧、戏剧、青年活动、设计师、环保型商业、视频和电影制作、宾馆、返城访客、国际会议、留学

生、入境游客、游客信息、财富分配、空气质量、气候和天气、废
气排放、自然灾害、自然资源、噪声、公共绿化、水利资源、时尚
设计师、咖啡厅和茶室、美食餐厅、食物多样性、食物供应能力、
书店、杂志可用性、媒体审查、新闻资源、公共图书馆、电视和电
台网络、地下出版物、网络审查、自行车友好、街道、步行城市、
古典音乐、音乐场地、夜生活、歌剧院、流行音乐、流动人口、教
育程度、妇女平等、人口、宗教场所、健身设施、体育活动、体育
场馆。

　　该指标体系的计算方式：根据其专门的排名模型（创新城市^{TM}
框架）中的基准分数给各指标打分，再算出每个领域的得分。基准
分数如表 2 - 16 所示。[①]

表 2 - 16　《改革城市指数》的基准分数

基准分数	基准评分评估指南
5	卓越的
4	基准之上的
3	具有全球竞争力的
2	基准之下的
1	中等/较差的
0	失败的

（二）专门的城市文化评估指标

1. 世界城市文化报告

《2015 年世界城市文化报告》包含 5 类文化指标：国际连接、
文化设施、生活质量、传统与现代、文化消费。每类指标包含的二
级指标如下：国际连接（外国国籍人口、国际学生、国际游客）；
文化设施（博物馆、电影院、剧院、公共图书馆）；生活质量（酒
吧、公共绿化空间、餐馆、节日和庆典）；传统与现代（联合国教
科文组织文化遗产遗址，其他文化遗产/历史遗址，大型音乐厅，

---

　　①　Innovation Cities^{TM} Index 2018：City Rankings Method Overview. ［EB/OL］. ［2018 -
08 - 10］. https://www. innovation-cities. com/innovation-cities-index-2018-city-rank-
ings-method-overview/13943/.

夜总会、迪斯科舞厅，现场音乐表演场地，艺术馆）；文化消费（公共图书馆的借阅量、游客量最高的 5 个博物馆和艺术馆的参观人次、剧院的入场人次、影院的入场人次）。除了表 2 - 17 中的指标之外，该指标体系大部分的指标直接以总量进行测量，如国际学生数量、博物馆数量、公共图书馆数量等。

《2018 年世界城市文化报告》的文化类指标分为基础设施和输出、消费和参与、相关数据三类，包括视觉艺术、文化遗产、艺术馆、书店、影院、公共图书馆、取得学位或更高教育水平的人口等超过 70 个指标。

表 2 - 17　《2015 年世界城市文化报告》指标的测量方式

指标名称	测量方式
外国国籍人口	外国出生人口占总人口比例（％）
酒吧	每 10 万人所拥有的酒吧数量
公共绿化空间	公共绿化空间占城市面积比例（％）
餐馆	每 10 万人拥有的餐馆数量

2. 文化发展指数

《文化发展指数》的指标体系包含 3 个领域：文化自由指数、创意赋权指数、文化对话指数。文化自由指数反映社会是否尊重并允许信仰、思想和表达的基本人类自由；创意赋权指数反映社会是否积极鼓励人们以创新的方式表达自己；文化对话指数反映不同文化的人们互相理解并欣赏的努力程度。

文化自由指数由自我的完整性、言论自由和平等、法律面前的平等性 3 个指标组成。自我的完整性是最基本和毋庸置疑的人类自由，如是否免于酷刑和任意逮捕。言论自由和平等指群体应该有权表达自己的文化价值观，这意味着书籍、戏剧、艺术、新闻、电视、广播和电影不受审查。法律面前的平等性意味着不受种族、民族、宗教、阶级或性别的歧视。

创意赋权指数由文化产品和活动支出、新产品的创造、参与创意活动的人数 3 个指标组成。所谓赋权，指根本意义上的人类赋权，即人们是否得到支持以充分发挥其潜力，自由选择自己的地位和社会参与形式。文化产品和活动支出分为 4 类：政府支出、非政府支出（公司、大学、组织）、家庭支出、旅游支出。新产品的创造表明了社会生产的不同创意项目的数量，相比总数或它们的价钱而言，更能判断出整个社会的创造力程度，例如，新书的数量可能比销售总数或它们产生的收入更有用。该指标的数据收集从以下几个角度出发：音乐和表演艺术有多少新的表演（舞蹈、戏剧、歌剧、音乐会数量，新歌录制数量）；有多少新的绘画、照片和雕塑在市场上销售；有多少建筑设计受委托；制作了多少新电影、录像带和广播电视节目。参与创意活动的人数既包括职业画家、诗人、艺术表演家的数量，也包括业余爱好者的数量，如摄影、舞蹈、陶艺；同时也包括在节日、仪式、宗教活动中的集体创意。

文化对话指数由智识和教育、社交方式、文化多元性和互动性组成。智识和教育重在考察社会中不同文化群体的受教育程度。社交方式主要考察以下 12 个方面：每 10 万人拥有的报纸发行量/广播节目量/手机量、国内外邮件发送量、计算机素养、社交方式的获取程度和可用性等。文化多元性和互动性主要考察人们是否用官方语言和当地语言识字；报纸是否采用不同语种；一个国家提供信息翻译的程度。

该指标体系提出两种评分方式：10 分制和 100 分制，前者是其推荐采用的方式。例如，文化自由指数可以分为 5 个评分区间：高度的政治自由（75—100 分）、合理的政治自由（50—75 分）、适度的政治自由（25—50 分）、政治自由度低（0—25 分）。同时该领域也可以采用 0—10 分的评分制，最后用相同的权重相乘得到总分。

2.2.2　国内城市评估指标中的文化类指标

（一）综合评估体系中的文化类指标

1. 中国城市综合发展指标——传承与交流

中国城市综合发展指标体系中与城市文化相关的指标为社会大项下的传承与交流中项，包括历史遗存、文化场所、交流 3 个小项，共 14 个指标，详细指标见表 2 - 18。

表 2 - 18　中国城市综合发展指标——文化指标

小项	指标
历史遗存	历史文化名城
	世界遗产
	非物质文化遗产
	重点文化保护单位
文化场所	博物馆、美术馆
	影剧院
	体育场所
	动物园、植物园、水族馆
	公共图书馆藏书量
交流	入境游客
	国内游客
	国际会议
	展览业发展指数
	旅游城市指数

该指标体系的计算方式：利用偏差值概念将庞大的数据换算成可比较的指标数据，并设定偏差值是 100，最小值为 0。数据来源包括各级政府公布的统计数据、互联网采集数据、卫星遥感数据。

2016 年的中国城市综合发展指标中，交流这一中项排名前 5 的城市是北京、上海、重庆、天津、广州。

2. 中国城市竞争力报告——文化城市竞争力指数

文化城市竞争力指数是《中国城市竞争力报告》的文化类指标，该指数共有 3 项一级指标：创新驱动的知识城市、城乡一体的全域城市、开放多元的文化城市。二级指标共有 16 项，根据指标含义共分为 7 类：知识需求、知识投入、知识产出、居民收入、公共服务、公共设施、历史与现代的个性，具体指标见表 2 - 19。

表 2 - 19　城市可持续竞争力体系——创新驱动的知识城市①

一级指标	二级指标含义	二级指标	数据来源
创新驱动的知识城市	知识需求	每百人公共图书馆藏书量	国家统计局
		科技经费支出额占财政收入比重	国家统计局
		人均教育支出	国家统计局
		高科技产品进出口总额	科技部
	知识投入	中等以上学生占全部学生比重	国家统计局
		大学指数	世界大学排名
		每百万人科学研究、技术服务和地质勘查业从业人数	国家统计局
	知识产出	人均高端服务业增加值	国家统计局
		专利指数	国家统计局
		论文发表数	Web of Science 三大引文库
城乡一体的全域城市	居民收入	人均教育支出比（全市/市辖区）	国家统计局
	公共服务	每百人公共图书馆藏书量比（全市/市辖区）	国家统计局
	公共设施	每千人国际互联网用户数比（全市/市辖区）	国家统计局
开放多元的文化城市	历史与现代的个性	历史文化指数	国家统计局
		非物质文化指数	中国非物质文化遗产名录数据库系统
		现代文化艺术指数	谷歌地图搜索

　　该指标体系文化类指标的衡量方式主要为：大学指数根据各城市大学排名计算；专利指数根据专利申请授权量计算；历史文化指数根据历史文化名城批次计算，非物质文化指数根据非物质文化遗产数量，现代文化艺术指数根据文化艺术场所数量计算。各指标数据来源为国家统计局、科技部、世界大学排名、Web of Science 三大引文库、中国非物质文化遗产名录数据库系统、谷歌地图搜索。

---

① 倪鹏飞主编. 中国城市竞争力报告 No. 11，新基准：建设可持续竞争力理想城市 [M]. 北京：社会科学文献出版社，2013.

以 2012 年的排名为例，在文化领域中，排名前 5 的城市依次为香港、上海、北京、苏州、广州。

3. 普华永道：机遇之城（中国版）——智力资本和创新以及文化与居民生活

在《普华永道：机遇之城》（中国版）中，智力资本和创新以及文化与居民生活是与文化相关的维度。其中智力资本和创新维度共有 7 项二级指标：专任教师变动率、中等职业教育规模、科技支出比重、研究与开发水平、综合科技进步水平、创业环境、创新应用。文化与居民生活维度有 4 项二级指标：文化活力、交通拥堵状况、空气质量、生活质量。

该指标体系的计算方式：采用位序计分的方法。同一维度不同变量的计分之和，构成每一个维度的排序。10 个维度总计积分之和构成总排序中的位次。智力资本和创新以及文化与居民生活指标衡量方法及数据来源见表 2 - 20。

表 2 - 20　《普华永道：机遇之城》（中国版）中的文化指标

二级指标	指标衡量方法	数据来源
专任教师变动率	通过计算 2016 年和 2011 年中小学专任教师数量的比值，来衡量每个城市的教育资源投入状况	《中国城市统计年鉴 2017》《中国城市统计年鉴 2012》
中等职业教育规模	通过计算中等职业学生数所占中等教育在校学生总数的比重，来反映中等职业教育规模及未来技术工人的供应量	《中国城市统计年鉴 2017》
科技支出比重	采用公共财政支出中科学技术支出的比重，以衡量每个城市科技资源投入的力度	《中国城市统计年鉴 2017》
研究与开发水平	参考国家重点实验室数量（包括企业实验室）及重点大学科学研究水平	《国家重点实验室 2015 年度报告》《企业国家重点实验室 2015 年度报告》《武书连 2017 中国大学排行榜》
综合科技进步水平	通过选用《中国科技统计资料汇编》中披露的综合科技进步水平指数，比较各城市科学技术发展的速度	《中国科技统计资料汇编》

二级指标	指标衡量方法	数据来源
创业环境	采用北京中关村科技园区管理委员会发布的中国创业创新指数	变量取值为各城市 2017 年 12 个月的双创指数的平均值
创新应用	选取各城市拥有的创业板上市公司数量及收入规模	万得数据库
文化活力	从城市文化体育与传媒产业的财政支出及文化、体育、娱乐从业人员占比两方面来衡量城市文化产业的规模	各城市 2017 年统计年鉴和公报《中国城市统计年鉴》
交通拥堵状况	以高德导航发布的《2015 年中国交通拥堵状况调查数据》中的全天拥堵延时指数为衡量标准	《2015 年中国交通拥堵状况调查数据》
空气质量	采用年平均空气质量综合指数来描述各城市空气质量综合状况	中国环境监测总站发布的 74 个城市空气质量状况月度报告
生活质量	以人均社会消费品零售总额来衡量居民消费能力；引入城乡居民人均生活用电量作为反映居民对日常生活便利性和舒适性的需求程度	国家统计局及各城市统计年鉴和公报

《普华永道：机遇之城 2018 年调研报告》将北上广深单独分列，其余城市依序排列。在北上广深四座超大城市中，广州的智力资本和创新排在第 4 名；文化与居民生活排在第 2 名，仅次于深圳。

（二）专门的城市文化评估指标

1. 中国城市文化竞争力报告

《中国城市文化竞争力报告》的指标体系包含文化禀赋要素（15%）、文化经济要素（28%）、文化管理要素（23%）、文化潜力要素（16%）、文化交流要素（18%）5 个一级指标，11 个二级指标，55 个三级指标，详见表 2 - 21。

表 2 - 21 《中国城市文化竞争力报告》的指标

一级指标	权重	二级指标	权重	三级指标
A1 文化禀赋要素	15%	B1 文化资源要素	60%	从自然、人文、历史等城市原本具有的文化资源角度来选取

一级指标	权重	二级指标	权重	三级指标
A1 文化禀赋要素	15%	B2 城市综合要素	40%	综合评估城市经济实力和文明程度的指标
A2 文化经济要素	28%	B3 文化生产要素	31%	—
		B4 文化消费要素	36%	—
		B5 文化企业要素	33%	—
A3 文化管理要素	23%	B6 文化组织要素	52%	财政投入、管理部门等组织要素、公共图书馆的数量、影剧院数量等文化设施情况
		B7 文化设施要素	48%	
A4 文化潜力要素	16%	B8 文化创新要素	58%	专利数量、科研成果数量、科技人员数量以及高校数量、研究生数量等细分指标
		B9 文化素质要素	42%	
A5 文化交流要素	18%	B10 文化传播要素	40%	互联网、电视、广播等的覆盖程度，旅游收入等指标
		B11 文化开放要素	60%	

该指标体系的计算方法：通过德尔菲专家法与数学分析法确定各级指标的权重，然后对其进行逐级加总求和，得到最终的城市文化竞争力综合指数。由于该数值较小，于是将分值扩大为原来的100 倍，得到数值在 100 以内的数字。数据来源包括各省区市统计年鉴、统计数据、互联网公开资料、世界遗产名录、政府网站、行业网站等。

2. 城市文化评估指标

城市文化评估指标体系主要从基础性要素、文化资源、文化创意产业、文化景观、文化氛围这 5 个方面来评价城市文化。基础性要素包括经济发展、生活质量、交通公共设施 3 个指标，文化资源包括物质文化资源、非物质文化资源 2 个指标，文化创意产业包括经济贡献、产品与市场、扩散与传播 3 个指标，文化景观包括物质景观和非物质景观 2 个指标，文化氛围包括文化基础设施、人才与交流、机制与自由度 3 个指标。这 13 个二级指标之下又分为 65 个细化指标（见表 2 - 22）。

表 2 - 22　城市文化的评估指标①

二级指标	三级指标
经济发展	GDP 总量、GDP 增长率、人均 GDP、第三产业比重
生活质量	人均工资水平，恩格尔系数，每百万户网络接通数
交通公共设置	路网密度，公共交通总线密度
物质文化资源	世界物质文化遗产，国家级物质文化遗产，国家自然风貌区个数，世界著名建筑，物质文化保护经费占 GDP 比重
非物质文化资源	世界非物质文化遗产个数，国家级非物质文化遗产个数，世界 500 强企业总数，自有世界级文化品牌，世界级名人，艺术作品数，非物质文化遗产保护经费占 GDP 比重
经济贡献	增加值，增加长率，人均增加值占 GDP 比重
产品与市场	产品出口总量，产品国际化市场份额，产品国内市场份额，科技与创意专利数目
扩散与传播	国际会议、会展数，国家级会展、会议数，千人报纸发行量，万人电影院数，产品出口种类
物质景观	绿化率，广场与公园地均密度，城市地标知名度，感知系统设计满意度，建筑物审美评价，主要街道和街区评价
非物质景观	国际时尚程度评价，居民服饰审美评价，居民行为与语言亲和度评价
文化基础设施	万人教育科研单位数，万人图书馆、博物馆数，万人影院数，千人咖啡馆、茶馆、酒吧数，大型标志性文化设施数，小学、初中学校图书馆千人拥有量
人才与交流	文化艺术团体数，文化艺术从业人数，文化、科技交流会次数，本科学历及其以上人口比重，万人科普活动参加数，民间文化艺术团体交流次数，文化艺术对外交流次数，国际网络信息输出量，国际网络信息输入量
机制与自由度	城市领导层领导能力评价，城市开放度评价，城市自然环境评价，城市投资环境评价，城市文化多样性评价，城市交流自由度评价，城市居民宽容度评价

　　该指标体系的数据获取方法，一种是可以从客观数据直接获取，另一种是需要通过调查问卷来获取。文化资源方面，文化遗产保护利用综合评价需要通过调查问卷来了解实际情况。文化景观方

---

① 范周主编．中国城市文化竞争力研究报告（2016）［M］．北京：知识产权出版社，2017．

面，需要通过问卷调查获得的有感知系统设计满意度、建筑物审美评价、主要街道和街区整洁度评估。文化场所方面的主观性指标为场所活动交流满意度评价、场所认同感评价、场所归属感评价。文化制度与政策方面有文化制度宽容度评价、与世界接轨程度评价两项主观性指标。

3. 文化城市统计评估指标体系

文化城市统计评估指标体系分为文化环境、文化资源、文化创新、文化生产、文化交流和文化共享，一共 6 个一级指标和 18 个二级指标，以及 72 个三级指标，详见表 2-23。该指标体系的计算方式：通过对实际值、最小值和最大值的处理，实现归一化和无量纲化；最大值可以参照发达国家的指标或者根据本地区历史数据的预测；最小值根据本地区历史数据的分析得出；运用层次分析法确定权重。数据来源包括城市统计局、城市文化局、统计年鉴等权威部门及其资料。

表 2-23　文化城市统计评估指标体系

一级指标	二级指标	三级指标
文化环境	经济环境	人均 GDP（元）
		人均财政收入（元）
		外贸依存度（%）
		跨国公司和金融机构地区总部（或主要业务中心）在本市的数量（个）
	社会环境	万人中刑事立案率（%）
		境外人士常住本市人数占本市户籍人数的比例（%）
		社会保险综合参保率（%）
		人均 R&D 经费（万元）
		全市广播电视制作、传播包括有线电视实现数字化的程度（%）
	生活环境	人均公共绿地面积（平方米）
		人均预期寿命（岁）
		环境质量综合指数（%）
		万人中国际互联网用户数（个）

续表

一级指标	二级指标	三级指标
文化资源	信息遗产	人均拥有优秀历史保护建筑和国家级、省级文化遗产（包括非物质文化遗产）的数量（个）
		人均拥有博物馆、纪念馆和艺术馆的数量（个）
		人均档案利用情况（件次）
		人均拥有民间艺术之乡和民间艺术特色之乡的数量（个）
	组织物力	市和区两级政府用于文化的支出占当年政府财政总支出的比重（%）
		主要文化单位固定资产原值增长率（%）
		主要文化艺术类企业数量的年增长率（%）
		文化艺术类非政府机构、非营利机构 NGO 和 NPO 的年增长率（%）
	人才培育	本市高校当年获得建筑、设计、文学、艺术类学士学位的毕业生数量（人）
		万人中的高级文化艺术人才数量（人）
		万人均群众艺术馆和文化馆（站）举办培训班的班次（次）
		国家和省市人文社科重点研究基地数（个）
文化创新	原创数量	万人合同版权登记数量（份）
		万人专利和发明专利授权数量（项）
		本市宣传文化系统在国内核心期刊发表论文（篇）
		软件著作权登记数（件）
	创新能级	设计产业获得国内外省市以上奖项的数量（个）
		影视和表演艺术获得国内外省市以上奖项的数量（个）
		宣传文化系统社会科学成果获得国内外省市以上奖项的数量（项）
		宣传文化系统高新技术成果转化项目认定数（个）
		拥有国家级文化产业示范基地、国家级动画产业基地、国家级文化产业出口基地、国家动漫游戏产业振兴基地等文化产业基地的数量（个）

续表

一级指标	二级指标	三级指标
文化创新	市场比重	本地产电视剧集占当年新出品产电视剧集数的比重（%）
		本地版图书品种占当年全国新出版图书品种的比重（%）
		本地产动画片产量占当年全国动画片产量的比重（%）
		报纸总印张数占全国报刊总印张数的比重（%）
文化生产	经济贡献	文化产业对全市国内生产总值的贡献值（亿元）
		文化产业贡献值占全市国内生产总值的比重（%）
		文化产业贡献值占全国文化产业贡献值的比重（%）
	投入产出	文化产业从业人员劳动生产率（万元/人）
		文化产业贡献值的年增长率与文化产业从业人员数量的年增长率之比率（%）
		文化产业贡献值的年增长率与政府对文化投入的年增长率之比率（%）
		主要文化单位固定资产原值增长率与主要文化单位营业收入增长率之比率
	延伸效应	宣传文化系统中经认定的驰名商标和著名商标数量（个）
		旅游产业增加值（亿元）
		旅游外汇收入增长率（%）
		本市优秀文化产品申报并进入国家出口产品指导目录的数量（个）
文化交流	文化贸易	版权贸易中引入和输出的品种之比率（%）
		图书进出口额之比率（%）
		表演和文化展览项目的引入和输出的金额之比率（%）
		本市出品的电影故事片、电视节目和动画片在境外市场营收额（万美元）
	对外交流	举办国际会展的数量（个）
		拥有国际资质认证的展览会数量（个）
		艺术表演团体出访的数量（次）
		境外艺术团体来访的数量（次）

一级指标	二级指标	三级指标
文化交流	国际影响	本市人士在世界级文化组织中担任的理事以上职务（个）
		举办国际级文化、艺术、创意类的主要节庆和博览会的数量（次）
		音像制品出口额（万美元）
		出版和印刷产品荣获国家级和国际奖项的数量（次）
文化共享	社会共享	人均拥有公共文化设施的数量（个）
		郊县和市区人均拥有公共文化设施数量之比例（%）
		人均收入增长与人均教育文化娱乐支出增长的比率（%）
		镇文化站（文化中心）标准化建设达标率（%）
	文化消费	人均教育文化娱乐服务支出占人均家庭在那个支出的比重（%）
		人均主要文化消费品批发零售额（次）
		人均欣赏文艺演出的数量（场/次）
	特殊群体	万名少年儿童年均参加市、区少年宫活动人次（人次）
		万名残障人士年均参加社区文化活动中心和信息苑活动的人次（人次）
		万名女性职工年均参与市、区工人文化宫活动的人次（人次）
		万名离退休人士参与社区文化活动中心（含信息苑）活动的人次（人次）

2.2.3 对比分析与思考

通过以上梳理可见，国内外城市文化评估体系的细分指标数量大约有 500 个。现将这些文化指标按照本课题组重点研究的 5 个城市文化领域进行分类，以便为广州文化的评估和分析提供较为明确的思路和方向。在此基础上，再对国内外文化类指标展开比较分析，明确国内外研究者对于城市文化方面存在的共识与差异。需要说明的是，本节的对比分析与上一节"国内外城市评估指标对比"的着眼点完全不同，后者着重在于对各城市评估体系的基本特征进行对比，而本节则着重在内容方面的深入挖掘。

（一）文化指标分类

城市文化的内涵十分宽泛，所涵盖的研究内容繁杂，构成框架也极其复杂。文化指标分类则是将城市文化分解为不同的维度，从而解构城市文化的内涵。目前而言，国内外城市文化评估体系的细分指标名目繁多，数量不一，有的多达70个，有的只有两三个，从一定程度上表明了国内外对于城市文化的具体内涵并未形成统一的认识。本课题着重选择城市文化的5个方面进行研究：公共文化服务体系、文化产业、传统文化保护与传承、艺术与创意、文化交流。这5个维度也是对现有城市文化指标体系的继承与创新，以"文化城市统计评估指标体系"为例，该指标体系分为文化环境、文化资源、文化创新、文化生产、文化交流和文化共享6个大类，其中"文化创新、文化生产、文化交流"与本课题组提出的"艺术与创意、文化产业、文化交流"直接对应，"文化环境、文化资源、文化共享"是城市文化的3个基本要素，与本课题组提出的"公共文化服务体系、文化产业、传统文化保护与传承、艺术与创意"亦存在对应关系。由此可见，本课题组的文化指标分类具有普遍性和实操性。

公共文化服务体系包括公共图书馆、博物馆等文化设施情况。有10个指标体系关注了公共文化服务体系，出现频率较高的是博物馆、美术馆、体育馆、公共图书馆，公共绿化、动植物园、水族馆等公共文化设施也受到一定关注。同时，这些指标体系也提及了公共文化服务设施的可用性和满意度、人均参与文化活动量、人均公共图书馆藏书量等指标，体现了对用户参与情况的关注，以及公共文化设施是否便利可用角度的考虑（见表2-24）。根据《中国城市文化竞争力报告（2016）》，广州在公共文化服务体系方面处于全国前列，但是相比北京和上海还有一定的差距。

表 2-24　公共文化服务体系类所包含指标

体系名称	相关指标
全球城市排名	博物馆、体育活动
全球城市动态指数	博物馆、美术馆
宜居性调查	运动可用性、文化可用性

体系名称	相关指标
世界城市综合力排名	文化资源
改革城市指数	公共美术馆、公共艺术品、博物馆、公共绿化、公共图书馆、自行车可用性、街道、步行城市、健身设施、体育活动、体育场馆
文化创意城市监测	博物馆、博物馆参观者、对文化设施的满意度
世界城市文化报告	博物馆、公共图书馆、每年公共图书馆的借阅量、游客量最高的 5 个博物馆和艺术馆的参观人次、公共绿化面积
全球城市指标	人均参与文化活动量
中国城市综合发展指标	博物馆、美术馆、体育场所、动物园、植物园、水族馆、公共图书馆藏书量
中国城市竞争力报告	每百人公共图书馆藏书量、每百人公共图书馆藏书量比（全市/市辖区）

　　文化产业不仅是经济发展的重要内容，也是一个国家综合国力的重要组成部分。有 8 个指标体系提及了文化产业，主要为饮食业、影剧院、书店、展览业等文化企业方面的指标。此外，有的指标体系还关注了休闲与娱乐支出、文化产品和活动支出等文化消费方面的指标（见表 2－25）。根据《中国城市文化竞争力报告（2016）》，广州在文化产业方面表现优异，就文化消费要素而言无城市能出其右。这与广州近年来通过举办一系列以群众需求为导向的惠民活动和文化会展，积极搭建文化消费平台等措施息息相关。但在文化企业要素上，广州仅排第 6，说明广州需要加大培育文化企业与文化园区的力度。

表 2－25　文化产业类所包含指标

体系名称	相关指标
全球城市排名	美食
全球城市动态指数	休闲与娱乐支出
宜居性调查	饮食、商品及服务
改革城市指数	电影院、环保型商业、宾馆、咖啡厅和茶室、美食餐厅、食物多样性、食物供应能力、书店
文化创意城市监测	电影院座位、电影院观众

续表

体系名称	相关指标
世界城市文化报告	电影院、剧院、每年剧院的入场人次、每年影院的入场人次、每 10 万人所拥有的酒吧数量、每 10 万人拥有的餐馆数量
文化发展指数	文化产品和活动支出
中国城市综合发展指标	影剧院、展览业发展指数

传统文化保护与传承主要包括城市布局、文物古迹、历史街区等历史文化遗产和社会习俗、人情风貌等非物质文化遗产。从自然、人文、历史等城市所具有的文化资源方面可以综合反映城市的文明程度。有 6 个指标体系提及了传统文化保护与传承，包括社会或宗教、建筑、文化节日、景点与地标、非物质文化遗产等指标（见表 2 - 26）。根据《中国城市文化竞争力报告（2016）》，广州在传统文化保护与传承等文化资源要素中未进前 10，反映出广州的自然文化资源储备相对较弱，历史文化积淀略显不足。

表 2 - 26　传统文化保护与传承类所包含指标

体系名称	相关指标
宜居性调查	社会或宗教限制
改革城市指数	建筑架构、建筑风格、环保建筑、历史、社区、文化节日、宗教场所
文化创意城市监测	景点和地标
世界城市文化报告	节日和庆典、联合国教科文组织文化遗产遗址数量、其他文化遗产/历史遗址
中国城市综合发展指标	历史文化名城、世界遗产、非物质文化遗产、重点文化保护单位
中国城市竞争力报告	历史文化指数、非物质文化指数

艺术与创意体现了城市的文化创新和文化素质水平。有 8 个指标体系提及了艺术与创意，包括舞蹈、音乐、戏剧、私人画室等艺术表演和场地方面的指标，以及专利数量、科研成果数量、科技人员数量、高校数量、研究所数量、经费投入、从业人数等体现科技和教育水平的指标（见表 2 - 27）。根据《普华永道：机遇之城 2017 年调研报告》，在全国 28 座城市中，广州在此类别的各项排

名依次为：专任教师变动率（第8）、中等职业教育规模（第1）、科技支出比重（第5）、研究与开发水平（第3）、创业环境（第3）、创新应用（第3）。广州在"中等职业教育规模"指标中排名第1和多个指标中排名居前，显示出其各方面发展比较均衡。

　　文化交流体现了城市的文化传播和文化开放程度。有12个指标体系提及了文化交流，主要包括互联网、电视、广播等媒体的覆盖程度，以及旅游收入、国际交流等指标（见表2-28）。此外，国外的指标体系还注重言论自由和媒体审查等体现文化开放性的指标。根据《中国城市文化竞争力报告（2016）》，广州文化交流要素一项排名第3。

表 2-27　艺术与创意类所包含指标

体系名称	相关指标
全球城市排名	视觉与表演艺术
全球城市动态指数	高等教育、商业学校、学生流动、大学数量
改革城市指数	舞蹈或芭蕾、手工艺品、私人画室、喜剧、戏剧、设计师、视频和电影制作、时尚设计师、古典音乐、音乐场地、歌剧院、流行音乐
文化创意城市监测	音乐剧和展览，剧院，在艺术、媒体、广告和时尚等领域的创意服务员工数量
世界城市文化报告	大型音乐厅、夜总会、迪斯科舞厅数量、现场音乐表演数量、艺术馆
文化发展指数	智识和教育、新产品的创造、参与创意活动的人数
中国城市竞争力报告	科技经费支出额占财政收入比重、人均教育支出、高科技产品进出口总额、中等以上学生占全部学生比重、大学指数、每百万人科学研究、技术服务和地质勘查业从业人数，人均高端服务业增加值、专利指数，论文发表数，人均教育支出比（全市/市辖区）、现代文化艺术指数
普华永道：机遇之城（中国版）	专任教师变动率、中等职业教育规模、科技支出比重、研究与开发水平、创业环境、创新应用

表 2-28　文化交流类所包含指标

体系名称	相关指标
全球城市排名	国际游客、友好城市
美世生活质量调查	个人自由的限制、媒体与审查

续表

体系名称	相关指标
全球城市动态指数	国际游客数量、航空公司乘客数量、酒店数、观光地图、国际学会与会议数量
宜居性调查	审查程度
聚焦2025：全球城市未来竞争力评比	言论自由和人权、开放性与多样性、社会犯罪、文化活力
世界城市综合力排名	潮流引领潜力、揽客设施、游客吸引力、国际交流
改革城市指数	媒体审查、杂志可用性、新闻资源、电视和电台网络、地下出版物、网络审查、返城访客、青年活动、国际会议、留学生、入境游客、游客信息、流动人口
文化创意城市监测	过夜游客数量
世界城市文化报告	外国人口所占比例、国际学生数量、每年国际游客数量
文化发展指数	社交方式、文化多元性和互动性、自我的完整性、言论自由和平等、法律面前的平等性
中国城市综合发展指标	入境游客、国内游客、国际会议、旅游城市指数
中国城市竞争力报告	每千人国际互联网用户数比（全市/市辖区）

总体而言，广州在国内多个城市榜单中综合实力名列前5，而且各项文化要素都比较全面，尽管在历史文化底蕴方面相对薄弱，但凭借良好的城市文化建设，依然可以在城市综合实力上表现突出。如果将广州放在全球视野中考察，在国外各城市榜单中广州综合实力平均排名为第90名，其在国际上的影响力不及北京、上海和深圳。

（二）国内外文化类指标的共性

第一，国内外的指标体系中大都涉及教育问题。教育是培养人才、进行文化交流传播与传承的重要方式。值得一提的是，有的国外指标体系并没有将教育归入文化类，而是单独作为一类，如《美世生活质量调查》《全球城市指数》《宜居性调查》。而本课题组只考察文化类指标所涉及的教育内容，国外有《全球城市动态指数》中的"高等学校、商业学校、学生流动、大学数量、国际学会与会议数量"，《改革城市指数》中的"留学生、教育程度"，《文化发展指数》中的"智识和教育"；国内指标体系中提到教育的有《中国城市竞争力报告》中的"人均教育支出、中等以上学生占全部学生比重、大学指数"，《普华永道：机遇之城》系列调研报告中的"专任教师变动率、中等职业教育规模"。可以看出，在教育方面国外侧重于高等学校和留学生，国内更侧重于教育支出、学生人数等方面。

第二，文化设施仍是不可忽略的一部分。国内外指标体系在这一方面大致相同，但存在细节差异。首先，都有提到公共文化设施，如《全球城市排名》中的"博物馆"，《全球城市动态指数》中的"博物馆、美术馆"，《改革城市指数》中的"博物馆、公共图书馆、歌剧院、宗教场所、体育场馆"，《文化创意城市监测》中的"文化场所与设施"，《中国城市综合发展指标》中的"美术馆、博物馆、影剧院、体育场所、动物园、植物园、水族馆"。图书馆、博物馆等文化设施是城市公民文化生活必不可少的一部分，尤其是图书馆，作为一个城市的文化中心、学习中心和信息交流场所，具有不可取代的地位。而博物馆是保存人类历史文化的重要场所，具有保存文化遗产和人类记忆的重要作用。需要注意的是，改革城市指数提到了"书店"，还有一些指标体系提到了影剧院。这类场所由私人经营，相较于公共场所而言，对市场具有更强的反应力与适应性。但书店和商业性影剧院的缺点在于，为了保持盈利，它们必须迎合市场，而不那么受欢迎的文化产品则可能在这类场所中难觅踪影。这类商业性质的场所与公共场所相辅相成，是评价一个城市文化水平不可或缺的部分。

第三，游客吸引力是衡量城市文化的重要指标。国内外的指标体系都不约而同地提到了游客数量和入境游客等旅游方面的指标，如《全球城市排名》中的"国际游客"，《全球城市动态指数》中的"国际游客数量、航空公司乘客数量、酒店数、观光地图"，《聚焦2025：全球城市未来竞争力评比》中的"揽客设施、游客吸引力"，《改革城市指数》中的"返城访客、入境游客、游客信息"，《文化创意城市监测》中的"过夜游客数量"，《世界城市文化报告》中的"每年国际游客数量"，《中国城市综合发展指标》中的"入境游客、国内游客、旅游城市指数"。发展旅游业是激发城市活力、提高城市知名度与美誉度的重要方式，这也是众多城市评估体系将其纳入考量的重要原因。同时，旅游也离不开文化的滋养，无论历史文化、生态文化还是民族民俗文化、现代时尚文化等，都可以与旅游有机结合，让游客获得深度的文化体验。当今社会，"文旅融合"已然成为世界的潮流，国际化大都市多数是文化之都和旅游之都的结合；同时，这也是我国当前的国情，随着文化部、国家旅游局整合组建为文化和旅游部，文旅融合将进一步成为今后国家发展的重点和趋势。

（三）国内外文化类指标的差异性

其一，国外文化类指标注重文化多样性。《聚焦2025：全球城市未来竞争力评比》中提到了"开放性与多样性"，《世界城市综合力排名》提到了"国际交流"，《文化创意城市监测》提到了"本地和国际连接"，《世界城市文化报告》提到了"国际连接"，《文化发展指数》则提到了"文化多元性和互动性"。

其二，国内关于文化的指标体系侧重量化指标。国内关于文化的指标体系，大多集中在科研教育或可以量化的产出或投入上，如《中国城市综合发展指标》的"博物馆、美术馆、影剧院、公共图书馆藏书量"，《中国城市竞争力报告》的"科技经费支出额占财政收入比重、人均教育支出、高科技产品进出口总额、专利指数、论文发表数"，《普华永道：机遇之城》（中国版）中的"科技支出比重"等。这些可量化、直观的指标在进行评定时容易操作，但并不能全面反映城市的文化发展水平。以《中国城市竞争力报告》中的"论文发表数"为例，论文发表数量能在一定程度上反映科研水平，但论文质量的评估没有列入其中。而由于我国职称评审的制度缺陷，常出现一些泥沙俱下的论文，因此仅仅凭借"论文发表数量"来评估科研水平，并不具备充分的信服力。相对而言，以《聚焦2025：全球城市未来竞争力评比》的"文化活力"为例，该指标包含两个主要领域：文化场所和设施（景点和地标、博物馆、电影院座位、音乐剧和展览、剧院）为文化的硬件；文化参与和吸引力（博物馆参观者、过夜游客数量、电影院观众、对文化设施的满意度）是文化的软件。通过对文化软硬件水平的综合分析反映城市的"文化富有"程度及其吸引力。

第三章
国际一流城市发展策略分析

　　国际一流城市的文化发展往往以其文化战略为核心，整合多方资源和力量，从而衍生出独特的文化建设模式。对国际重要城市的文化战略进行研究，能够了解它们如何制定符合自身特点的文化战略，又如何在文化战略的指导下进行文化建设，文化战略在城市文化发展中起到了什么作用，有哪些值得广州学习和借鉴的地方。

　　综合考虑各评估指标体系的城市排名后，本课题组选取了在政治、经济、文化等各方面都高度发达的纽约、伦敦、东京、新加坡、香港、上海6座城市，从这些城市的文化特色和沉淀、城市文化发展思路、具体措施和实施效果四方面展开研究。首先，分析和总结城市多年的文化积累给公众留下的第一印象。其次，以城市文化战略文件为核心，以其他相关文本资料为辅助，探求这些城市发展特色文化的具体路径。最后，从两方面分析实施效果：一是根据国际城市评估体系排名，进行城市之间的横向对比；二是梳理城市市政工作的年度报告和统计数据中的文化内容，展开纵向对比。从纵横两个角度分析城市文化战略的实施对该城市的文化发展产生的作用。

第一节　纽约——多元城市

3.1.1　文化特色和沉淀

　　纽约位于美国东南部大西洋沿岸，是美国第一大城市，也是世界顶尖的国际大都市之一，集国际金融、贸易、政治、文化、教育、移民、外交中心于一身，各方面的高度发展对纽约文化影响巨大。此外，纽约还坐拥美国城市的人口之最，是美国移民大熔炉的缩影。经济与移民二者共同奠定了纽约文化的基调，政治、经济又与文化相互影响、相互作用，共同形成了内涵丰富、层次多样的纽约城市文化系统。依托于健全的公共文化服务体系、浓郁的文化氛围、发达的文化产业、多元的文化群体和文化精神，纽约文化的发展得以呈现出欣欣向荣的景象。

纽约拥有先进的现代化文化设施，市内大大小小的剧场接近200家，400多家美术馆，200家图书馆（包括公立和私立），200多座博物馆，涵盖民族文化、自然历史等各个方面。2007年以来，纽约先后完成了一些文化设施的扩建和改建，其中包括布鲁克林儿童博物馆、哈姆雷特舞台/安隆·戴维斯厅、斯坦顿岛动物园等，以满足人们日益增加的对文化设施的需求。同时，纽约会举办大量多种多样的文化活动，并对边缘性群体表现出极大的宽容，其中很多活动为这些群体提供了一个交流平台，比如纽约国际边缘艺术节等。纽约这种良好文化交流环境的形成，也得益于其稳定且高素质的消费群体。另外，纽约的百老汇享誉全球，使得纽约成为世界戏剧之都。

纽约的文化活动由两大类构成，一是全国或国际范围内的大型文化活动，这些活动大多在节庆日举办，比如纽约电影节、纽约音乐剧节等；二是各个文化场馆（如博物馆、图书馆等）、各大社区自行举办的中小型文化活动。其中，纽约大型文化活动中包含其他民族的庆祝日，如瑞典日、波多黎各日、巴西日、多米尼加日大游行等，还有一些以世界其他国家冠名的文化活动，如菲律宾电影节、波兰电影节等，这些活动把纽约的文化交融氛围、包容各类文化的魅力展现得淋漓尽致，极大地彰显了纽约的多元文化这一特点。

同时纽约也注重对历史文化遗产的保护，于1965年成立纽约市古迹保护委员会（The Landmarks Preservation Commission），负责对纽约的历史建筑和文化遗产进行鉴定、修缮和保护，维护和推进历史街区的文化价值，强化市民的历史审美和城市历史文化自豪感，发展纽约市的旅游业，为纽约增添经济活力，使纽约的历史文化古迹被用于人们的教育、娱乐和福利[1]。

---

① 任一鸣. 纽约二十一世纪以来城市文化发展观测 [J]. 上海文化，2014 (10)：88.

2009 年，纽约首次确定了"文化创意核心产业部门"，包括广告、电影和电视、广播等 9 个核心产业。一直以来，纽约都是美国最大的文化创意产业中心。

虽然伦敦、香港等城市的文化战略都各有特色，但纽约可能是最为特别的一个。首先，不同于其他较早制定专门文化战略或政策的城市，纽约政府对纽约文化的管理是一种比较自由宽松的态度，直到 2017 年 7 月才制订了它的第一个文化计划。其次，其文化发展目标非常坚定，它关注的是纽约人，是让市民更多地获取文化资源和参与文化活动，是将纽约打造成为一个更平等、多元和包容的城市。

3.1.2　发展思路

纽约作为一个世界城市，它的历史不算悠久，只有 400 多年。纽约缺乏本土文化，它是由不同地区的人们汇集到一起而形成的，是一个多元化城市。因此，纽约制定了许多规划和目标来打造世界文化城市。

纽约文化战略的重点随着时代和政治经济形势的不同而不断做出调整。2000 年以来，纽约文化战略开始重视绿色、创意、人才这 3 个方面，强调保护自然环境的重要性，旨在提升文化创意产业在文化领域中的地位，尤其注重文化创新人才的培养。

纽约在各个发展时期都有相应的综合城市发展规划，文化作为纽约城市发展的重要方面，往往也囊括在综合的城市发展规划内。2015 年 4 月发布的《共同的纽约：规划一个强大而公正的城市》[①]就面向 2040 年提出了 4 个发展愿景：我们繁荣发展的城市、我们公平公正的城市、我们可持续发展的城市、我们有弹性的城市。在"繁荣发展的城市"愿景下提出了文化建设的目标：所有市民可轻易接触到文化资源和文化活动。2017 年 7 月，在调查了近 20 万来自纽约不同角落的居民对纽约文化发展的想法之后，纽约市文化事务局（Department of Cultural Affairs，DCLA）发布了纽约首个全面

---

① The City of New York Mayor. One New York：The Plan for a Strong and Just City [EB/OL]．[2018 - 10 - 23]．https：//onenyc. cityofnewyork. us/wp-content/uploads/2018/04/OneNYC-1. pdf.

的文化计划《创造纽约文化计划》（Create NYC）①。该计划希望将纽约打造成一个更具包容性、公平性、多样性的城市，扩大所有纽约市民参与城市丰富文化生活的机会，明确了纽约未来文化发展的新方向。

3.1.3　具体措施

《创造纽约文化计划》（Create NYC）确立了纽约文化艺术发展的 8 个领域，分别是：（1）平等与包容；（2）社会与经济影响；（3）负担能力；（4）社区性质；（5）艺术文化与科学教育；（6）公共空间的艺术与文化；（7）全市协调；（8）健康的文化部门。针对每个领域，Create NYC 计划都提出了几个目标和具体的实施策略，并确定了每个策略的所属类型和实施的时间范围。

移民中心这一特质促使纽约比任何一个城市都强调包容性、公平性、多样性。《创造纽约文化计划》第一个领域就是"平等与包容"，在此框架下，提出"为艺术、文化和科学创造更公平的资金分配"，并且比东京文化战略更深入、全面地提出支持青少年、老年人、残疾人、移民等弱势群体的艺术文化活动，提供包容性空间，增加文化组织工作人员的多样性，并且要使所有的人都能够负担得起文化和艺术节目。

与其他城市相比，纽约经济与移民中心这一属性更强烈，对其文化发展的影响可能比其他城市更大。纽约市文化事务局的目标之一就是"阐明文化社区对城市经济活力的贡献"②。《创造纽约文化计划》在"社会与经济影响"领域中提到要使文化组织成为城市经济发展战略的一部分，还提出要对文化工作者和艺术家进行帮助，使他们更好地在纽约生存。这些都体现了纽约希望大力发展文化，同时能够对经济的发展也有所帮助。

在负担能力和社区性质领域还有其他的措施，比如增加艺术家和文化社区在现有城市拥有的场所；支持和合作开发新模式，在全市范围内开发和维护负担得起的生活和工作空间；为艺术家和其他

---

① New York City Department of Cultural Affairs. Create NYC［EB/OL］.［2018 – 10 – 10］. http：//createnyc. org/wp-content/uploads/2017/07/CreateNYC_ Report_ FIN. pdf.

② NYC Cultural Affairs. About Cultural Affairs［EB/OL］.［2018 – 10 – 23］. https：//www1. nyc. gov/site/dcla/about/about-cultural-affairs. page.

收入可变的自由职业者提供指导和培训；支持城市设计试点项目等。

3.1.4　具体效果

长期以来，纽约都是与伦敦并肩的世界顶级城市，在文化方面也属于国际一流水平。纽约文化战略取得的最大效果就是保持它国际一流城市的地位，保持其文化对经济的促进，与经济共同繁荣。作为美国的第一大城市，纽约拥有极高的政治地位、雄厚的经济实力和科技实力、完备的市场体制以及良好的社会影响，这些资源和力量足以让纽约创造文化、促进文化，成为世界一流的文化城市。而文化战略，则起到汇集、引导和发挥这些资源和力量的作用，实现经济与文化的互相成就。2017—2018 年《全球城市指数》中，纽约均排名第 1。2016—2018 年《全球城市展望》，纽约排名第 2，是全球第 2 有发展潜力的城市。而在 2017 年《全球城市指数》的"文化积累"领域的 6 项具体指标下，纽约排名第 3。2016—2018 年《全球城市动态指数》中纽约均排名第 1。2017 年《世界城市市中心综合力排名》中纽约的综合排名和其在"文化交流"领域的排名均为第 2。2016—2017 年《改革城市指数》中纽约排名第 2，2018 年排名第 4。根据本课题组的研究统计，在各评估指标体系的前 10 或前 5 名，以及文化类的最佳城市上，纽约的上榜频次名列第 2，仅次于伦敦（见表 3 - 1）。

表 3 - 1　纽约在全球城市评估中的排名

指标名称	年份	排名
全球城市指数	2017—2018	1
全球城市指数（文化积累）	2017	3
全球城市展望	2016—2018	2
全球城市动态指数	2016—2018	1
世界城市市中心综合力排名	2017	2
世界城市市中心综合力排名（文化交流）	2017	2
改革城市指数	2016—2017	2
	2018	4

近年来纽约在各类城市评估指标中常常雄踞榜首,文化方面也与"创意之都"伦敦不相上下。比起这些排名,纽约更关注的其实是城市居民的文化体验和感受。

另外,纽约的文化战略为其文化创新营造了活跃的氛围,创意产业的从业人员 2007 年为 309142 人,2009 年达到 335683 人,增加了 8.6%;授予专利的数量从 2007 年的 6008 项增加到了 2009 年的 6217 项,增幅 3.5%。[①]

总的来说,纽约通过实施一系列文化战略和政策,实现了文化与教育发展的紧密结合,并把文化政策与贸易、经济政策结合起来,相互呼应,从而使得文化发展促进了经济的繁荣。

第二节 伦敦——创意之都

3.2.1 文化特色和沉淀

与纽约相同,伦敦同样集所在国家的政治、经济、金融、文化中心于一身,与此同时,它还是国际旅游中心和创意都市。与其他城市比起来,伦敦的文化味道似乎更加浓郁,其悠久的历史为它增添了不少人文气息,在各项城市评估体系的文化相关指标中也遥遥领先。

让伦敦在世界城市软实力中站稳脚跟的两个核心要素分别是创意城市建设与国际多元文化中心。创意为伦敦文化打造了品牌。伦敦具有悠久的历史和丰富的文化资源,整个城市内充满浓郁的人文气息,使得文化创意活动拥有了充分的空间。伦敦是一个多元化的城市,城市居民使用的语言高达 500 多种,汇集了来自世界各地的艺术、理念、时尚等。这种多元化的社会结构和族群构成使社会的文化更具开放性、包容性,为文化创意经济的发展提供了动力。此外,伦敦还不断制定和完善相应的文化政策和战略,为文化创意产业的发展提供政策支持。伦敦拥有大量国际人才,是当之无愧的语言宝库。不仅如此,伦敦还有博物馆之都的美誉,其博物馆数量是纽约或巴黎的两倍多。伦敦每天都会举办大量的文化活动,每月几

---

① 任一鸣.纽约二十一世纪以来城市文化发展观测 [J].上海文化,2014 (10):91.

乎都举办一次大型庆典活动。

21 世纪之初，伦敦就开始制定市长文化战略，与纽约制订文化计划类似，从伦敦文化战略的几份征集意见草案可以看出，伦敦文化战略的制定是充分考虑了民众态度的。与新加坡的情况类似，伦敦的文化战略具有长期性、全局性和前瞻性，勾勒了其近 15 年来的文化发展历程。但与新加坡的需要追赶目标不同，伦敦一直坚定而自信地认为自己是世界文化之都、世界一流城市，并在文化战略中多次提及。从中可以看出，一方面，长期以来，伦敦的文化战略最重要的目标就是"维持"，在维持的基础上再寻求发展。另一方面，伦敦对这些标语和代称的反复强调为其打造了一个重要的城市文化形象，围绕这一设定发展文化事业，更容易产生影响力，相当于建设一个文化品牌。

由上述几份文化战略及其草案观之，伦敦的文化战略是非常系统和全面的，涉及公共文化服务体系、文化产业、传统文化保护与传承、艺术与创意、文化交流的方方面面。但随着计划的执行和伦敦城市的发展，伦敦的文化战略在不同时期又各有其重点，与时代和社会环境紧密相连。长久以来，伦敦大力发展文化创意产业与旅游业，前者为伦敦创造了巨大的经济收入与就业机会，后者又为伦敦的城市形象在世界范围内进行了传播。而在 2012 年伦敦奥运会前，伦敦的文化战略中有对接奥运需要的文化政策和措施。类似于新加坡和纽约，最新的 2018 市长文化战略草案中，伦敦把核心放到了人身上，强调这是所有伦敦人的文化。此外，随着英国脱欧，2018 年的文化战略中也制定了相应的文化措施以促进更好的发展。

"纽伦港"代表的是世界三大金融中心——纽约、伦敦、香港，它们同时也是重要的文化都市。纽约作为一个新兴的移民城市，它的文化特点是多样性、包容性、商业性、敢为人先、时尚前卫；香港的文化目标是当地与祖国、传统与开放的融合；而伦敦的文化精神则与它上千年的历史文化积淀密不可分，其文化创意产业与国际旅游业的发展在很大程度上都依托于伦敦丰富的历史文化遗产。

3.2.2　发展思路

伦敦从 2003 年开始制定文化战略规划指导伦敦文化的发展，

到 2018 年，共发布了 5 份文化战略及草案，伦敦文化的发展思路可从这些文件中探寻。

为了满足英国经济转型发展的需要，伦敦将打造文化创意都市定为新目标。2003 年，伦敦出台了第一份伦敦市长文化战略草案，并于 2004 年 4 月正式颁布《伦敦文化之都：发掘世界一流城市的潜力》（London：Cultural Capital Realising the Potential of a World-class City）①。该战略规划认为伦敦是英国文化和创新活力的中心，也是世界上最具文化多样性的城市之一，提出要"维护和增强伦敦作为世界卓越和创意文化中心的声誉"。同时还提出四个重要目标：卓越、创新、参与、价值，并推出了 12 项政策和一系列措施。

上述战略规划实施以后，伦敦的创意文化取得了很大发展。2008 年，当时的伦敦市长认为，伦敦仍有很大的发展空间，文化部门中存在的深层次问题有待解决，要重视一些被忽视的关键领域来应对新的挑战与机遇。2008 年 11 月，发布了第二份伦敦市长文化战略草案《文化大都市：伦敦市长 2009—2012 年的文化重点》（Cultural Metropolis：The Mayor's Priorities for Culture 2009 – 2012）②，肯定了前一份文化战略在公共文化活动等方面的实施效果。另外，该文件提出了包括"维持伦敦作为全球卓越文化中心的地位"在内的 12 个伦敦文化的优先发展事项及部分具体措施。

到 2010 年，创意产业已发展成为伦敦的支柱性产业。伦敦已成为国际知名的设计之都，并站在时尚文化的前沿，吸引了大量音乐、设计等各个领域的人才，支撑着伦敦的文化生产与发展。2010 年 11 月，第二份正式的伦敦市长文化战略《文化大都市：伦敦市长文化战略—2012 年及以后》（Cultural Metropolis：The Mayor's

① Mayor of London. London：Cultural Capital Realising the Potential of a World-class City [EB/OL]．[2018 – 10 – 10]．https：//www. haringey. gov. uk/sites/haringeygovuk/files/london_ cultural_ capital-realising_ the_ potential. . . _ mol_2004_ red-v1 – 2. pdf.

② Mayor of London. Cultural Metropolis：The Mayor's Priorities for Culture 2009 – 2012 [EB/OL]．[2018 – 10 – 16]．http：//www. welllondon. org. uk/files/969/culture-tradition/8. % 20Cultural% 20Metropolis% 20 – % 20The% 20Mayor's% 20for% 20Culture 20. pdf.

Cultural Strategy – 2012 and Beyond）① 发布，论及伦敦 2012 年后的文化发展，其中心思想主要是维持伦敦作为世界文化大都市的地位。

2014 年的《文化大都市 2014：伦敦市长文化战略—成就与前瞻》（Cultural Metropolis：The Mayor's Culture Strategy – Achievements and Next Steps）② 几乎按照 2012 年文化战略划分的 5 部分回顾了 4 年的成就，分析伦敦当下文化发展的最新情况，提出了新的政策和措施。2018 年 3 月，第三份伦敦市长文化战略草案《所有伦敦人的文化：伦敦市长文化战略草案》（Culture for all Londoners：Mayor of London's Draft Culture Strategy）③ 发布。这份草案强调伦敦的文化是所有伦敦人的文化，为每一个伦敦人服务，并且提出 4 个优先事项：（1）爱伦敦：更多人在家门口体验和创造文化；（2）文化与良好的发展：支持，保存和维持文化场所和空间；（3）创新的伦敦人：投资多元化的创意人才队伍，以应付未来的需求；（4）世界城市：成为脱欧后的全球强国。每一个优先事项都介绍了挑战、目标和相应政策。

3.2.3 具体措施

《伦敦文化之都：发掘世界一流城市的潜力》战略中有四个目标：卓越、创新、参与、价值。其中，实现卓越的措施是要提高伦敦在世界文化领域的地位；创新的相关政策措施则表现出政府对创新的充分重视，并将其作为城市发展的重心；参与则是确保所有伦敦人在文化活动中的参与权；价值指的是确保伦敦可以获取文化资源中的最大价值（见表 3 - 2）。

---

① Mayor of London. Cultural Metropolis：The Mayor's Cultural Strategy – 2012 and Beyond［EB/OL］.［2018 – 10 – 10］. https：//www. london. gov. uk/sites/default/files/culturalmetropolis. pdf.

② Mayor of London. Cultural Metropolis：The Mayor's Culture Strategy – Achievements and Next Steps［EB/OL］.［2018 – 10 – 16］. https：//www. london. gov. uk/sites/default/files/1065_ culturalstrategy2014_4web. pdf.

③ Mayor of London. Culture for All Londoners：Mayor of London's Draft Culture Strategy［EB/OL］.［2018 – 10 – 10］. https：//www. london. gov. uk/sites/default/files/2017_ draft_ strategies_ culture_2. 0. pdf.

表 3 - 2 《伦敦文化之都：发掘世界一流城市的潜力》概要

战略文件	发展方向	政策措施
伦敦文化之都：发掘世界一流城市的潜力	卓越	政策 1：伦敦需要确保其文化机构和活动具有高质量、世界级的地位 政策 2：改善基础设施是实现伦敦文化多样性的创造潜力所必需的 政策 3：伦敦需要发展自己的品牌，把自己打造成一个世界文化城市和旅游目的地
	创新	政策 4：需要认识到创造力是伦敦经济和成功的重要贡献者 政策 5：教育和终身学习必须在培养创造力和提供就业途径方面发挥中心作用
	参与	政策 6：接触文化应该是所有伦敦人的权利 政策 7：文化应该是增加伦敦社区自主权的一种手段 政策 8：应将高质量的文化服务推广到整个伦敦，并在各个层面——地方、次区域和区域传播 政策 9：在伦敦的发展和复兴中应鼓励文化活动 政策 10：伦敦公共领域的文化价值和潜力应得到充分实现
	价值	政策 11：伦敦的文化应该得到与其人口、经济和空间需要相称的资源 政策 12：文化的结构和资金应该为所有的伦敦人提供最好的交易

《文化大都市：伦敦市长 2009—2012 年的文化重点》的发展方向为：

1. 维持伦敦作为全球卓越文化中心的地位；
2. 打造面向 2012 年乃至更久的世界一流文化；
3. 加强面向年轻人的艺术与音乐教育；
4. 扩大艺术覆盖面，提高艺术参与率；
5. 增加外伦敦的文化场所和文化设施；
6. 为新人提供发展之路；
7. 打造一个充满活力的公共空间；
8. 支持草根文化发展；
9. 营销伦敦；
10. 为创意产业提供有目的性的支持；
11. 捍卫文化在各领域中的地位；

12. 加大政府对伦敦文化的支持力度。

《文化大都市：伦敦市长文化战略—2012 年及以后》战略的核心是维持伦敦作为世界文化之都的地位。它在前两份战略的基础上，强调了文化创意产业对城市发展的推动作用，同时，对文化活力的重要性更为重视。具体政策措施如表 3 - 3 所示。

表 3 - 3 《文化大都市：伦敦市长文化战略—2012 年及以后》概要

战略文件	发展方向	政策措施
文化大都市：伦敦市长文化战略—2012年及以后	维持伦敦作为世界文化之都的地位	1.1 与区域文化机构合作，提高该部门对新的技术、环境和经济挑战的认识和应对能力 1.2 在各级支持和促进伦敦的文化和创意部门 1.3 通过规划政策、宣传和直接投资，支持有助于首都文化、社会和经济生活的基本建设项目 1.4 监管政策会刺激文化行业
	拓宽通往卓越的路径	2.1 市长正与伦敦特区的文化机构、地方当局和战略资助机构合作，并鼓励这些机构扩大和加强文化服务 2.2 支持伦敦各地的高质量节日活动和文化活动 2.3 寻求解决伦敦面临的交通问题的实际办法 2.4 宣传文化服务对居民的重要性及其在提高人民生活质量方面所起的作用
	教育、技术和职业	3.1 帮助培养儿童和青年对艺术、遗产和文化的探究与渴望精神 3.2 倡导和提高补充教育部门的形象，并提供战略支持 3.3 实施市长的学校教育战略 3.4 确保技能和就业投资的目标满足伦敦经济的需要 3.5 开放文化部门的实习工作，并帮助提高实习条件
	基础设施、环境和公共领域	4.1 推广高质量的城市设计和不断拓展的公共领域 4.2 改善伦敦街区的形象 4.3 确保高质量的公共艺术 4.4 支持伦敦的许多节日和文化活动
	文化和2012年的伦敦	5.1 协调和支持伦敦2012年的文化活动 5.2 确保2012年奥运会为伦敦人提供经济机会 5.3 确保文化在2012年奥运会和残奥会的传承中发挥充分的作用

3.2.4 具体效果

与纽约相比，伦敦有更加深厚的文化底蕴和历史积淀。从 2003年开始制定的几份市长文化战略和战略草案成功维持了伦敦世界级的创意和文化中心的地位。同样从伦敦在各类城市评估指标的排名来看，2017—2018 年《全球城市指数》综合排名均为第 2，在《全球城市展望》上，2017—2018 年排名由第 4 上升为第 3。伦敦在《全球城市指数》二级指标"文化积累"综合领域排名第 1，具体的 6 项指标排名第 2。2016—2018 年，伦敦在《全球城市动态指数》中均排名第 2，仅次于纽约。在该指标文化类的二级指标表现上，伦敦在"人力资本"排名最优，表现为：有最多的顶尖商业学校，大学数量也最多，中学生所占的人口比例很高。在"国际推广"指标中排名仅次于巴黎。此外，伦敦的航空旅行乘客数量最多，是世界上航线最繁忙的城市之一，这在某种程度上表明了伦敦的文化交流表现优秀。在 2017 年《世界城市综合力排名》中，伦敦排名第 1，同时伦敦也连续 9 年位居前 5；在"文化交流"领域，伦敦排名第 1 且优势明显，尤其餐饮魅力和海外游客数量扩大了其在竞争中的领先优势。2015—2017 年《改革城市指数》中伦敦也排名第 1，2018 年伦敦排名第 2。此外，在各评估指标体系的前 10或前 5 名，以及文化类的最佳城市上，伦敦出现频次最高，位居榜首的次数也最多，且都远多于位居第 2 的纽约和巴黎。由以上数据可以看出，伦敦的文化战略很好地保持了其在文化领域的领先地位（见表 3－4）。

表 3－4　伦敦在全球城市评估中的排名

指标名称	年份	排名
全球城市指数	2017—2018	2
全球城市展望	2017	4
	2018	3
全球城市动态指数	2016—2018	2
世界城市综合力排名	2017	1
改革城市指数	2015—2017	1
	2018	2

可以说，伦敦文化战略的实施，使伦敦实现了从工业城市到文化城市的转型，实现了文化重点领域的突破，此外，伦敦文化战略还着眼于未来城市文化的发展，致力于激发城市文化活力。伦敦围绕文化创意都市的建设，推出了多种多样的措施以增强城市文化多样性、激发城市文化活力，时刻关注时代发展的需要，从世界文化城市的高度，根据面临的城市建设问题不断调整文化策略和路径，并予以制度性的保障，这使伦敦具备了影响和辐射世界发展的能力。[1]

第三节　东京——古今交汇

3.3.1　文化特色和沉淀

东京位于日本列岛中央、关东地区南部，人口高度密集，是日本人口密度最大的辖区。东京历史文化悠久，在日本历史舞台上始终居于中心地位，基础设施完善，集中了日本最先进的科学教育资源、媒体资源和文化遗产等资源，金融、教育、创意、科技、广告和旅游等产业都高度发达，为其文化发展提供了优良的条件。

东京是日本的政治、经济、文化和教育中心，不仅保有日本皇宫、浅草寺这样古老而传统的建筑，同时又有着东京铁塔和日本最繁华的商业区新宿，这种新旧交融的对比成为这座城市独特的城市景观。2018年末，东京政策企划局为举办"东京150周年祭"活动，发布了名为"新旧交融"（Old Meets New）的东京城市宣传片，宣传片以现代与传统融合的特点为主题，体现了东京这座城市新旧交融的文化特色。

不仅如此，作为亚洲顶级城市和世界重要的国际化都市，东京良好的基础设施为居民和游客提供了便利的生活服务和舒适的城市氛围。大部分日本动漫企业的总部也汇聚于东京，展现着日本独特的文化。以动漫和电子游戏为主题的秋叶原商业街也吸引着全球各地动漫爱好者的目光。日本料理讲究的饮食文化，更是东京在国际社会上的一张个性名片。独特文化与时尚现代都会的结合，使得东

---

[1]　王林生. 伦敦城市创意文化发展"三步走"战略的内涵分析 [J]. 福建论坛（人文社会科学版），2013（6）：48－54.

京拥有了其他城市难以模仿的独特文化魅力。除此之外，东京近年来的文化发展重点集中在对大规模体育赛事的承办上，2013年，东京成功获得2020年奥运会举办权，为迎接奥运，东京的新城市发展规划提出了"使东京成为世界第一城市""举办有史以来最好的奥运会及残奥会"等目标，希望赋予体育赛事以独特的城市文化内涵，借此发展城市文化，提高城市的国际形象。

东京所具有的复杂身份要求它拥有更多样的城市功能，这使得东京政府关于其文化发展的思路不能过于单一，需要在综合发展的基础上，赋予这座城市丰富的内涵和良好的城市形象。

3.3.2　发展思路

长期以来，东京的文化发展一直关注文化设施的建设，发展艺术教育，传统与现代文化并重，并致力于国际文化艺术交流，积极参与体育赛事的举办。在文化产业、传统文化保护与传承方面，东京强调传统与现代的交融，传承和传播传统文化，使儿童和国际游客能够体验真正的传统艺术。艺术与创意方面，培养多样化的新型人才，利用先进科技达到文化创意的创新；实施大规模的教育计划，使所有儿童和青少年都能参与艺术和文化活动。文化交流方面，热情欢迎全球游客，提高游客数量和国际会议举办的数量，宣传日本文化等。

奥运会是东京向全球输出日本和东京文化、展现城市文化形象的大好机会，因此，2020年东京奥运会是近年来东京文化建设的重点，各方面的文化发展政策都与之相关。奥运会不仅仅是体育盛事，同样也是文化盛会，东京希望以这一重大的国际赛事为契机，推动城市文化政策和事业的发展，提高文化的国际认可度和促进其进一步的发展。与此相呼应，东京最新的文化战略也围绕2020年东京奥运会、残奥会展开。2014年12月，东京都政府制定了2020年发展愿景，发布《创造未来——东京都长期愿景》（Creating the Future：The Long-Term Vision for Tokyo）①，核心目标是使东京成为

---

① Tokyo Metropolitan Government. Creating the Future：The Long-Term Vision for Tokyo [EB/OL]．[2018 - 10 - 10]．http：//www. metro. tokyo. jp/english/about/vision/index. html．

世界第一城市，两个基本目标之一即是"举办有史以来最好的奥运会及残奥会"。2015 年 6 月 4 日，东京都政府发布《东京艺术与文化愿景》（Tokyo Vision for Arts and Culture）①，宣布文化政策的基本方向，展望东京 2020 年奥运会和残奥会及以后的发展。

2016 年 12 月，东京都政府制定了《新东京新明天——2020 年行动计划》② 指导 2017—2020 年东京的发展，新东京包括三大方面：安全城市、多元城市和智慧城市。其中智慧城市包括了"促进艺术与文化"这一目标。

值得关注的是，东京在文化战略中还提出了支持残疾艺术家的艺术活动和促进残疾人的艺术欣赏和参与活动，建设文化上无障碍的城市。而关注弱势群体的文化需求在香港、新加坡和伦敦的文化战略中都没有专门体现，是东京文化战略中的一个特别之处。为弱势群体提供专门的服务，证明东京是一个文化上无障碍的城市，体现了东京打造良好城市形象、提升城市形象和魅力的文化建设目标。

完善文化基础设施的建设、促进文化传播与传承、致力于发展艺术教育，都体现出东京文化发展的重要思路。东京融汇古今文化，在对传统文化的继承之中，发扬现代科技的优势，在不忘过去的基础上，积极创新，培育未来人才。而古今交融的城市文化特色，也为东京打造了良好的国际城市形象，塑造了独特的城市品牌，增强了城市的吸引力与国际竞争力。

3.3.3　具体措施

东京悠久的历史和近代快速的发展造就了这个城市传统与现代共存的特点。因此，东京文化战略规划文件《东京艺术与文化愿景》提出的八大文化战略中第一条就指出，要寻找东京的独特性和多样性，将传统与现代融合并存，并以此为指导推行了促进东京都地区艺术和文化机构联网的项目。同时，战略还提出以城市外交为

---

① Tokyo Metropolitan Government. Tokyo Vision for Arts and Culture [EB/OL]. [2018 – 10 – 10]. http://www. seikatubunka. metro. tokyo. jp/en/vision. html.

② Tokyo Metropolitan Government. New Tokyo. New Tomorrow：The Action Plan for 2020 [EB/OL]. [2018 – 10 – 10]. http://www. metro. tokyo. jp/english/about/plan/documents/pocket_ english. pdf.

基础促进文化艺术交流，增强国际竞争力，并举办大型艺术节。

另外该文件还提出发现和培养多样化的人才，为日本和海外年轻的新兴艺术家提供新的创作和商业机会。为此，政府计划实施一项大规模的教育计划，使所有儿童和青少年都能参与艺术和文化活动。为了以艺术和文化的力量应对教育、福利和社区发展等领域的社会和城市挑战，东京积极接受和支持海外人才和新兴人才。

《创造未来——东京都长期愿景》为应对目前的挑战及创造可持续发展的未来，提出了8项城市战略和25项具体途径来实现这些目标。其中战略三就提出了创造艺术城市，向世界传播日本文化魅力的政策，并提出设立东京文化传播项目，积极开展戏剧、绘画、音乐等艺术文化活动的具体措施。恭谨谦逊的待人处事态度是全世界对日本共有的印象，于是东京政府在该文件中还提出以"独特的待客之道"为城市战略之一，将东京古老的礼仪、文化传统与现代化的城市相结合，塑造东京独特的城市形象，以提高东京的城市魅力。

3.3.4　具体效果

总体来说，东京政府所制定的文化战略致力于营造传统与现代交融、继承与发展并存的城市形象，打响文化品牌，促进东京城市文化质量与口碑的提升。

其效果在各项数据中也有一定的体现。在2018年的《宜居性调查》中，东京与多伦多并列第7入选世界最佳宜居城市TOP10，比2014年上升了8位。不仅如此，在2016—2017年《改革城市指数》中东京排名第3，2018年跃居榜首，可见国际上对东京这座城市的文化认可度确实有了很大程度的提升。其他排名方面，2015—2018年的《全球城市指数》调查结果中，东京都位列第4。此外，东京还在《世界城市综合力排名》中连续9年取得前5名的好成绩，且也属于《世界城市市中心综合力排名》. 所认定的8个世界超级城市之一，在2017年《世界城市综合力排名》的"文化交流"领域东京排名第4。

由此观之，东京在城市文化建设中所取得的成效大致有两点：（1）通过对城市传承与创新相结合的文化品牌建设，东京成为一座传统文化与现代科技共同发展的城市，得到了国际上的认可；

（2）积极承担国际体育盛会，促进了东京的文化及基础设施建设，一定程度上获得了更多的国际关注。

东京是与纽约、伦敦比肩的世界三大城市之一。在文化方面，作为一个兼顾传统和现代的城市，东京长期以来在文化方面的表现都是优秀且稳定的。近年来政府所制定的立足自身又兼顾与时俱进的文化发展战略使东京在文化发展的道路上更进一步，也使东京的城市形象进一步提升，提高了城市魅力。

第四节　新加坡——包容之都

3.4.1　文化特色和沉淀

新加坡位于马来半岛南部，毗邻连接太平洋与印度洋的国际重要水道马六甲海峡，地理位置十分优越。也正因为其重要的地理位置，这片土地曾在不同时期归属于多个不同的国家，曾被英、日占领为殖民地，后又加入马来西亚，1965 年才正式成为一个独立的国家。复杂的殖民地经历，导致新加坡成了一个多民族混居的移民国家，造就了该地多元的文化特色，新加坡不仅生活着华族、马来族、印度族、欧亚族、土生华人等多个民族的居民，还拥有多元的宗教信仰，其官方语言就有 4 种。无论是建筑风格，还是生活习俗，都体现出多种文化交融的特点。独立后的新加坡有着自己的国家信约，信约中写道："我们是新加坡公民，誓愿不分种族、言语、宗教，团结一致，建设公正平等的民主社会，并为实现国家之幸福、繁荣与进步，共同努力。"这种宗教信仰、种族民族和语言上的融合，足以体现其多元交汇的社会文化环境。

新加坡独立以来，为了谋求生存空间，自立自强，一直致力于促进国家的经济发展，大力发展工业、服务业和对外贸易，在政治、金融、经济上都取得了很大的成就，被誉为"亚洲四小龙"之一，也获得了"花园城市"的美誉。然而，作为一个多元文化的移民国家，以往新加坡的文化发展却难以与其经济地位相匹配。因此，新加坡政府相继出台了一系列政策，以求在其多元而丰富的文化基础上，促进国家整体文化水平的发展，提升民众对本地多元文化的认同感。

3.4.2　发展思路

21世纪初，为了让文化发展尽快跟上经济发展的脚步，新加坡政府出台了《文艺复兴城市计划》（Renaissance City Plan，RCPs），并以该计划为核心提升其城市文化。该计划围绕新加坡多元文化的特点，以建设具有包容性和凝聚力的国际化多元文化城市为目标，建设和发展艺术与文化基础，促进居民的身份认同感和国家认同感，最终使新加坡成为21世纪的文艺复兴城市。

2000—2005年，新加坡政府相继发布了《文艺复兴城市计划1.0》（RCP1）①，《文艺复兴城市计划2.0》（RCP2）② 两份文件，回顾了自1989年《文化与艺术咨询委员会报告》（The Report of the Advisory Council on Culture and the Art，ACCA）发布以来新加坡在文艺方面取得的成就，针对基础设施建设、人才培养、文化创新与国际化提出了有价值的建议与对策，为后续的文化发展奠定了基础。2008年，《文艺复兴城市计划3.0》（RCP3）③ 发布，总结了前两个阶段计划的实施效果，以及未来发展所面临的挑战和机遇，在此基础上，提出了面向2015年的目标：（1）国际人才的活力集聚地，将新加坡全球第一流的基础设施与其优越的多元文化和前瞻性认同有机结合，使其成为全球居住排名前列城市；（2）具有包容性和凝聚力的人口最佳居住地，市民对多样性有普遍的认同感与欣赏度，并形成积极的国家认同。RCP3是该系列文件的最终版本，该文件清晰地体现了新加坡文化发展的重要思路，即打造多元文化品牌，增强国际竞争力，并提升民众对于多样性文化的认同感和自豪感。

2010年3月，新加坡启动了艺术与文化战略评估项目（The Arts and Culture Strategic Review，ACSR）④，勾画新加坡直到2025

①　MICA. Renaissance City Plan 1［EB/OL］.［2018 – 10 – 10］. https://www. nac. gov. sg/dam/jcr：defaf681-9bbb-424d-8c77-879093140750.

②　MICA. Renaissance City Plan 2［EB/OL］.［2018 – 10 – 10］. https://www. nac. gov. sg/dam/jcr：c6cbd326-4895-4d28-b91b-a0b8ae715878.

③　MICA. Renaissance City Plan 3［EB/OL］.［2018 – 10 – 10］. https://www. nac. gov. sg/dam/jcr：18cf2883-7907-4938-9931-384333e210ce.

④　MICA. The Arts and Culture Strategic Review［EB/OL］.［2018 – 10 – 10］. https:// www. nac. gov. sg/dam/jcr：1b1765f3-ff95-48f0-bbf9-f98288eb7082.

年的文化和艺术发展蓝图。在与艺术家、私营部门和公众进行广泛磋商后，新加坡于 2012 年 1 月发布了一份报告，概述了艺术和文化发展的战略方向。ACCA 和 RCP 分别强调艺术和文化在国家建设和经济增长中的作用，而 ACSR 将文化发展下一阶段的重点转移到了人民和社会。但该计划仍以多元文化为出发点，最终的愿景是使民众拥有以新加坡人身份而自豪的文化认同感。与 ACCA 和 RCP 不同，ACSR 由私营部门、社区以及艺术和文化部门推动。新加坡各个文化战略文件中提到的发展目标及方向见表 3 - 5。

表 3 - 5　新加坡文化战略发展目标及方向

战略文件	发展目标	战略方向
文艺复兴城市计划 1.0	1. 将新加坡建立为全球艺术城市 2. 为国家的建设提供文化支持	1. 建立坚实的艺术和文化基础 2. 发展旗舰和主要艺术公司 3. 认可和培养人才 4. 提供良好的基础设施 5. 走国际化道路 6. 发展文化艺术"文艺复兴"经济
文艺复兴城市计划 2.0	文艺复兴城市——一个极具创新精神和多才多艺的全球艺术和文化城市	1. 建设创新能力 2. 刺激文化艺术需求 3. 发展创意产业
文艺复兴城市计划 3.0	1. 国际人才的活力集聚地，将新加坡全球第一流的基础设施与其优越的多元文化和前瞻性认同有机结合，成为全球居住排名前列城市 2. 包容性和凝聚力人口的最佳居住地，市民对多样性有普遍的认同感与欣赏度，形成积极的国家认同	1. 特色内容 2. 动态生态系统 3. 社区参与
艺术与文化战略评估报告	一个有文化、有风度的民族，以传统为家，为新加坡人身份而自豪	1. 将文化和艺术带给每一个人，带到每一个地方和每一天 2. 培养实现卓越的能力

　　分析新加坡发布的三份《文艺复兴城市计划》和《艺术与文化战略评估报告》，不难发现进入 21 世纪以来新加坡文化发展战略的重点及其变化：第一步，建立国家艺术和文化的基础，为新加坡文化进军国际做好铺垫；第二步，建设创新能力，刺激文化艺术需

求，发展创意产业，并开始使新加坡成为国际文化都市；第三步，将新加坡建设成为具有包容性和凝聚力的全球一流多元文化城市。

3.4.3 具体措施

为了建立国家艺术和文化基础，促进新加坡文化的国际化，新加坡政府在《文艺复兴城市计划 1.0》中提出了 12 条相关政策建议。在建设文化基础方面，新加坡政府提出要扩大艺术教育，强调要培养艺术及遗产管理人员和行政人员，同时要求在新加坡国立大学设立新加坡研究部、在新加坡国家艺术理事会（NAC）设立艺术研究与发展中心，并增加对艺术赞助的激励。为了使新加坡文化进军国际，新加坡政府在国际上积极推广自己的文化和遗产，争取在新加坡发展、建立、主办相关的国际艺术奖或会议。不仅如此，由于新加坡本身拥有发达的旅游业，计划提出加强艺术营销和文化旅游以帮助新加坡文化走向国际化。

后续出台的《文艺复兴城市计划 2.0》延续了 RCP1 中深入开展艺术教育的政策，在各级教育中嵌入艺术、设计和媒体，并设立艺术、设计和媒体的大学课程。在 RCP1 增加对艺术赞助的激励的基础上，建立了艺术激励计划，以此促进公共艺术的进步和发展。同时，为了使新加坡文化进一步迈向国际化，RCP2 提出将新加坡艺术系列转变为新加坡双年展，提升新加坡的国际形象。在 RCP1 的基础上，RCP2 进一步提出了建设创新能力、刺激文化艺术需求和发展创意产业等重要战略方向，具体措施包括与 CDC 合作开发创意城镇、开发虚拟文化资源网络、鼓励艺术与文化创业等。

与前两份计划一脉相承的是，《文艺复兴城市计划 3.0》提出要加强和丰富普通艺术和人文教育，并提高相关行业在高等教育和专业艺术教育以及培训方面的相关性。同时，培养相关人员艺术及文化方面的专业能力，特别是艺术业务及专业艺术服务的专业能力。为了将新加坡的一流基础设施建设与其多元的文化有机结合，RCP3 提出要在新加坡发展世界一流的文娱艺术区，并致力于将新加坡定位为创作和首映的首选目的地。相应的，新加坡政府通过艺术和文化加强社区凝聚力和自豪感，提高居民对文化多样性的认同感和欣赏度，并鼓励更多的私人慈善与资助投入艺术文化领域。

多元文化下，提升民众对国家和身份的认同感是文化建设的一个重要部分，《艺术与文化战略评估报告》以此为目标，提出了相应的文化建设措施。报告提出要维持和深化民众终身参与社会的意识，并激励民族运动。

总的来说，新加坡的文化发展措施和目标可以概括为：关注多元文化以加强新加坡人对本地文化的认同感和自豪感，增加艺术活力，扩大其文化辐射力，使新加坡的文化艺术更具国际影响力，将其文化的繁荣程度发展到与其经济地位相符的程度。

3.4.4　具体效果

在《文艺复兴城市计划》的指导和艺术与文化战略评估项目的推进下，近年来，新加坡在各项国际城市评估体系中势头大好，排名基本处于稳定或上升状态。在 2018 年的《美世生活质量调查》中，新加坡的排名已经从 2008 年的第 32 位提升至第 25 位，2016—2017 年的《改革城市指数》中，新加坡位列第 7，2018 年上升至第 6 位，可见其城市建设在这 10 年间已取得显著成效。在文化领域，新加坡的表现也十分突出，在《世界城市综合力排名》中，新加坡已连续 9 年进入前 5 名。需要补充的是，在该评估 2018 年最新的排名中，新加坡在二级指标"文化交流"领域排名第 5，仅次于伦敦、纽约、巴黎、东京这 4 个国际知名的文化重镇。各项指标中排名的逐步提升，已经对新加坡的发展潜力有所体现，在 2018 年《全球城市展望》中，新加坡更是直接以第 6 位的排名，证明了自己是一座有发展潜力的城市。

从新加坡自身的发展来看，自 2000 年新加坡提出要成为 21 世纪"文艺复兴城市"的目标以来，三个阶段的《文艺复兴城市计划》经过长达 15 年的实施也取得了不错的成绩。《文艺复兴城市计划 3.0》对前两个阶段的 RCP 做了总结与回顾，比较了新加坡实施 RCP 前和实施了 RCP1 和 RCP2 之后艺术文化发展指标的数据，部分情况见表 3-6。

表 3-6　新加坡重要艺术文化发展指标

期望结果	指标	1996 年	2007 年
多元化和充满活力的艺术和文化场景	艺术表演与展览活动数（场）	6000	27000
	艺术公司和社会团体数量（家）	400	800

续表

期望结果	指标	1996 年	2007 年
扩大文化需求和受众基础	过去一年至少参加一次艺术活动的新加坡人在总人口中的比重	10 人中有 1 人	3 人中有 1 人
	艺术表演售票数（张）	750000	1500000
	非购票参与者人次（人）	990000（2003 年）	2700000
	新加坡国家遗产局参观人次（人）	316000	1856000
	遗产延伸活动参与人次（人）	1500000（2003 年）	4400000
经济贡献	文化增加值（百万新加坡币）	557	978（2006 年）
	艺术和文化部门就业人数	16000	21000（2006 年）

以上指标涉及了公共文化服务体系和艺术与创意两方面，可以发现，计划实施以来，各项指标数据几乎都是成倍增长。1996—2007 年，新加坡的艺术活动由 6000 场增长到 27000 场，增加了 3 倍多，艺术公司和社会团体数量则翻了整整一番，参加艺术活动的人数也大幅增长，无不体现出新加坡人对艺术和文化需求和欣赏能力的上升，艺术领域活跃度大大提高。此外，RCP3 中提到，新加坡传统关注指数从 2004 年的 20% 上升到 2007 年的 90%，即认为保护传统文化是重要的新加坡民众比例由两成上升到了九成，同时，87% 的民众认为新加坡的历史与传统有助于其增强自身的归属感，可见政府的宣传和政策使民众对文化的重视程度大幅提升。新加坡滨海艺术中心每年有 600 万以上的来访量，有 2/3 左右是本地居民，新加坡国家遗产局的参观人次和遗产延伸活动的参与人次也增加了几倍，这些都体现了新加坡民族自豪感和归属感的增强。2012 年《艺术与文化战略评估报告》也肯定了两个多阶段 RCPs 的成果。另外值得注意的是，新加坡在 RCP1 中曾提出近期目标是 5—10 年内赶上香港、格拉斯哥等城市，长期目标是达到纽约和伦敦的水平。在本次的城市评估调查结果中，我们可以发现，至少从现有的几项评估指标来看，新加坡已经超额完成"达到香港水平"这个小目标，并且正在向纽约和伦敦靠拢。

从上述文化战略目标及所取得的效果可以得出结论：经过多年的战略实施，新加坡的文化发展取得了与其目标相符的成效。具体表现在以下两点：（1）从数据指标来看，新加坡在各项城市评估体系中与文化有关的排名上升，文化艺术的国际认知度大大提高，文化艺术领域的活力大大增加。（2）从民众的文化认同感来看，新加坡人民的国家和民族自豪感及文化归属感均得到了提升。

第五节　香港——中西合璧

3.5.1　文化特色和沉淀

香港地处华南沿海珠江口，北接深圳，南面东南亚，与澳门和珠海隔江相望，是亚洲海上交通要道，也是国际金融、贸易和信息中心，亚洲旅游中心，有着"东方之珠"的美誉。一提到香港文化，民众可能就会想到粤语歌曲、香港电影、香港电视剧、香港文学、港式茶点、维多利亚港、特别的街道名称、街上的各国人士……这些文化符号所彰显的文化特色和沉淀，即香港本土文化的商业化、通俗化、大众化，以及中西交汇所形成的多元化。

（一）商业化、通俗化和大众化

香港是一座经济高度发达的商业城市，其文化中的商业化、通俗化和大众化的特点体现在上文提到的方方面面。香港的音乐、影视和出版行业都极其发达。罗文、张国荣、谭咏麟以及"四大天王"等香港歌手都曾掀起过乐坛的阵阵高潮，他们的歌曲传唱度极高，唱片销量极佳，演唱会也十分受欢迎，曾一度受到亚洲各国的追捧。而他们的歌曲所关注和表达的，都是香港的本土民众所呈现的，都既通俗又大众，如成为香港精神代表的歌曲《狮子山下》，传达的就是香港小市民白手起家、艰苦奋斗、自强不息的精神。影视和出版行业也是如此。香港的影视文化十分发达，堪称中国的好莱坞，每年生产大量的电影和电视剧，且声名远播，也培养了多位国际巨星。这些港片和港剧大都聚焦香港的小人物，生活和市井气息浓厚，鲜有阳春白雪。在市场导向和商业氛围的影响下，香港出版业同样有大量生活气息浓厚的图书，受到欢迎的金庸、古龙、亦舒等作家的文学作品在华人世界都具有相当大的影响力。不仅如此，香港节展、演出等文化艺术活动众多，宗教生活和风水迷信盛行等现象都深刻反映着香港文化商业化、通俗化和大众化的特点①。

（二）中西交融

另外，香港文化多元的特点毋庸置疑，但是与纽约文化的百花齐放不同，香港文化的多元主要体现在中西合璧上，中国传统文化和岭南文化占据了一半，另一半才是西方的各种文化。中西融合的文化特点在香港的饮食文化、艺术与创意、教育、语言等多方面表现得都十分明显。走在香港街头，可以见到来自世界各地的外国友人，皇后大道、弥敦道等充满西方气息的路牌也随处可见。走进一家茶餐厅，港式西多士、菠萝包、餐蛋面、叉烧等美食也充满着中西融合的味道。在香港，英语在教育中很受重视，港人的日常语言交流中，粤语夹杂英文的情况也是屡见不鲜。中国的粤剧、欧洲的歌剧，中西话剧、舞蹈、音乐，香港的文艺活动包含了中西文化艺术的各种形式，并且每年演出场次多，受到市民欢迎②。

3.5.2　发展思路

香港民政事务局 2006 年发布的《香港文化艺术政策发展》③将香港文化发展划分为三个阶段。第一个阶段（1900—1950 年），香港文化深受岭南文化影响。第二个阶段（1951—1997 年），在政治和地理的阻隔下，香港本土文化开始萌芽。第三个阶段（1998—2047 年），香港回归祖国，港人重新思考文化身份和定位，植根香港、胸怀祖国、放眼世界。

同时，该文件回顾了香港的文化政策。1960 年以前，香港政府较为重视民生经济，对文化采取消极的不干预政策。1960 年以后，香港的文化政策由被动走向主动。随后的 30 年间，香港政府开始重视文化，通过成立相关机构和制定相关政策推动文化的发

① 陈橹. 论香港文化的特色 [J]. 南京理工大学学报（社会科学版），1997（5）：24 – 26. 蒋哲杰，陈秀云. 英吉利文明在亚洲 [M]. 上海：上海三联书店，2016：259 – 261.

② 陈橹. 论香港文化的特色 [J]. 南京理工大学学报（社会科学版），1997（5）：24 – 26.

③ 香港特别行政区政府民政事务局. 香港文化艺术政策发展 [EB/OL]. [2018 – 10 – 10]. http://202. 116. 81. 74/cache/15/03/www. legco. gov. hk/ea0dff7ff98fbeb70cb4a45ffd8c5a7f/ha0407cb2-1686-1c. pdf.

展。20 世纪 90 年代，为回应香港回归，更宏观的文化政策制定要求应运而生。这一时期产生了《艺术政策检讨报告咨询文件》（1993）、《五年发展策略计划书》（1995）及《艺术教育政策》（1996）等文件，1994 年香港艺术发展局成立。在香港回归后，政府开始全面检讨现有的文化政策及文化管理体系，有较多文化方面的大动作，包括 2000 年文化委员会的成立，文化政策进入立法会议程，2001—2003 年发布的文化研究报告等。2003 年，文化委员会在前两次（2001 年、2002 年）公众咨询文件的基础上发表《政策建议报告》①，从文化艺术教育、文化设施、资源调配及架构检讨、迈向国际文化大都会四方面提出了香港文化发展的宏观政策和具体落实措施，描绘了香港发展的图景。

2017 年 10 月 23 日发布的香港立法会民政事务委员会《2017年施政报告民政事务局的政策措施》② 讨论文件介绍了香港文化艺术的施政理念、将推出的新措施和持续推行的主要措施。该文件指出，香港在青年发展方面的理念是："推广多元卓越文化，务求为青年人创造空间及提供机会，让他们发挥潜能。"在文化艺术方面的理念是："发展香港成为一个国际文化都会。"2018 年 10 月 10日，香港特区行政长官林郑月娥正式发布《香港行政长官 2018 施政报告》③，回顾了过去一年的施政成就，并阐述了来年的施政重点，其中涉及了文化多方面的内容。香港在文化方面的愿景是："成为一个国际文化大都会，植根于中国传统且融合多元文化"，并且坚持以人为本、多元发展、尊重表达自由、全方位推动和建立伙伴关系的基本原则④。

---

① 香港文化委员会. 香港文化委员会政策建议报告［EB/OL］.［2018 - 10 - 10］. https://www. hab. gov. hk/file _ manager/en/documents/policy _ responsibilities/CHC-PolicyRecommendationReport_ C. pdf.

② 香港立法会民政事务委员会. 2017 年施政报告民政事务局的政策措施［EB/OL］.［2018 - 10 - 10］. https://www. hab. gov. hk/file _ manager/tc/documents/whats _ new/policy_ agenda/habBooklet_ chi. pdf.

③ 香港特别行政区行政长官办公室. 香港行政长官 2018 施政报告［EB/OL］.［2018 - 10 - 10］. https://www. policyaddress. gov. hk/2018/sim/policy. html.

④ 香港特别行政区政府民政事务局. 文化政策［EB/OL］.［2018 - 10 - 10］. https://www. hab. gov. hk/tc/policy_ responsibilities/arts _ culture _ recreation _ and _ sport/arts. htm.

3.5.3　具体措施

《2017年施政报告民政事务局的政策措施》中文化艺术方面的新措施包括艺术空间、文化交流、培养艺术行政人才、推动香港公共博物馆发展、兴建文物修复资源中心五方面。持续推行的措施包括持续支援本地艺团、文化交流、文化设施、非物质文化遗产、西九文化区五方面，见表3-7。

表3-7　民政事务局的文化措施

民政事务局的文化措施	涉及方面	具体措施
新措施	艺术空间	通过专门划地、与活化工厦和商厦合作、与学校合作等方式为青年艺术家和新进艺团开拓空间，支持他们从事艺术创作
	文化交流	增加对本地文化艺术界别的资源投入；增加本地艺术家和艺团到内地和海外演出及举办展览的资助，在内地主要城市举办"香港周"活动
	培养艺术行政人才	拨款延续艺术行政人员培训计划，提升香港科学馆设施；更新康文署辖下香港科学馆的常设展览，加强香港科学馆推动"科学、科技、工程和数学"（STEM）教育
	推动香港公共博物馆发展	加强与内地和海外知名文博机构的合作，举办更多大型展览和教育及专业人员交流活动
	兴建文物修复资源中心	在天水围兴建一所文物修复资源中心，预计2025年落成
持续推行的措施	持续支援本地艺团	透过不同渠道支援9个主要演艺团体及中小型艺团的发展，包括艺术发展配对资助试验计划、艺能发展资助计划等
	文化交流	隔年举办"亚洲文化合作论坛"；以签订文化合作谅解备忘录及其他方式，加强与其他国家（尤其是"一带一路"涵盖的国家）的文化交流与合作
	文化设施	兴建东九文化中心，其上盖建筑物的工程预计在2020年完成；继续规划及提升公共图书馆的设施和服务，并与学校及社团合作举办教育活动；免费开放康文署辖下指定博物馆的常设展览；继续在公共博物馆推出大型展览、教育延伸活动，更新常设展览

民政事务局的 文化措施	涉及方面	具体措施
持续推行的 措施	非物质文化 遗产	深化非物质文化遗产确认、立档、研究、保存、宣传和传承等工作，并鼓励市民共同参与；培育新秀演员及支持保存、推广和发展粤剧的计划/活动，推动粤剧的发展
	西九文化区	多项主要文化艺术设施将会相继启用；西九文化区管理局会继续强化文化软件；政府会分阶段向立法会财务委员会申请拨款建造西九的基础建设和综合地库

《香港行政长官 2018 施政报告》中与文化相关的包括以下内容。

（1）公共文化服务

香港政府将 200 亿港元用于改善与增建文化设施，在博物馆方面，为了丰富馆藏和举办展览，特区政府还向康文署拨款 5 亿港元。香港正在兴建多项文化设施，尤其是西九文化区项目的推进。目前的情况是，西九文化区的戏曲中心将于 2018 年底启用，自由空间将于 2019 年第二季启用，位于东九龙的跨区文化中心和西九的演艺综合剧场工程进度良好。西九的 M＋博物馆和香港故宫文化博物馆也在积极进行中，建成后，将与香港艺术馆一同成为香港文化、艺术、旅游的新地标。图书馆方面，香港政府充分融合科技创新与公共图书馆服务，汇聚各方力量，营造更好的全城阅读氛围。

（2）传统文化保护与传承

2017—2018 年，在历史建筑保护方面，香港"活化历史建筑伙伴计划"已推出 5 期共 19 个项目，在 9 个已开始运营的项目中，5 个获联合国教科文组织亚太区文化遗产保护奖。另外，由政府与香港赛马会合作推展的中区警署建筑群活化项目（"大馆"）在 2018 年 5 月开幕，各项设施和举办的活动均得到了市民和艺术团体的好评。在非物质文化遗产保护方面，香港政府 2018 年拨款 3 亿港元以加强非物质文化遗产的保护、推广与传承。

（3）艺术与创意发展

在创意产业上，2017 年香港关注重点在设计业、电影业、创新及科技。设计方面，已逐步落实 2016 年公布的多项措施，包括向创意智优计划一次注资 10 亿港元，以促进创意产业的发展。集中力量发展时装和设计产业，带动经济和旅游，建立设计及时装基地，培育年轻设计师。这一项目预计在 2023—2024 年度完成。此外，香港设计中心联同多方在社区层面和政府内部开展设计思维培训工作。电影方面，向香港电影发展基金注资 10 亿港元，并从人才培训、提升港产片制作、拓展市场、拓展观众群四方面应对香港电影业面对的挑战。宣传香港电影品牌，并有意加强与内地合作。创新及科技方面的进展包括：酝酿法案为本地企业的研发开支减税；加大对研究资助局研究基金的拨款力度；推出科技人才入境计划、科技专才培育计划等人才引进计划，壮大本地创新科技人才库等。教育方面，增加公营及直资学校的拨款；每年额外拨款 8 亿港元，加强对有特殊教育需要学生的支援；每年投放 1 亿 2000 万港元作为额外经常开支，资助学生修读指定的自资副学位课程；职业训练局提供每年 1200 个学额，让学员以边学边赚模式投身专业技能行业；推广阅读，为公营学校提供全新的阅读津贴；支持中小学"科学、科技、工程及数学"（STEM）教育，鼓励创办创科博览、研讨会和比赛，为未来连续五年举办"城市创科大挑战"比赛等投入 5 亿港元。

（4）文化交流

一方面，香港积极加强与内地在创新科技、创意产业及青年交流等方面的合作。2018 年 5 月，科技部和财政部推出新政策，通过香港的大学和科研机构间的竞争，择优担纲中央财政科技计划项目，所得科研资金可以在香港使用，实现了香港科技界盼望多时的科研资金"过河"安排。另一方面，香港在旅游业和会展业方面也有部署。旅游方面根据 2017 年推出的《香港旅游业发展蓝图》推进，推出特色旅游项目，发展绿色及生态旅游；发挥香港迪士尼乐园和海洋公园优势；推进《旅游业条例草案》的立法进程。会展方面主要是增加会展场地设施供应，按计划在湾仔北兴建会展设施，发展湾仔北为亚洲会展枢纽，开始亚洲国际博览馆第二期扩建计划。

3.5.4 具体效果

（一）横向对比

根据课题组的调查结果，香港近两年来在国内外各项城市评估中的排名处于稳定靠前或上升情况，大多在前 10 名以内。如在

2015—2018 年的《全球城市指数》调查结果中，香港排名均为第5。在 2018 年的《全球城市动态指数》调查结果中，香港排名第9。在 2017—2018 年《世界城市综合力排名》调查结果中，香港均排名第9，而伦敦、纽约、东京、巴黎和新加坡已连续 10 年占据前5 的席位。《世界城市综合力排名》研究所制定的《世界城市市中心综合力排名》，专门调查 8 个世界超级城市，香港也在其中，见表 3 - 8。

表 3 - 8 国际评估指标中香港的排名情况

年份	全球城市指数	全球城市动态指数	世界城市综合力排名	改革城市指数	普华永道机遇之城	全球化及世界城市研究网络
2000						A +
2004						A +
2008	5					A +
2010	5					A +
2012	5					A +
2015	5	17				
2016	5	39			9	A +
2017	5	42	9	35	9	
2018	5	9	9	27		A +

在以上评估体系中，香港都是中国排名最靠前的城市，在亚洲基本处于前 3，仅次于东京和新加坡。而在这些评估指标体系中，文化都是不可或缺的要素，甚至在某些评估体系中，文化占的权重还不低。如在《全球城市指数》的 5 大领域中，"文化积累"占15%。在《宜居性调查》的 5 个大类中，文化和环境占 25%，与稳定性同为分值最高的指标，可见文化在一座城市中的重要地位。香港在城市评估中排名靠前，在一定程度上证明其文化发展战略与政策的实施起到了良好效果。

（二）纵向对比

纵向来看，多年以来，香港的文化发展较为稳定，根据《美世生活质量 20 周年报告》，香港自 1998 年起，其排名增长了 4.4%，为亚洲地区增长城市第 10 名。排在香港前面的中国城市还有：上海（＋15.7%）、广州（＋11.4%）、南京（＋8.3%）、北京（＋8%），可见与上述我国其他城市相比，香港文化发展已经过了高速发展的阶段，进入了平稳期。

表3-9至表3-11是香港康乐及文化事务署统计的2015—2018年香港文化在各方面发展的具体情况。从表中数据可知，近3年香港各项文化事务发展大体上较为稳定。公共图书馆方面，图书馆数量、书籍、视听资料数量、登记读者数逐年累加，馆藏流通、参与活动人次偶有小幅上升或下降。博物馆、艺术馆、文化馆的入场人次上，只有艺术推广办事处的入场人次在逐年上升，香港电影资料馆和古物古迹办事处的入场人次小幅波动，历史博物馆、文化博物馆、科学博物馆和艺术馆的入场人次波动幅度较大，尤其是历史博物馆和文化博物馆。历史博物馆2015—2016年的入场人次为1093千人次，2016—2017年暴跌至402千人次。文化博物馆的入场人次由785千人次上升到1211千人次，2017—2018年再下降至435千人次。文化艺术活动的各项统计数值较为稳定，值得一提的是，香港文化场地的使用率在逐年提高。

表3-9 香港公共图书馆情况统计

类别	2016 年	2017 年	2018 年
图书馆数量（个）	80	82	82
书籍（千册）	12402	12728	13093
视听资料（千册/件）	1812	1841	1865
馆藏流通（千册/件）	51568	50183	49848
参加推广活动人次（千人次）	19502	19380	19406
登记读者人数（千人次）	4389	4471	4547

表3-10 香港博物馆、文化馆、艺术馆入场人次统计（千人次）①

类别	2015—2016 年	2016—2017 年	2017—2018 年
历史博物馆	1093	402	377
文化博物馆	785	1211	435

---

① 香港特别行政区政府．康乐及文化事务署数字统计报告［EB/OL］．［2019-01-10］．https：//www.lcsd.gov.hk/tc/aboutlcsd/ppr/statistics/cultural.html.

类别	2015—2016 年	2016—2017 年	2017—2018 年
科学博物馆	534	284	432
艺术馆①	333	—	—
香港电影资料馆	174	173	179
古物古迹办事处	261	274	248
艺术推广办事处	251	268	269

表 3 - 11　香港文化艺术活动情况统计

类别		2015—2016 年	2016—2017 年	2017—2018 年
文化场地—表演	表演场数（场）	7232	7059	7122
	入场人次（千人次）	3428	3343	3392
文化场地—平均使用率	（%）	92. 29	92. 92	94. 47
文化节目	表演场数/放映次数（次）	3141	3024	2991
	入场人次（千）	2084	1051	1249
城市售票网	印发门票（千）	3970	3897	3806
	售票总值（百万港元）	851	1165	1040

总体而言，无论是香港在国际评估指标中的排名，还是近几年的文化统计数据，体现的都不是香港文化的快速发展和巨大成就，而是一种稳定的状态。或者说，近年香港文化战略的实施效果很难或是尚未在以上的指标中以漂亮的数字体现。与之对应，香港文化近年来的发展重点为文化设施的兴建和利用，以及对多元、自由文化表达的鼓励，这不仅是施政的重点，也是香港文化的亮点。在文化发展政策的支持下，香港进一步完善了相关文化设施的建设，更好地满足了市民和艺术家的需求。其次，香港对各种文化艺术形式和内容的鼓励和保障，为艺术创作和表达提供了一个更加良好的环境。

---

① 香港艺术馆于 2015 年 8 月起暂时关闭，以进行翻新工程，故只计入 2015 年的数据。

第六节　上海——"文化码头"

3.6.1　文化特色和沉淀

上海地处长江三角洲东部，位于长江、黄浦江汇合入海口，是我国南北海岸中心点，与江苏、浙江两省相接壤。依托港口的优越地理位置，上海的商业得以兴盛，明清时期，上海经济文化繁荣，已成为中国的重要城市。开埠以前的上海文化，是吴越文化和江南文化的一部分。1843 年开埠之后，上海朝着近现代城市的方向发展，首先成了中西文化交融之地，而之后香港文化的发展又存在老上海的影子①。上海文化具有深厚的吴越文化与江南文化底蕴，在西方文明的浸染下，上海虽吸收了西方的知识、思想、制度、习俗、建筑、艺术、生活方式等，但却从未完全丢掉它的底色，直至今日，形成了为世界所熟知的海派文化。

（一）都市化

海派文化由上海开埠以来演变至今，处处透露着一种现代都市的气质。海派文化的都市化有着市民性、商业性、开放性、创新性等特点。上海文化带有"俗"的市民性和商业性，通俗、易懂、轻松、符合市民趣味，是海派戏剧、戏曲等文化艺术形式的特点。上海是中国许多外来文化传播的先驱城市，如戏剧、油画、交响乐，这体现的是上海文化的创新精神。

（二）多元化

百年来，各种文化门类乘着船进入上海，打响了上海"文化大码头"的名号。码头，即是汇集各类货物之地，将上海称作"文化码头"就意味着上海具有海纳百川、汇聚各类优秀文化的特点。上海的多元，不只在中西合璧，还表现在它的古今融合、雅俗共赏。上海的"中"是重商务实的吴越文化和江南文化，而"西"不仅是老洋房、旗袍、教堂，更是这些文化符号联结而成的一种西方文化的氛围。这些历史留下来的文化记忆同样也体现了上海古今融合的特点，它既吸收着最先进的文化，同时也植根于传统的中国民族

① 王沈慧. 全球化语境下上海与香港都市文化的比较研究 ［D］. 上海交通大学，2011.

文化、江南文化和红色革命文化中。"雅"是上海精英阶层文化的需要。上海教育水平较高，知识分子众多，曾孕育多位优秀作家、多部优秀文学艺术作品，因此不缺乏高雅文化。而"俗"则是市民大众的需要，这正对应着上海文化市民性和商业性的特点。

3.6.2　发展思路

上海的文化发展思路，体现在它长期以来的城市整体发展战略中的文化内容和专门的文化发展战略中。

（一）上海城市整体发展战略中的文化内容

上海从 1946 年开始编制城市总体规划，到 2017 年 12 月 15 日，已经完成了六轮城市总体规划的编制。1946—2017 年，文化发展在上海城市总体规划中的地位从无到有，逐步提升。目前，文化发展已在上海城市总体规划中占据重要地位。

1949 年之后，上海完成了 1946—1949 年和 1953 年两轮的城市总体规划的编制，明确了上海港埠都市、商业中心和金融中心的性质和发展目标，重点关注在上海城市空间布局、土地利用、道路和交通规划以及基础设施建设等方面，还未将文化发展纳入城市总体规划。① 1959 年的总体规划确定"上海建设和发展的总方向是：在妥善全面地安排生产和保证人们日益增长的需要的基础上，工业进一步向高、精、大、尖的方向发展，不断提高劳动生产率，使上海在生产、文化、科学、艺术等方面建设成为世界上最先进美丽的城市之一"②。1986 年，国务院批准了《上海城市总体规划方案（1986）》，批复为"上海是我国最重要的工业基地之一，也是我国最大的港口和重要的经济、科技、贸易、信息和文化中心，同时还应当把上海建设成为太平洋西岸最大的经济和贸易中心之一"③，这是上海第一个经国家批准的城市总体规划。1959 年和 1986 年的城市总体规划目标中都提到文化中心要成为上海城市性质之一，但

---

① 上海总规 2035. 上海市都市计划 1949 年 ［EB/OL］. ［2018 – 12 – 20］. https：//www. supdri. com/2035/index. php？ c = channel&molds = oper&id = 1.

② 上海总规 2035. 上海城市总体规划的初步意见 ［EB/OL］. ［2018 – 12 – 20］. https：//www. supdri. com/2035/index. php？ c = channel&molds = oper&id = 3.

③ 上海总规 2035. 上海城市总体规划图 1986 年 ［EB/OL］. ［2018 – 12 – 20］. https：//www. supdri. com/2035/index. php？ c = channel&molds = oper&id = 4.

关注点仍然在城市空间布局等物质面貌的改变上，追求城市规划的经济和社会效益，缺少对城市文化的关注。

在改革开放春风的沐浴和前一阶段城市规划的实施下，上海的经济和社会发展取得了较大成果。1990年4月18日，《上海市城市总体规划（1999年—2020年）》（以下简称《规划2020》）明确指出"上海是我国重要的经济中心和航运中心，国家历史文化名城，并将逐步建成社会主义现代化国际大都市，国际经济、金融、贸易、航运中心之一"，要实施"科教兴市"战略。① 2003年底，上海市人民政府相继印发了《上海市城市总体规划（1999年—2020年）中、近期建设行动计划》和《关于进一步加强城市规划管理、实施〈上海市城市总体规划（1999年—2020年）〉的纲要》，明确了文化在"科技教育""社会事业""城市形象"中的重要地位，提出"2007年，建成上海国际文化交流中心，全面提高城市社会文化生活质量"的目标，并在科学教育发展、公共文化服务体系建设和历史文化保护方面提出了要求。②

2014年，在上海经济建设成效显著、城市功能不断完善、人民物质生活水平不断提高的背景下，上海正式启动了新一轮的规划编制工作，并积极听取广大市民的意见和建议。2017年，上海编制出台了《上海市城市总体规划（2017—2035年）》（以下简称《规划2035》）。③《规划2035》将上海定义为"国际经济、金融、贸易、航运、科技创新中心和文化大都市，国家历史文化名城"，总目标是将上海打造成为卓越城市，具体含义可用三个分目标解

---

① 上海总规2035. 上海市城市总体规划1999年 ［EB/OL］. ［2018 – 12 – 20］. https：//www. supdri. com/2035/index. php？c = channel&molds = oper&id = 5.

② 上海市人民政府. 上海市人民政府关于印发《上海市城市总体规划（1999年—2020年）中、近期建设行动计划》的通知 ［EB/OL］. ［2018 – 12 – 20］. http：//www. shanghai. gov. cn/nw2/nw2314/nw2319/nw10800/nw11407/nw12941/u26aw1100. html. 上海市人民政府. 上海市人民政府印发《关于进一步加强城市规划管理、实施〈上海市城市总体规划（1999年—2020年）〉的纲要》的通知 ［EB/OL］. ［2018 – 12 – 20］. http：//www. shanghai. gov. cn/nw2/nw2314/nw2319/nw10800/nw11407/nw12941/u26aw1104. html.

③ 上海市人民政府. 市政府新闻发布会介绍《上海市城市总体规划（2017—2035年）》相关情况 ［EB/OL］. ［2018 – 12 – 20］. http：//www. shanghai. gov. cn/nw2/nw2314/nw32419/nw42806/nw42807/u21aw1280602. html.

释：创新之城、人文之城、生态之城。① 其中，人文之城这一目标
完全对应文化发展，创新之城的子目标也涉及文化内容，《规划
2035》中的文化战略全面覆盖了公共文化服务体系、文化产业、传
统文化保护与传承、艺术与创意、文化交流 5 个方面，上海已经形
成一套系统、完整的文化发展战略体系，文化发展得到了前所未有
的重视。2018 年 4 月 24 日，《关于全力打响上海"四大品牌"率
先推动高质量发展的若干意见》正式公布，提出要全力打响"上海
服务""上海制造""上海购物""上海文化"四大品牌，且要落实
好打响"四大品牌"三年行动计划及其具体实施方案和意见。"四
大品牌"既各有侧重又有机统一，"上海文化"品牌主要关注城市
文化软实力和影响力的提升，亦强调集聚力、辐射力和在国际上的
标识度。②

（二）上海文化发展战略

《上海文化发展规划纲要（2004—2010）》（以下简称《纲要
2004》）总结了上海进入历史新阶段后文化发展面临的新形势：参
照发达国家国际大都市文化建设的成功经验，上海还存在文化发展
的不平衡和薄弱环节，主要体现在文化资源共享性不够、市场化程
度不高、文化发展存在体制性障碍等；经济的高速发展为城市文化
建设提供了大量的资金支持，同时孕育着城市文化发展的内在需
求；人民群众对城市文化发展的热切期盼形成了城市文化建设的良
好社会基础；世博会的成功申办为城市文化的发展提供了宝贵机
遇。③ 据此《纲要 2004》提出，在新的历史阶段，上海城市文化发
展总目标是"建设文明城市，建设学习型社会，建设国际文化交流
中心，努力走在发展社会主义先进文化的前列……达到与上海率先
全面建成小康社会和率先基本实现现代化、建设现代化国际大都市

---

① 上海市人民政府．上海市城市总体规划（2017—2035 年）［EB/OL］．［2018 -
12 - 20］．http://www. shanghai. gov. cn/newshanghai/xxgkfj/2035001. pdf.

② 上海市人民政府．中共上海市委上海市人民政府关于全力打响上海"四大品
牌"率先推动高质量发展的若干意见 ［EB/OL］．［2018 - 12 - 20］．http://
www. shanghai. gov. cn/nw2/nw2314/nw2319/nw12344/u26aw55654. html? date = 20
18 - 04 - 26.

③ 王仲伟．上海文化发展规划研究 ［M］．上海：上海人民出版社．2007：829 -
831.

的奋斗目标相协调的城市文化新水平"。

"十三五"时期,上海首次编制了文化改革发展专项规划,2016 年 11 月 4 日,上海市委、市人民政府印发《上海市"十三五"时期文化改革发展规划》(以下简称《"十三五"文化规划》)。《"十三五"文化规划》在对"十二五"阶段上海文化建设所取得的成就予以肯定的同时也指出,在国际舞台上,上海在文化对外影响力等方面与国际文化大都市依然存在差距。此外,规划还提出上海要坚持建设"国际文化大都市"的总目标,在社会主义核心价值体系建设等方面加大建设力度,并给出上海"十三五"阶段文化改革发展的主要指标和规划建设的重要文化设施。① 《"十三五"文化规划》依旧大致从公共文化服务体系、文化产业、传统文化保护与传承、艺术与创意、文化交流这五方面出发,在延续前一段工作的基础上提出了新要求,有助于进一步推动上海文化的发展。

2018 年 4 月 22 日,为落实好打响上海"四大品牌"三年行动计划,上海市委办公厅、市政府办公厅正式印发了《全力打响"上海文化"品牌加快建成国际文化大都市三年行动计划(2018—2020年)》(以下简称《三年行动计划》)。《三年行动计划》以习近平新时代中国特色社会主义思想为指导,将上海建设"国际文化大都市"的总目标延续了下去,并在此基础上提出 5 个新目标,打响红色文化、海派文化、江南文化三大文化品牌,推进理论研究传播品牌建设等 12 项专项行动,加强统筹协调、集聚社会力量、加大扶持力度、强化人才支撑和深化品牌宣介 5 项保障措施。② 2018 年 5 月 14 日,上海市委宣传部部长胡劲军于市政府新闻发布会上表示,为进一步落实《三年行动计划》,还印发了《"上海文化"品牌建设重点项目 150 例工作目标及具体任务表》,并强调打造"上海文

---

① 上海市发展和改革委员会. 上海市"十三五"时期文化改革发展规划 [EB/OL]. [2018 - 12 - 20]. http://www. shdrc. gov. cn/wcm. files/upload/CMSshfgw/201706/201706020439001. pdf.

② 上海发布. 全力打响"上海文化"品牌加快建成国际文化大都市三年行动计划(2018—2020 年)[EB/OL]. [2018 - 12 - 20]. https://mp. weixin. qq. com/s/8l3tWOQKEShxScRwFTa95g.

化"品牌需统筹"源头"和"码头"建设。①《三年行动计划》是上海目前最新的文化发展规划，与之前的文化发展规划相比，它最大的不同在于，首次明确提出要突出上海的城市特质，根据上海的文化特质，打造上海红色文化、海派文化、江南文化三大文化品牌，将传统城市文化建设的几大块打碎，重新糅合在这三大文化品牌和12项专项行动中，这意味着上海文化发展的方向和道路更为明确，城市文化品牌的作用和宣传更加受到重视。除此之外，46项具体抓手和150项重点项目也充分展现了上海文化发展战略的宏图，意在多层级推进，多个责任单位分工，更好地推动文化品牌建设。

总体而言，从1959年上海将文化纳入城市总体规划开始，上海城市文化发展思路便一步一步变得更加清晰。1959年和1986年的城市总体规划只提出"建设文化中心"的目标，却未给予明确的方向和指导；从《规划2020》开始，文化发展在上海城市总体规划中占据的篇幅越来越多，表述越来越具体，此外上海还专门针对城市文化发展制定了《纲要2004》和《"十三五"文化规划》，指明了"建设国际文化大都市"的目标，在多方面给出了有针对性的建设策略；目前，文化已成为上海城市发展中不可或缺的有机组成部分。目前上海文化发展的思路即是：坚持"建设国际文化大都市"的总目标，将打响红色文化、海派文化、江南文化三大文化品牌作为重要任务，"源头""码头"建设齐头并进，并且通过强化全市协同、加强追踪督查、深化宣传推介，推动和保障文化品牌建设。

3.6.3 具体措施

21世纪以来，上海进入了发展的新阶段，在宏观发展政策的指导下，上海的多个发展规划文本提出了一系列促进文化发展的具

---

① 中华人民共和国国务院新闻办公室. 全力打响"上海文化"品牌建成国际文化大都市《行动计划》发布会［EB/OL］.［2018 - 12 - 20］. http://www. scio. gov. cn/xwfbh/gssxwfbh/xwfbh/shanghai/Document/1629461/1629461. htm? from = groupmessage&isappinstalled = 0.

体措施,① 可归纳为以下五个方面。

（一）公共文化服务体系

2010 年以前，上海对于公共文化服务体系的建设以建设公共文化设施与完善文化形态布局两方面为主。就建设公共文化设施而言，一方面要求建设一批具有国际影响力的功能性重大文化设施和文化工程，如世博会文化场馆群、上海历史博物馆、文化科技创意产业基地等；另一方面，建设一批能够满足人民群众基本文化需求的公共文化设施也是十分有必要的，包括剧场、图书馆体系、社区文化活动中心等，构建以社区文化活动中心为主体，市、区县、街镇、小区（村）四级公共文化服务阵地。在文化形态布局上，要求形成"一轴、两河、多圈、特色文化街区以及文化服务网络"的文化形态布局：一条以人民广场核心圈为轴心，横贯东西的文化主轴线；黄浦江、苏州河两岸的文化新景观和新业态；以博物馆、美术馆等大型文化设施为标志的人民广场核心文化圈；拓展与徐家汇、真如城市副中心及临港新城等规划新城相结合的多个区域文化圈；福州路等特色文化街区；多功能的社区文化活动中心等基层文化服务网点。

2011 年，《上海市国民经济和社会发展第十二个五年规划纲要》提出"坚持公益性、基本性、均等性、便利性的原则，以政府

① 上海市发展和改革委员会．上海市国民经济和社会发展第十个五年规划纲要［EB/OL］．［2018 - 12 - 20］．http://www. shdrc. gov. cn/gk/xxgkml/ggjg/zcjgg/17323. htm. 上海市人民政府．上海市人民政府关于印发《上海市城市总体规划（1999—2020 年）中、近期建设行动计划》的通知［EB/OL］．［2018 - 12 - 20］．http://www. shanghai. gov. cn/nw2/nw2314/nw2319/nw10800/nw11407/nw12941/u26aw1100. html. 王仲伟．上海文化发展规划研究［M］．上海：上海人民出版社．2007：829 - 841. 上海市发展和改革委员会．上海市国民经济和社会发展第十一个五年规划纲要［EB/OL］．［2018 - 12 - 20］．http://www. shdrc. gov. cn/wcm. files/upload/CMSshfgw/201701/201701121103026. pdf. 上海市发展和改革委员会．上海市国民经济和社会发展第十二个五年规划纲要［EB/OL］．［2018 - 12 - 20］．http://www. shdrc. gov. cn/jw_ admin/upload/myupload_ 1287. pdf. 上海市发展和改革委员会．上海市"十三五"时期文化改革发展规划［EB/OL］．［2018 - 12 - 20］．http://www. shdrc. gov. cn/wcm. files/upload/CMSshfgw/201706/201706020439001. pdf. 上海发布．全力打响"上海文化"品牌加快建成国际文化大都市三年行动计划（2018—2020 年）［EB/OL］．［2018 - 12 - 20］．https://mp. weixin. qq. com/s/8l3tWOQKEShxScRwFTa95g.

为主导，以基层为重点，建成覆盖城乡、惠及全民的公共文化服务体系"，包括：（1）加强公共文化基础设施建设；（2）丰富公共文化服务内容；（3）广泛开展各类群众文化活动；（4）推进文化遗产保护传承和开发利用。主要措施包括推进世博场馆后续利用、推进上海历史博物馆等一大批重大文化项目的建设、鼓励开展文化艺术讲座等。"十三五"期间，上海依旧关注公共文化设施和文化布局两方面，但主要任务有较大发展。在文化布局上，提出形成文化空间发展新格局，构建东西、南北向城市文化发展轴和苏州河沿岸都市文化景观长廊的"两轴一廊"文化聚集带，以及发展人民广场文化核心功能区、浦东花木地区文化核心功能区，上海图书馆等新枢纽的"双核多点"文化功能区。在文化基础设施建设上，提出实现基层文化设施全覆盖。此外，《"十三五"文化规划》明确提出"构建现代公共文化服务体系，保障市民基本文化权益"。

表3-12展现了上海近10年来的文化产业单位基本建设投资情况，包括艺术表演团体、艺术表演场馆、公共图书馆、文化馆、博物馆和其他文化产业单位的投资建设。可以看到，2009—2017年，上海投资建设的文化项目数量由6个增加到19个，增加了2倍多；计划总投资金额由248163千元增加到3851211千元，增加了14倍多；建筑面积由4.72万平方米增加到26.31万平方米，增加了4倍多。这些统计数据足以体现上海在重大文化设施项目建设方面的发力。

表3-12 上海市文化文物产业单位基本建设投资综合统计[①]

年份	项目个数（个）	计划总投资（千元）	建筑面积（万平方米）
2009	6	248163	4.72
2011	6	296517	3.19
2013	5	384324	5.87
2014	14	2407183	16.97
2016	11	1428003	21.47
2017	19	3851211	26.31

① 上海市文化广播影视管理局. 上海市文化文物事业数据统计［EB/OL］.［2019 - 01 - 10］. http://wgj. sh. gov. cn/node2/n2029/n2034/n2123/n2503/index. html.

2018 年，在上海市公共文化基础设施网络已基本形成的良好基础上，《三年行动计划》专项行动第九项"公共文化服务增效专项行动"提出了更进一步、更具体的要求：（1）完善基层公共文化设施网络。如建成中心城区和郊区公共文化服务圈，丰富居委会、村委会综合文化活动室（中心）的服务功能等。（2）升级公共文化运营服务模式。对"文化上海云"进行了升级与改造工作，对线上公共文化服务主题和服务内容进行了补充。（3）扩展公共文化服务覆盖范围。制订《上海市群众文化创作三年行动计划》，开展"民间艺术之乡"创建工作。保障特殊人群基本文化权益，开展多项阅读活动。

（二）文化产业

《纲要 2004》要求上海在未来五年推动文化产业跨越式发展，横向包括：（1）重点发展影视传媒业。采用数字化和高新技术构建影视数据传播网，促进多种媒体间的融合发展，创新文化业态。（2）巩固出版发行业的优势地位。整合出版资源，保持古籍、书画等原有图书特色，提高财经、教育等报刊专版的市场份额，拓展电子出版新业务。（3）开发群众喜闻乐见的娱乐演艺业。建设动漫游戏制作基地和大型休闲游乐基地，培育一流水准的院团和特色剧种，开辟国内外演艺市场。（4）发展互联网文化服务业。鼓励网络文化产品的创作，开发网络出版等内容服务。（5）大力发展博览会展业。与世博会筹办进程紧密结合，开拓博览会展新业务，形成知名会展品牌。（6）积极扶植文化培训业和艺术品经营业。发展乐器、舞蹈、美术等文化培训服务项目和艺术品经营机构。纵向则积极培育专业文化、文化要素与文化中介服务市场，力争建成统一、开放、竞争、有序的文化市场体系。

"十三五"时期，上海要"健全文化产业体系和文化市场体系，推动文化创意产业成为支柱产业"，主要措施包括推进传统产业转型升级，加快新兴产业融合创新，促进大众文化消费，提高文化开放水平等。

（三）传统文化保护与传承

在传统文化保护与传承方面，上海的发力点逐渐由一开始的保护，转变为保护为主、合理利用、有效传承，再到保护、利用与传承三者并驾齐驱，重点保护对象也将非物质文化遗产囊括其中，到如今开始强调优秀的红色、海派、江南传统文化。

"十二五"时期以前，上海保护与传承传统文化主要集中在历史文化风貌、历史建筑、历史文化遗址保护利用规划的制订和保护工程的实施，上海地方志的编纂、历史档案的整理以及南汇锣鼓书等优秀民间艺术的保护方面。在"十二五"时期，上海将对于重大文化遗产的保护工程延续下去，在原有基础上对非物质文化遗产传承保护体系进行改进，做好第二轮地方志书编纂工作。《"十三五"文化规划》明确提出"构建中华优秀传统文化传承体系，彰显城市文化特色和城市精神内涵"的重点任务。除了前两阶段保护任务的延续之外，重要措施包括：对一批国家级的历史文化名镇、名村和传统村落进行保护、改造和利用；开展地下文物埋藏区、水下文物保护区划定工作，建立健全全市不可移动文物信息管理平台；完成上海第一次全国可移动文物普查，实施馆藏文物修复计划；在全市开展海上丝绸之路遗产点储备清单调查；对一批非物质文化遗产保护利用示范基地进行命名，推出非物质文化遗产旅游观光路线，推进文化典籍资源数字化；发展地方志事业；推广传统文化进校园的"一校一非遗"等做法；继续开展民间民俗文化"一区一品""一镇一品"建设。

最新的《三年行动计划》12项专项行动中有4项直指传统文化保护与传承，分别是："'开天辟地——党的诞生地发掘宣传工程'专项行动""人文历史展示专项行动""优秀传统文化传承行动""江南文化研究发掘展示专项行动"。

（四）艺术与创意

上海在"十一五"时期的发展改革规划中开始关注艺术与创意发展。当时的相关内容集中于文化产业、产业布局两方面，对艺术与创意的关注稍有不足。《上海市国民经济和社会发展第十二个五年规划纲要》已经有专门一节内容为"加快发展文化创意产业"，具体措施包括：（1）积极发展文化新业态。聚焦媒体、艺术、时尚等新领域，提升质量，扩大规模。（2）实施重大项目和基地建设战略。加快建设国际动漫游戏产业示范区、国家绿色印刷创意示范区等。（3）加快集聚各类文化市场要素。拓展文化创意产品流通和服务市场，促进各类资本投向文化创意产业。（4）加强国内外文化交流。开展跨区域文化创意项目合作，打造设计之都。艺术方面，鼓励创作文艺精品和引进、培养优秀文化人才。2016 年，上海一方面提出推动文化创意产业成为支柱产业的任务，主要措施为加快新兴产业融合创新；实施"互联网＋"行动计划和"文化＋"战略，促进互联网、物联网与文化创意产业的互联共通；推动文化创意产业与信息业、建筑业等行业的跨领域合作。另一方面，上海表示将建设艺术中心，开展艺术普及教育，积极发展城市公共空间艺术，创新办节机制。

2018—2035 年，上海将继续发力，在建设原有重点工程的基础上继续推进，发展壮大文艺院团，将上海建设为全球影视创制中心、亚洲演艺之都与全球动漫游戏原创中心。此外，上海意在稳坐国内网络文化第一把交椅的基础之上，对出版产业进行重新布局，实施完善现代文化市场体系等推动艺术与创意发展的一系列措施。

（五）文化交流

上海一直注重促进国内外文化交流，贯彻"引进来"和"走出去"并重的方针，主要通过以下几方面的措施：（1）策划组织国际会议、重大节庆、颁奖典礼等文化活动，如世界博览会、动漫展、公共图书馆服务宣传周等，打造品牌，扩大影响。鼓励和支持海内外优秀文化产品和服务在上海首发、首演、首映、首展。（2）完善文化交流设施的建设，如"十二五"时期的世博园区后续开发，国际重要艺术品交易中心的建设。（3）增强居住与商务环境的国际化氛围，提升市民外语水平。提供国际化的教育、文化与信息服务，发展留学生和双语教育，鼓励国家交往礼仪的培训，培养对外交流人才。（4）开展跨区域文化项目合作，如"长三角文化圈"的打造，沪港澳台的合作，"一带一路"非物质文化遗产保护联盟的建设。（5）人才的引进、培育和交流。"十一五"时期的人才柔性流动政策，"十二五"时期国际人才创新实验区的建设，"十三五"时期的上海千人计划、上海领军人才等文化领域人才选拔推荐工作。（6）加强上海文化的对外宣传。"十三五"时期，上海提出通过中央驻沪媒体、全市各级各类宣传资源以及驻沪境外媒体、国外驻沪领馆等宣传上海文化，扩建升级"感知上海"网上国际新闻中心，加大"魅力上海"城市形象品牌推广力度，推进"城市背景板"工程。（7）促进文化贸易。鼓励行业协会、龙头企业组织本市文化企业参加海外重点展会，建设文化贸易基地，在境外收购文化企业等。

3.6.4 具体效果

近 20 年来,在国民经济和社会发展规划、城市总体规划和文化发展规划,以及一系列实施意见文件的贯彻实施之下,上海的文化建设不断取得新进展,上海文化发展的成就可通过多个方面体现。

(一) 横向对比

上海在世界城市中的地位变化主要通过上海在各个评估指标中的排名情况体现。国际评估指标中上海的排名情况见表 3 - 13。

表 3 - 13   国际评估指标中上海的排名情况

年份	全球城市指数	全球城市动态指数	普华永道机遇之城	世界城市综合力排名	改革城市指数	全球化及世界城市研究网络
2000						A -
2004						A -
2008	20					A +
2010	21					A +
2012	21					A +
2013						
2014	18	73	20			
2015	21	83		17		
2016	20	93	21			A +
2017	19	80	21	15	32	
2018	19	57		26	35	A +

可以看到,除了《全球城市动态指数》《改革城市指数》之外,上海在国际评估指标中的平均排名基本在 20 名左右。虽然上海在《全球城市动态指数》中排名不佳,但其实分数一直在增加,并且一直是中国城市中的前 3 名,2018 年,上海排名为第 57 位,也达到了历史最高名次。在近 20 年来的全球化及世界城市研究网络评估中,可以看到上海的城市等级由 A - 到 A + 并且一直保持。需要再次强调的是,在这些评估指标当中,文化都是不可或缺的组

成部分。如前文所提到的，在《全球城市指数》中，文化类指标"文化积累"占有 15% 的权重。有些国际评估指标虽然没有明确文化类指标的权重，如《世界城市综合力排名》和《改革城市指数》，但两者都明确包含了文化类指标，前者是"文化交流"，后者是"文化资产"。

此外，2012 年的《全球城市指数》预测，未来 10—20 年，北京与上海将与纽约、伦敦、巴黎和东京等世界顶尖都市并驾齐驱。根据《美世生活质量 20 周年报告》，上海自 1998 年起，其排名增长了 15.7%，为亚洲地区增长城市第 1 名。进入前 10 名的中国城市还有：广州（+11.4%）、南京（+8.3%）、北京（+8%）、香港（+4.4%）。专门反映全球城市文化领导力的《世界城市文化报告》调查覆盖全球 30—40 个城市，虽然它未对所调查的城市进行排名，但都会做出详细的报告与评价，其 2012—2014 年的报告中提到，上海是世界快速崛起的力量中最大的城市。以上表现可以说明，上海文化近年来一直在稳定发展。

在课题组所调查的《中国城市综合发展指标》《中国城市竞争力报告》《普华永道：机遇之城》系列调研报告和《中国城市文化竞争力报告》4 个国内的评估指标当中，上海基本稳居第 2—3 名，排在上海前面的为香港和北京。

（二）纵向对比

从表 3-14 可知，上海 2009—2017 年文化机构和文化从业人员数量有一定的波动起伏，但总体来说还算稳定。然而，文化文物机构的收支都呈现出逐年上涨的趋势，截至 2017 年，收入合计已突破了百亿元。

表 3-14　上海文化文物事业资料综合统计①

年份	机构总数 （个）	收入合计 （千元）	支出合计 （千元）	从业人员数 （人）
2009	4707	3132146	3085483	72998
2011	4899	4305098	4069580	88901

---

①　上海市文化广播影视管理局. 上海市文化文物事业数据统计［EB/OL］.［2019-01-10］. http://wgj. sh. gov. cn/node2/n2029/n2034/n2123/n2503/index. html.

续表

年份	机构总数（个）	收入合计（千元）	支出合计（千元）	从业人员数（人）
2013	4549	5641438	5277189	67193
2014	4176			49741
2016	4700	8967452	7814650	72007
2017	4589	10431856	8929007	68692

公共文化服务方面，以上海公共图书馆的情况为例，2009—2010 年，公共图书馆在本年新购藏量、举办活动、活动参加人次等多方面都有大数量级的飞跃式发展。2010 年以后，公共图书馆的馆藏量与流通人次变化不大，但活动数量和参加人次几乎一直在快速增长，这也符合近年来全国公共图书馆读者活动增加的趋势（见表 3 – 15）。

表 3 – 15　上海市公共图书馆基本情况统计

年份	机构总数（个）	总藏量（万册件）	总流通人数（万人次）	本年新购藏量（万册）	举办活动（次/个）	参加人数（万人次）	计算机（台）
2009	29	6593.43	1459.92	4.80	63	6.60	5296
2010	28	6808.73		176.45	3723	110.89	5502
2011	25	6893.19	1925.74	205	3175	107	5447
2013	25	7239	3605.37	210.97	2684	114	7071
2014	25	7362.61	3961.49	221.48	3850	113.60	7016
2016	24	7676.41	4170.42	151.12	4466	132	6170
2017	24	7773.08	2992.53	222.15	4692	147	6283

资料来源：上海市文化广播影视管理局．上海市文化文物事业数据统计［EB/OL］．［2019 – 01 – 10］．http://wgj.sh.gov.cn/node2/n2029/n2034/n2123/n2503/index.html；上海统计年鉴［EB/OL］．［2019 – 01 – 10］．http://www.stats-sh.gov.cn/html/sjfb/tjnj/．

文化产业方面，以电影发行放映情况为例，2009—2016 年，上海电影发行放映的各项数据数值都在不断攀升，多项指标在 7 年间已有了好几倍的发展。电影放映机构越来越多，场次越来越多，观众越来越多，收入也越来越高。"十二五"时期上海电影市场的迅猛发展清晰可见（见表 3 – 16）。

表 3 - 16　上海市电影发行放映情况统计

年份	电影放映机构（个）	放映场次（万场）	观众人数（万人次）	放映收入（万元）	日均放映场次（次）	日均观众人数（万人次）
2009		44.46	1938.20	66737.07	1218	5.31
2010	117	54.63	2287.84	93875.11	1497	6.27
2013	169	131.90	3793.33	157060.01	3614	10.39
2014	189	157.70	4677.50	204462.50	4321	12.82
2015	209	190.15	6809.77	293967.66	5210	18.66
2016	245	251.68	7306.72	303692.44	6895	20.02

　　传统文化保护与传承方面，以上海文物业为例，从"十二五"初期到中后期，文物藏品数量和本年修复藏品数量都有所上升，体现了政府对文物保护和修复工作的推进。陈列和展览活动数量虽不稳定，但是需要注意的是参观人次的逐年增加，表明了市民对文物保护意识的提高（见表 3 - 17）。

表 3 - 17　上海市文物业基本情况统计

年份	机构数（个）	文物藏品（件/套）	本年修复藏品数（件/套）	基本陈列（个）	举办展览（个）	参观人数（万人次）
2011	44	1956095	276	100	190	815
2013	112	3994788	264	247	399	1808.54
2014	114	4059742	754	378	487	1969.33
2016	109	4005831	425	672	431	2226.20
2017	108	4608884	773	256	371	2284.98

　　资料来源：上海市文化广播影视管理局. 上海市文化文物事业数据统计［EB/OL］.［2019 - 01 - 10］. http://wgj.sh.gov.cn/node2/n2029/n2034/n2123/n2503/index.html.

　　艺术与创意方面，以上海市动漫企业发展情况为例，上海的动漫发展经历了 2009—2011 年的上升，2011—2013 年的低迷，2014 的谷底，再到 2016—2017 年的回升这几个阶段（见表 3 - 18）。

表 3 - 18 上海市动漫企业基本情况统计

年份	原创漫画作品（部）	原创动画作品（部）	网络动漫（含手机动漫）下载次数（次）	动漫舞台剧演出场次（次）	增加值（千元）
2009	334	99	94212170	13	297490
2011	125	814	262666316	517	559314
2013	47	41	183940232	1	219071
2014	65	37	50635511	0	281951
2016	306	59	269789500	44	480756
2017	322	74	112126367	119	448792

资料来源：上海市文化广播影视管理局. 上海市文化文物事业数据统计［EB/OL］.
［2019 - 01 - 10］. http：//wgj. sh. gov. cn/node2/n2029/n2034/n2123/n2503/index. html.

在演出团体机构方面，2014 年共有 159 个，是最高值，2016—2017 年连续两年都呈下降趋势。在参与交流人员方面，2013 年达到 16588 人，是相应年份的高峰，在演出（展览）天数方面，2013 年的增长幅度较大，在 2014 年经历缩减后维持住增长趋势。演出（展览）场次和演出观众（参观）人数都波动较大，2013 年、2016 年都是场次和人数较多的年份（见表 3 - 19）。

表 3 - 19 上海市对外、对港澳台文化交流活动基本情况统计

年份	演出团体机构数（个）	参与交流人数（人）	演出（展览）天数（天）	演出（展览）场次（场次）	演出观众（参观）人数
2011	38	1049	475	299	469400
2013	140	16588	1940	1602	3665986
2014	159	4899	1210	486	1021849
2016	109	5859	2097	1871	3602175
2017	95	8016	2308	249	1563102

资料来源：上海市文化广播影视管理局. 上海市文化文物事业数据统计［EB/OL］.
［2019 - 01 - 10］. http：//wgj. sh. gov. cn/node2/n2029/n2034/n2123/n2503/index. html.

其次是旅游业，从表 3 - 20 可以十分清晰地了解到，上海的国际入境旅游自 2000 年开始就呈不断上涨趋势，至 2010 年世博年跃至一个顶峰。2010 年，上海全年接待国际旅游入境人数达到 851.12 万人次，较上年增长 35.3%；全年国际旅游外汇收入达到 64.05 亿美元，较上年增长 33.5%。世博会过后，旅游业各项指标

有所回落，但仍旧远高于 2009 年的水平，世博会的余温仍在。直到 2015 年，旅游业的各项指标才又开始上升，2016 年，上海国际旅游入境情况已超过了 2010 年的水平，上海的国际旅游业进入了稳步发展期。

表 3 - 20　上海市主要年份国际旅游入境情况统计

年份	国际旅游入境人数（万人次）	平均每天来沪旅游人数（人次/天）	来沪旅游者平均逗留天数（天/人）	国际旅游（外汇）收入（亿美元）
2000	181.40	4970	3.92	16.13
2009	628.92	17231	3.60	47.96
2010	851.12	23282	3.51	64.05
2011	817.57	22399	3.42	58.35
2012	800.40	21929	3.34	55.82
2014	791.30	21679	3.24	57.05
2015	800.16	21922	3.30	59.60
2016	854.37	23343	3.21	65.30

资料来源：上海统计.上海统计年鉴［EB/OL］.［2019 - 01 - 10］. http://www. stats-sh. gov. cn/html/sjfb/tjnj/.

上文提到世博会对上海国际旅游的影响，需要补充的是，世博会是上海文化发展过程中不得不提的重大文化活动。《2010 年上海市国民经济和社会发展统计公报》显示，世博会吸引了包括 190 个国家、56 个国际组织在内的 246 个官方参展者，参观人数达到 7308 万人，其中境外参观者 425 万人，网上世博参观人数达 8234 万人次，志愿者累计 200 万名，文化演出 2.29 万场，多个纪录入选世界纪录协会世界之最。[1] 世博会结束后，世博会园区内的中国馆、世博文化中心等成为上海市新地标和旅游热点，中国馆续展、世博文化中心举办演出均取得了良好的效果。[2]

上海世博会的举办给上海带来的变化是巨大的、多方面的。首

---

① 上海统计.2010 年上海市国民经济和社会发展统计公报［EB/OL］.［2019 - 01 - 10］. http://www. stats-sh. gov. cn/html/sjfb/201103/82123. html.

② 上海审计.中国 2010 年上海世博会跟踪审计结果公告［EB/OL］.［2019 - 01 - 10］. http://sjj. sh. gov. cn/sj2014/zwgk/n387/n424/n427/userobject1ai15784. html.

先，上海世博会从申办、筹办到正式举办是一个漫长的过程，而世博会的举办过程实际上也是一次重要的城市转型过程。[①] 通过举办这一重大活动，上海整个城市结构、面貌都发生了改变。单从文化方面来说，为了迎接世博会，上海在城市文化基础设施、文化氛围、对外接待能力等方面都取得了较大进步。其次，在短期内，世博会的成功举办为上海带来了不胜枚举的经济、社会与文化效益，尤其提升了上海的国际知名度。此外，世博会汇集了众多资源，上海利用这些资源及世博会带来的效应，进一步推动了上海后续的文化发展。

总的来说，上海近年来实施的一系列文化发展措施完善了上海公共文化基础设施网络，基本实现了"十五分钟公共文化服务圈"。与此同时，文化发展策略的实施推动了上海文化市场的良性发展，尤其是艺术创意产业等重点产业发展迅速。此外，上海举办的系列重大活动营造了良好的城市文化氛围，提升了上海的国际形象。

第七节　国际一流城市文化发展的基本经验

在调查分析了纽约、伦敦、东京、新加坡、香港和上海的城市文化发展策略之后，课题组发现，6 座城市所追求的城市文化发展目标不尽相同，在发展思路和具体措施上也各有其特点，其中存在许多值得我们学习借鉴的共同经验。

3.7.1　开发传统文化资源，挖掘新兴文化特色

城市的文化个性来自其历史传承、外来文化影响与现代创造，经历了多年的发展，每座城市对自身都有明确的定位。要塑造个性，打造独具特色的文化名片，就需要历史和当下两手抓：一方面深入开发传统文化沉淀，彰显城市的历史与时代精神；另一方面积极挖掘新兴文化特色，显露现代都市的品位与个性。而在这个过程当中，6 座城市都并不是简单地从外界或官方话语体系中对其城市

---

① 王伟，杨婷，罗磊. 大型城市事件对城市品牌影响效用的测度与挖掘——以上海世博会为例 [J]. 城市发展研究，2014，21（07）：64－73.

文化的定义出发，而是更加强调市民认同视角下的真实的文化。或者说，在开发和挖掘传统文化和新兴文化资源时，它们都力图将官方话语中的文化与市民所认同的文化融为一体，以市民视角下的城市文化为出发点来开发传统文化和挖掘新文化，这是因为，民众对自身所在城市文化的感知和理解往往更富有影响力和生命力。

以纽约为例，纽约虽然是一个历史不算悠久的城市，以创新、多元这样较为"年轻"的文化特色为人们所熟知，但与美国其他城市相比，它的历史文化资源也可算得上丰富。纽约市政府对这些资源的保护与开发也取得了巨大成功，最为著名的就是苏荷（SOHO）区的改造。纽约市政府对具有安全隐患、影响市容市貌但吸引了大批艺术家聚集的苏荷工业区实行了灵活的改造措施，最后，既顺应民意保留了苏荷区原有的建筑和文化特色，发展了各类前卫、新潮的艺术，还在此孕育了旅游业、餐饮业，成为古旧工业区的改造典范。除改造旧工业区之外，纽约也大力发展了博物馆、图书馆、美术馆等文化机构的文化创意产业。不止纽约，伦敦、东京、新加坡、香港在利用传统文化资源上都不约而同地表现出了对开发文创产品的重视。总体而言，纽约做到了结合现实、动态保护，使历史文化遗产既能满足民众的精神文化需求，也能被用于发展各类文化产业、旅游业，为经济做贡献。

在挖掘新兴文化特色上，纽约更是当仁不让的佼佼者，纽约对于新兴文化特色挖掘的最重要手段就是以雄厚的经济实力、包容开放的政策和心态鼓励多元创新、吸引人才、促进消费市场。同样的，纽约十分重视民众的声音。纽约市文化事务局及其合作机构花了两年的时间调查了近 20 万纽约市民对于文化艺术的态度，最终形成了纽约第一个综合性的文化计划。纽约市民十分热切地想要参与到艺术文化活动中去，但又受到参与相关活动的经济压力。因此我们能够从该文化计划中看到，纽约希望从资金分配、就业、文化基础设施、文化公共空间、全市协调等各方面为来自不同类别与阶层的民众参与艺术文化活动提供保障[1]，从中也能感受到纽约多元、

---

① New York City Department of Cultural Affairs. Create NYC［EB/OL］.［2019 - 02 - 27］. http://createnyc. org/wp-content/uploads/2017/07/CreateNYC _ Report _ FIN. pdf.

包容的文化底色。

3.7.2 推动文化事业与文化产业融合发展

公共文化服务体系、文化产业、传统文化保护与传承、艺术与创意和文化交流是课题组着重关注的城市文化发展的五个方面。6座城市的文化发展策略均涉及了这五方面的内容，又各有侧重。如文化已极其繁荣的纽约和创意产业强市伦敦更加关注艺术与创意发展；东京希望通过奥运会等活动将其融汇古今的独特形象展示于世界；新加坡注重文化交流，希望通过各种方法刺激社会文化艺术需求、提高民众参与和民族认同感；香港在文化设施、文化服务、文化产业上重点发力；上海文化建设强调"源头""码头"齐头并进，将红色、海派、江南文化作为上海的三大文化品牌，在每个方面都毫不松懈。总体而言，它们都十分注重文化事业和文化产业的融合发展。

文化事业和文化产业是驱动文化发展的两个轮子，文化事业主要对应的是文化建设的社会效益和社会价值，文化产业主要对应的是文化建设的经济效益和经济价值。经历了文化体制改革中基于文化事业和文化产业的区别取得的成绩及带来的弊端，文化事业与文化产业的发展不应当继续各行其道，而应当是"你中有我、我中有你"、相互渗透、相互促进的融合发展。① 以上海为例，文化事业和文化产业的融合发展不是简单地一股脑将文化事业单位推向市场，而是一方面文化事业单位也要与文化产业机构合作；另一方面，文化产业机构不以追求经济效益为唯一目标，同时也有公共文化传播等公益功能，以其创造的优秀文化资源、社会效益和经济效益反哺文化事业，服务大众。如"海上文博"2018上海创意设计大赛的举办。上海博物馆等文化单位和阿里巴巴等企业合作，探索"版权＋设计"模式，将文化文物单位的藏品和展品变成商品和产品，以新零售的方式推广中华传统文化元素。②

---

① 范玉刚. 文化事业与文化产业的"分"与"合"［J］. 人民论坛，2017（04）：126－129.

② "海上文博" 2018上海创意设计大赛探索打通文化事业和产业融合发展"瓶颈"［EB/OL］. ［2019－02－27］. http://www.sh.chinanews.com/swzx/2018－05－17/39051.shtml.

3.7.3　优化文化空间布局，构建城市文化新格局

文化布局是一座城市最为直观的文化面貌展示，它既影响着整座城市的文化景观和文化发展，又反过来受到城市文化的影响。文化布局是城市文化发展过程中不可或缺的一部分，许多文化功能与服务需要通过完善的文化设施网络才能很好地实现，许多文化精神需要通过合理的公共文化空间规划与利用才能更好地展现，文化空间布局的规划是城市发展策略中不可缺少的内容。

国际一流城市文化发展策略中对城市文化空间的规划一般包括3个部分：文化聚集带、核心文化区、文化功能点。以纽约、香港和上海3个城市为例，纽约的文化布局在全球范围内已称得上是优秀范例，其公共文化服务体系健全，市内的图书馆、美术馆、博物馆等文化场馆数量都超过200座；文化产业发达，已形成百老汇、苏荷区、DUMBO区等众多艺术创意聚集区，整个纽约文化氛围浓郁。在这样的基础之上，纽约仍旧在通过支持社区广场、公园、花园的多样化规划等方式不断地增加和完善其公共文化艺术空间，因为它的目标是让所有市民对文化资源和文化活动都触手可及。香港目前的文化布局重点是在建的西九文化区，一个集聚了众多重大文化、艺术、娱乐、休闲设施的综合艺术文化区。启动这项工程的目的也是完善香港的文化艺术设施网络、满足市民对文化艺术空间的需求、刺激西九龙区域的旅游和消费、推动文创产业的发展。在这一方面，上海的规划则呈现出多方面、体系化的特点。自第一份文化发展策略文件《上海文化发展规划纲要》开始就提到了文化形态布局的完善，强调运用城市的自然形态和历史资源进行规划，提出"一轴、两河、多圈、特色文化街区和文化服务网络"，将上海主要的地标性建筑、商业区都纳入了文化布局。"十三五"时期，上海逐步形成了"两轴一廊、多核双点"的城市文化空间发展新格局，兼顾了文化聚集带、核心文化区和文化功能点，不但推动了城市文化的整体发展，而且使得整个城市空间布局趋于完善。

3.7.4 以文化发展促进经济繁荣

从古至今，城市文化的发展都与经济发展紧密联系在一起。一座城市的文化环境和文化氛围影响着经济的运行效率，文化资源和文化发展水平影响着经济的发展速度和发展前景。城市文化建设看似无声，却蕴藏着十分强劲的经济推动力。在制定城市文化发展战略时，应当重视文化对经济的促进作用，将促进经济繁荣作为文化发展的目标之一，在发展思路和具体措施中注意将文化发展与经济发展关联起来。由6座城市的文化发展策略可知，带动城市经济发展是国际顶尖都市文化建设的重要目标之一。纽约文化发展的一大目标就是为纽约经济发展做出贡献，其文化发展的核心文件中多次提到增加文化艺术工作者的收入，支持文化艺术工作，让文化组织在城市经济发展战略中占有一席之地。伦敦试图打造世界级的创意和旅游城市，让创意产业和旅游业继续助力伦敦经济的发展。东京、新加坡、香港、上海也都计划通过对内大力发展文化产业、保护历史文化，对外塑造文化之都的国际形象吸引游客与投资的方式促进城市经济的发展，上海还提出了"文创产业增加值占全市生产总值比重达到13%以上"① 的目标。

从文化建设的效果来看，文化的蓬勃发展对经济的繁荣无疑有着巨大的贡献。2010—2015 年，英国创意产业、文化部门、运动产业、旅游业等文化事业和文化产业的英国经济增加值总额（Gross Value Added，GVA）一直逐年增加，5 年间，创意产业的经济增加值总额增幅为 34%，位列所有产业中的第 2 位②，极大地推动了英国经济的发展。就伦敦而言，伦敦创意产业在 2015 年间经济增加值总额达到 420 亿英镑，占整个伦敦市经济增加值总额的 11.1%。

---

① 上海市人民政府. 中共上海市委上海市人民政府关于全力打响上海 "四大品牌" 率先推动高质量发展的若干意见 ［EB/OL］. ［2019 - 02 - 25］. http://www. shanghai. gov. cn/nw2/nw2314/nw2319/nw12344/u26aw55654. html？ date = 2018 - 04 - 26.

② Department for Culture，Media and Sport. DCMS Sectors Economic Estimates ［EB/OL］. ［2019 - 0224］. https://assets. publishing. service. gov. uk/government/uploads/system/uploads/attachment_data/file/544103/DCMS_Sectors_Economic_Estimates_ - _August_2016. pdf.

此外，伦敦的创意经济为伦敦创造了数十万个就业岗位，其生产效率和价值远高于伦敦其他经济产业和全国创意产业的平均水平。①上海的文化产业已成为上海的支柱性产业之一，支撑着上海经济的发展②。享誉全球的动漫之城东京，其动漫产业的发展不仅产生了巨大的经济效益，同时也优化了城市的经济结构。

① London Government. London's creative industries – 2017 update［EB/OL］.［2019 – 02 – 24］. https://www. london. gov. uk/what-we-do/business-and-economy/londons-cr-eative-industries-2017-update.

② 荣跃明，花建. 上海文化产业发展报告（2017）［M］. 上海：上海人民出版社，上海书店出版社，2017：7. 东方文创. 授权发布《2016 上海文化产业发展报告》［EB/OL］.［2019 – 02 – 25］. http://shcci. eastday. com/c/20170216/u1ai1034 5503. html.

第四章
广州的文化特色

广州是岭南文化中心地、古代海上丝绸之路发祥地、中国近现代革命策源地和改革开放前沿地（简称"四地"）。

岭南文化中心地是指广州是岭南文化的中心，岭南即我国华南五岭以南之地，五岭即越城岭、都庞岭、萌渚岭、骑田岭、大庾岭五座山，大体分布在广东、广西、湖南和江西几省交界处。由于地理位置的影响，广东地区发展出与内地不同的独特的岭南文化，涵盖文学、绘画、戏曲、建筑、饮食、宗教等各个方面。而广州自秦汉时起就是岭南地区的政治、经济和文化中心，在各个文化领域都具有鲜明的个性特征和历史渊源。

古代海上丝绸之路发祥地表明了广州对外交流的悠久历史。海上丝绸之路形成于秦汉时期，西汉时广东地区的南越国已与印度地区有了贸易往来，东汉时期则形成了真正意义上贯穿欧亚非三个大陆的海上丝绸之路，广州是当时岭南地区的一大港市。魏晋南北朝时"开通了自广州启航，经海南岛东部海面，直穿西沙群岛海面而抵达东南亚各国的航线"[①]，并由此奠定了广州作为南海交通枢纽的地位。唐代又将海上丝绸之路称为"广州通海夷道"[②]，足见广州对于海上丝绸之路的重要性。南宋时由于政治中心南移杭州，泉州在对外贸易的重要性上一度超越广州，但到明清时期，广州又恢复了中国第一大港的地位，并且在明清两代始终保持着对外通商的功能，甚至在清代成为唯一的对外通商口岸，独占中国对外贸易的

---

① 张难生，叶显恩. 海上丝绸之路与广州 [J]. 中国社会科学，1992（1）：207 - 223.

② 《新唐书》卷三四下《地理志》七下 [M]. 中华书局，1975.

鳌头。由此可见，广州对于海上丝绸之路的兴起、发展与繁荣至关重要。

中国近代革命策源地表明了中国近代史上广州的重要作用，即广州不仅是重要的通商口岸，也是人民群众反对帝国主义和封建主义的前沿阵地。清季以来，许多西方资本主义的思想也由此传入，并在此影响下产生了一大批革命先烈。孙中山、黄兴等人在广州策划了多次革命，其中以广州黄花岗起义影响最大。民国时期，孙中山等人也是在广州策划了反对袁世凯和北洋政府的革命，国民革命自广州蔓延至全国，并最终推翻了北洋政府。作为我国重要的"革命策源地"，广州在我国近代史上有着举足轻重的作用。

改革开放前沿地表明了新中国改革开放以来广州的重要作用。广东省是我国改革开放的前沿，而作为省会的广州则是前沿的中心。改革开放以来，广州在价格体系改革、解放思潮、开展对外经济技术合作与交流①等方面均在全国领先。

相对广州文化特色的"四地"新概括而言，"千年商都""美在花城"和"食在广州"的市民认知度更高、影响力更大。广州有着悠久的经商传统，是中国千年以来从未关闭过的通商口岸，素有"千年商都"的美誉。无论是"十三行"还是丝绸之路的起点，都彰显了广州在商业上的重要性和深厚的商业文化底蕴。"美在花城"则是由于广州属于亚热带季风气候，温暖湿润，霜期短，非常适合各种花卉的生长，因而被誉为"花城"。"食在广州"则是自古以来就流传的民谣，一语道出广州美食之精妙。作为中国八大菜系之一的粤菜，有着悠久的历史，而广州菜则是"粤菜的主体和代表，是集南海、番禺、顺德、中山等地方风味特色……所长而融为一体、自成一家的烹饪菜式"②。

"四地说"和"千年商都""美在花城""食在广州"互为表里，相辅相成，共同构成了完整的广州文化特色。由于商业、花卉与饮食与广大市民的工作和生活更为相关，因此本章从这三个方面着手，分析广州的文化特色。

① 廖惠霞，欧阳湘．广州改革开放历程［M］．广州：广东经济出版社，2008：2．
② 赵成松编著．粤菜［M］．成都：成都时代出版社，2009：3．

第一节 千年商都

4.1.1 历史悠久，贸易重镇

作为一个历史悠久的港口城市，回顾有着"千年商都"之称的广州的通商历史，不难看出它在中国港口贸易中的重要地位。从秦汉时期开始，古称番禺的广州地区就已经开始成为海上丝绸之路的始发港口，经历千年的变迁，在明清时期海禁政策的背景下，广州是中国的唯一大港①，商业贸易的发展远远领先于我国其他大部分地区。康熙时期设立粤海关，特许广州十三行对外贸易的特权；乾隆年间，广州作为唯一的通商口岸，享有"金山珠海，天子南库"的美誉②。随着封建社会终结、新中国建立，广州作为中国的"南大门"，成为全国最大的展会广交会的主办地点。

从海上丝绸之路到十三行，从十三行到广交会，2000多年未曾间断的对外贸易的经验奠定了广州在我国外贸中的重要地位，更造就了广州深厚的商业文化底蕴。

（一）海路贸易要塞——海上丝绸之路

广州自古以来就是中国与世界通商的商业重镇。中国商品从广州出发，穿越印度洋和红海，抵达阿拉伯、印度甚至是欧洲地区。

秦汉时期，广州（古称番禺）已成港市，是中国九大都会之一。以广州为起点的海上丝绸之路在三国时确立，魏晋南北朝时期广州成为海上丝绸之路的始发港，并且汇聚了十多个国家的商人。广州在唐宋时期成为中国的第一大港。在明清时期由于闭关海禁政策的实施，清政府关闭了江、浙、闽三海关，中西贸易集中于广州一地，广州再次成为中国最重要的商业和港口城市。③

广州的商业文化经过长时间积淀，这种漫长发展历程中所形成的深厚文化气息，为广州未来商业的蓬勃打下了基础，使广州这扇

---

① 陈柏坚. 略论古代广州外贸的对外开放［J］. 岭南文史，1988（1）：72-78.
② 刘东升，龙建安，广州炎黄文化研究会. 羊城鸿踪：关于这座城市的史迹［M］广州：广州出版社，2017：09.
③ 曾昭璇，曾新，曾宪珊. 论中国古代以广州为起点的"海上丝绸之路"的发展［J］. 中国历史地理论丛，2003（02）：67-78+160-161.

中国的"南大门"在不同的历史时期都发挥自己对外开放的重要作用。

（二）一口通商——十三行

乾隆年间，清政府仅保留粤海一关保持对外通商，同时关闭闽海、浙海、江海三关，这一政策使广州成为中国与外界交流的唯一港口，广州十三行也成为唯一经官方许可经营对外贸易的商行。"一口通商"推动了广州的商业文化发展：全国的出口货物与从世界各地长途运送而来的进口商品都于广州一港集散。据《中国印度见闻录》的记载，清代诗人罗天尺曾写下"广州城郭天下雄，岛夷鳞次居其中。香珠银钱堆满市，火布羽缎哆哪绒。碧眼蕃官占楼住，红毛鬼子经年寓。濠畔街连西角楼，洋货如山纷杂处"① 的诗句，体现了广州港口的繁荣。十三行时期不仅为广州攒聚了雄厚的商业积累，同时也使广州成为中西文化交流的唯一纽带。十三行对外通商期间所形成的粤商文化、广东英语，都为广州商业文化增添了独特的魅力。②

十三行的兴盛使广州成为当时世界闻名的商业城市，促成了粤商的崛起，也造就了他们的传奇人生，同时，这些粤商的行商经历和理念也不同程度上影响和发展了广州地区的商业文化。例如十三商行中的商总潘振承，他不仅凭借自身良好的信誉和经商智慧，成为 18 世纪最富有的人之一，还凭借诚信二字为外国商人所称道，被誉为"最可信赖的商人"。除了他之外，十三行商人中伍秉鉴、卢观恒、叶上林等都是著名的粤商代表人物③，他们的诚实守信、积极进取、乐善好施，都在粤商们的世代传承下融入了广州商业文化之中。

对外贸易是经济往来，亦是文化交流，语言上的沟通是其重要的环节。作为唯一的对外通商口岸，十三行的商人们为了促成生意上的合作，充分发挥想象力和创造力，以广东本土语言记录英语语

① 穆根来，汶江，黄倬汉译. 中国印度见闻录 [M]. 北京：中华书局，1983.
② 冷东，林瀚. 清代广州十三行与中西文化交流 [J]. 广东社会科学，2010 (02)：113 – 120.
③ 黄启臣，庞新平. 明清广东商人 [M]. 广州：广州经济出版社，2001：12.

调与外商交流，逐渐形成了"广东英语"①。这种语言具有极高的实用性，创造出了巨额的财富，而这种具有独特的商业价值的"奇妙"语言，正是广州商业文化包容性和创造性的体现。

（三）改革开放的窗口——广交会

广州现在仍是我国对外交流的重要城市，对外贸易发展的脚步也没有停止。"中国第一展"广交会在这座城市诞生并不断进步革新，为我国在国际市场上建立了一个良好的贸易平台。

中国进出口商品贸易交易会，简称广交会。在新中国刚成立时，为了改变西方国家对我国经济封锁的状况，1957 年政府在广州创办了第一届中国出口商品交易会。从最初的中苏友好大厦到如今的琶洲展馆，广交会曾四次迁址，但作为我国进出口贸易的重要平台、对外贸易的晴雨表，这一商贸盛会从未间断过。如今，广交会的展会面积已达到 118.5 万平方米，比最初的展馆面积扩大了 60倍。据统计，截至第 123 届广交会，交易出口额已经累计达到13237 万美元，累计到会境外采购商约 842 万人次，② 广交会成了"中国目前历史最长、规模最大、商品种类最齐全、到会采购商最多且分布国别地区最广、成交效果最好、信誉最佳的综合性国际贸易盛会"③。

广交会的产生和发展为广州的会展经济创造了得天独厚的优势条件，进一步丰富了广州本就历史悠久、底蕴深厚的商业文化。许多如今国际知名的大型企业，都是从广交会上起步，逐渐发展壮大起来的，不同类型的企业在这里竞争并互相交流，共同进军国际市场。

4.1.2 机遇与挑战

（一）机遇

从上述对广州商业贸易发展的历史回顾与总结中可以看出，广

---

① 林瀚. 清代广州十三行在中西交流中的历史地位 [J]. 广州大学学报（社会科学版），2006（08）：61 – 64.

② 中国进出口商品交易会（广交会）概况 [EB/OL]. http://cantonfair. org. cn/html/cantonfair/cn/about/2012 – 09/119. shtml.

③ 第 122 届中国进出口商品交易会（广交会）[EB/OL]. http://www. mofcom. gov. cn/article/i/jshz/xm/201708/20170802626173. shtml，2018 – 12 – 12.

州的对外贸易发展有着漫长的历程，并且积攒了深厚的文化底蕴。时至今日，粤港澳大湾区和《财富》全球论坛的举办又为这座千年商都创造了新的机遇与契机。

1. 建设粤港澳大湾区，创造机遇促进城市建设

开发建设粤港澳大湾区在 2017 年党的十九大报告①和 2018 年的政府工作报告②中均被提出，要全面推进内地和香港、澳门的合作。2019 年 2 月 19 日，中共中央国务院印发《粤港澳大湾区发展规划纲要》，要求"建设富有活力和国际竞争力的一流湾区和世界级城市群"③。广州作为广东省的省会、粤港澳大湾区的核心城市，将在粤港澳大湾区的发展中加快城市建设。

粤港澳大湾区的建设为广州发展迎来新机遇。第一，作为国家中心城市之一，广州与大湾区的发展目标一致，大湾区的建设会为广州带来更多资源，推动广州在全球城市排名的上升。第二，粤港澳大湾区将链接全球开放网络体系，广州将有更多机会参与国际交通、经贸、文化等网络体系建设，开展与"一带一路"沿线地区的合作。第三，"以功能区为引领是粤港澳大湾区建设的重要战略。广州部分城市空间可望通过交通设施网络、企业组织网络、区域创新网络、要素流动网络的架接和建设获得新优势，实现与湾区中心城市、节点城市等不同等级城市和不同类型的功能区全方位互联互通和开放合作，成长为湾区城市网络中担当独特功能的空间增长极"④。

2. 举办《财富》论坛会议，为商贸发展提供契机

《财富》全球论坛每 16—18 个月召开一次论坛，聚集政治家、经济学者及跨国公司首席执行官、总裁等共同探讨全球经济问题。举办城市往往选择具有较高经济活力、国际影响力的国际重要城市。《财富》全球论坛 2017 年在广州举办。作为一场重要的国际会

① 习近平. 决胜全面建成小康社会　夺取新时代中国特色社会主义伟大胜利［N］. 人民日报，2017 - 10 - 28（001）.

② 李克强. 政府工作报告［N］. 人民日报，2018 - 03 - 23（001）.

③ 广州市人民政府. 中共中央国务院印发《粤港澳大湾区发展规划纲要》［EB/ OL］.［2019 - 04 - 03］. http：//www. gz. gov. cn/gzgov/zxtt/201902/c862bf20f200 47c5ab21c8b6d21986dd. shtml.

④ 覃剑. 区域经济研究所课题组：粤港澳大湾区背景下广州建设引领型全球城市的空间战略研究［EB/OL］.［2018 - 12 - 12］. http：//www. gzass. gd. cn/gzsky/hy_ 20181205DKT/contents/243/12291. html.

议，能够选择在广州举行，既是对其城市实力的认可，也是这座
"千年商都"不容忽视的机遇。

"开放与创新：构建经济新格局"是广州《财富》论坛的主
题，旨在探讨如何在推动世界经济发展的同时进一步推进全球化，
为企业搭建更好的发展平台。这次《财富》全球论坛，前来参会的
包括152家世界500强企业和1000多名中外各界的杰出代表，世
界500强企业和CEO数量均达到了历年的最高值。而广州为了举
办这次的会议，在13座世界重要城市，如北京、纽约、伦敦、巴
黎、东京等举办了路演。

广州《财富》论坛的举办，一方面使得世界各大企业、杰出代
表涌入广州，为世界更深入地了解广州创造了一个良好的契机，能
够有效地提高广州在国际上的知名度和影响力，使广州获得更多的
关注，吸引更多外资投入；另一方面，这一盛会让广州企业有机会
向他国代表展现自己的企业形象和潜力，获得更多的合作和关注；
不仅如此，《财富》论坛举办期间，广州向世界展示了自己独特的
文化魅力、经济实力和城市形象。

（二）挑战

《广州蓝皮书：广州经济发展报告（2018）》中指出，广州经
济面临"新旧动能接续不足，工业增长动力还不够强劲，创新龙头
带动偏弱，民间投资不足"[①] 的挑战。广州目前的产业布局主要集
中于贸易和制造业，在高新产业方面对各方投资的吸引力不强，老
旧工业园区的转型尚未完成，集约化、绿色化的产业技术改造还在
进行。而与此同时，上海、深圳在高新产业、金融和互联网产业的
发展水平提高，北京和上海也因具有"全国性的要素交易平台"对
投资更具吸引力。[②] 这些城市的发展均对广州吸引投资产生了一定
的挑战。

近年广州的实业发展也面临一些挑战。以广州优势最为明显的
会展经济为例，广交会的境外采购商与成交额都出现了下降，其中
境外采购商与会量这一指标，第124届广交会与2017年秋"同比

---

① 张跃国，许鹏. 广州蓝皮书：广州经济发展报告（2018）[M]. 社会科学文献
出版社，2018.

② 孙不熟. 上海接棒广州，中国双贸易中心格局不变 [J]. 特区经济，2018
（11）：93.

下降 1.11%，出口成交额同比下降 1%"①，并且成交订单中，以中短单居多，长单偏少。广交会年成交额已从 2011 年的 747.6 亿美元下降到 2018 年的 599.4 亿美元。尽管在会展经济方面，广州在我国的城市中有着举足轻重的地位，但数据的下降也显示，广州需要加紧对会展经济方式进行创新。

第二节　美在花城

4.2.1　历史文化名城

广州历史悠久，文化底蕴丰厚，具有重要的美学价值与文化价值，是首批国家历史文化名城。

（一）花城文化

广州一年四季绿树成荫，百花争艳，有一番浓郁的南国风光，因此也被称为"花城"。据说，花城的美名可能源自当代散文家秦牧的一篇文章——《花城》，"看着繁花锦绣，赏着姹紫嫣红，想起这种一日之间广州忽然变成了一座'花城'……"广州属于亚热带沿海地区，北回归线从其中南部穿过，背山面海。夏季长，温热多雨，是我国年平均温差最小的大型城市之一，全年平均气温为 21 摄氏度左右。七月是广州最热的月份，平均气温可达 28.7 摄氏度；一月为最冷月份，月平均气温为 9—16 摄氏度。广州全年平均相对湿度 77%。全年中，雨季为 4—6 月，7—9 月天气炎热，多台风，3 月、10 月和 11 月温度适中，12—2 月为阴凉的冬季。② 广州市区降雨充沛，对植物生长有利，因而广州也被称为"花城"。"花城"的美名离不开这优越的自然环境，也与广州独特的地理位置有着密切的关系。"广州地处祖国大陆的南方，濒临南海，背靠白云山，面临珠江，依山靠水，屹立于珠江三角洲之上，以珠江为纽带，广州向内可以获得深广的腹地，向外可以从海路通往世界五大洲，历年从祖国的内地和海外引进奇花佳木，品种多种多样，难

---

① 第 124 届广交会召开闭幕新闻发布会 ［EB/OL］．［2018 – 12 – 12］．http：//www. mofcom. gov. cn/article/i/jyjl/k/201812/20181202813463. shtml.

② "华南门户"广州 ［EB/OL］．http：//news. fznews. com. cn/zt/kxfzkgd/tpbd/2006 – 12 – 19/20061219GAlNAnGUxw22158. shtml.

以尽数。"①

迎春花市是广州城市形象的名片之一。广州迎春花市是广州特有的过年民俗，具有悠久的历史，2008 年入选广东省第二批非物质文化遗产名单。广州花市的形成最早可追溯到明朝。明朝初年的"花码头"便是广州最早的花市。19 世纪 60 年代初期，广州花市基本固定在了春节前几日，并一直延续至今。迎春花市经历数次改迁布局，现如今每个区都有一个花市，甚至存在于少数街道中，使广州成了名副其实的"花城"。

另外，花城广州对于美的追求也十分强烈，创办了各种各样的文化活动来推动美的发展。广州电视台的综艺品牌节目《美在花城》早在 1988 年创办，是广州的广告新星大赛，为广告界和演艺界选拔了大量的优秀电视主持人、演员和影视广告模特。《美在花城》的创办首先是出于广州对美的强烈追求；其次是因为当时的广告业虽然发展很快，但需要新的表现方式和大量能在外形、气质等方方面面完美诠释广告内涵的模特；最后，广州电视台刚刚成立，需要一个品牌节目来向市民宣传。"美在花城"展现了广州的社会之美，现实生活中的社会美与广州的自然之美交相辉映，流露出广州人对美的共同追求，培养了观众对美的鉴赏力，推动了社会对美的认识。

（二）城市景观

广州是国务院颁布的全国第一批历史文化名城之一，拥有一大批驰名中外的名胜古迹，如陈家祠、镇海楼、南越王墓、南海神庙、圣心堂、光孝寺、五仙观等。近代的广州是民主革命的发源地，近百年来，拥有着可歌可泣的光荣历史，因此留下了大量的革命遗迹和纪念建筑，如中山纪念堂、黄埔军校、中山纪念碑和黄花岗七十二烈士墓等。这些古迹与广州现代城市建筑融合，形成了一部广州城市发展的生动历史，并使广州的城市建筑艺术展现了独特的风格。②

广州地处珠江两岸，白云山麓，北回归线从中南部穿过，具有亚热带的独特风光。市区北面坐落着白云山和越秀山，滚滚珠江穿

---

①　李俊敬. 花城——广州 [J]. 中学地理教学参考，1990（2）：14.

②　王鸿茂. 浅谈广州的城市建筑艺术 [J]. 广州研究，1985（2）：49-52.

过市区中部，构成了广州市美丽的自然景色，因此使其拥有了独特的城市景观，也形成了许多特色建筑，如骑楼等，建筑形态具有通风、遮阳、隔热等特征，符合岭南地区的地理气候特点。这些建筑有着深厚的文化底蕴与历史渊源，具有较高的美学价值与研究价值。

广州古代建筑未形成鲜明的特点，明清时期出现了一些略有本土特色的建筑，且与岭南地区气候地理特点相结合，如镇海楼、陈氏书院以及代表广州园林特色的余荫山房等。以曲线的镬耳山墙作为建筑轮廓线是广州古代建筑的主要特色，尤其是在从化的传统村落中，这种建筑轮廓线最为常见。在建筑装饰上，多采用三雕三塑为工艺基础，这些装饰多以花鸟鱼虫等自然景观和生活场景为主。这些特点在广州陈家祠上就能体现出来，特点鲜明，构造巧妙，大方美观。广州古代建筑也非常重视与四周环境相结合，环境空间景观大多是分层植被和石头、流水等，体现了自然活泼的人文艺术品格，建筑与环境十分和谐。

近代产生了最能代表广州建筑特色的骑楼。骑楼不仅美观，还具有遮风、挡雨、防晒的功能，并且能为商业活动带来更多的空间和便利。骑楼融合了广州的本土地域文化，反映了广州的内涵与气质。另外，广州近代建筑形态融合了中西方的特色，如广州十三夷馆。

现当代的广州城市建筑也极具艺术和欣赏价值，色彩丰富、造型简洁，如沙面的众多建筑、中山大学马丁堂等近代建筑。[①] 另外，以广州的地标建筑——广州塔为例，曲线形的外部轮廓体现了广州城市积极向上的姿态和极具包容的胸怀，整体形态灵动而美观，与珠江交相辉映，体现了广州现当代建筑自然、美观的形态特征。

4.2.2　现状与挑战

（一）现状

当前，广州做了大量工作和努力来扩大花城的影响力。广州打造了"空中花廊"，对 353 座、300 多公里长的天桥、高架桥、立

---

① 薛汪祥.基于文化层次理论的广州城市特色风貌要素研究［D］.华南理工大学，2018.

交桥进行绿化整饰，主要种植红色和紫色的勒杜鹃，覆盖面积达100多万平方米，是全国绿化天桥最多的城市。广州拥有完备的城市公园体系、全国领先的天桥绿化、独特的开放式绿地，建成约900千米植被丰富、景观多样的生态景观林带，数十个自然保护区、森林公园和湿地公园，对白云山风景区、海珠湖国家湿地公园等景观进行了建设与保护。①

对于全市的生态总体规划，目前广州已经做了大量的工作，编制了《城市广场体系规划》《广州市城市绿化总体规划》《白云山东南侧绿化休闲带规划》和《白云山风景名胜区保护线深化规划》等，初步建立了较为完整的广州市城市园林绿化体系。注重"北肺"白云山风景区的生态保护和"南肺"生态公园、生物岛的建设工作，并推进珠江两岸景观工程等建设，建设宜居城市。

在广州市政府和市环保局的共同努力下，花城广州的生态环境正在逐渐改善：珠江江面上出现白鹭的身影，流溪河源头发现了消失60多年的珍稀植物——飞瀑草，南沙湿地"鸟中大熊猫"——黑脸琵鹭的数量逐渐增加……这些都证明了广州在生态环境保护和治理中取得的成绩。为了做好水环境治理工作，广州在全省率先实施"互联网+河长制"治水模式，并严格落实《广州市水污染防治强化方案》和《广州市全面剿灭黑臭水体作战方案（2018—2020）》，为水环境治理提供了强有力的效率和组织保障。② 在空气治理方面，广州督促落实《广州市煤炭消费减量替代三年行动计划（2018—2020）》《广州市柴油货车污染防治作战方案（2018—2020年）》和《广州市人民政府关于划定禁止使用高排放非道路移动机械区域的通告》，为改善空气质量持续努力。

2006年广州市为加强本市的市容和环境卫生管理工作，制定了《广州市市容环境卫生管理规定》③。对市容环境卫生责任区、市容管理、环境卫生管理、环境卫生设施管理、法律责任各方面都

---

① 绿满花城美丽家园——广东省广州市建设绿化城市纪实 [J]. 国土绿化，2015 (12)：30 - 31.

② 广州日报. 让鸟语花香成为广州生态名片 [EB/OL]. http://gzdaily. dayoo. com/ pc/html/2019 - 02/28/content_106825_586299. htm.

③ 广州市环境保护局. 广州市市容环境卫生管理规定 [EB/OL]. http://www. gz. gov. cn/gzepbjg/zcfg/201610/f60820e611914020a6a076c7d15c9894. shtml.

做了详细的规定，进一步为广州创造了优美的环境。在广州市政府2011年发布的《关于加强后亚运时期城市管理工作的实施意见》中，提到组织制定市容市貌标准，重视广州市的环境和形象。随后，广州市城市管理委员会通过一系列调研等工作，编制了《广州市市容市貌标准》，目的是巩固发展亚运城市管理和城市环境面貌大变的成果，建设宜居城乡和低碳广州、幸福广州、智慧广州。该标准在参考国家和其他城市相关标准的基础上充分体现了广州地方特色，使多样化和个性化相结合，规范了市容市貌的管理，确保了市容市貌的整洁有序，提升了广州的城市形象。①

（二）挑战

广州虽有"花城"的美誉，但却没有知名的花景，使得广州的花城品牌不亮，花市不及以前繁荣。三个主要问题在花城品牌建设中凸显出来：一是花景规模小，缺乏冲击力；二是分布散，不集中；三是缺乏品牌包装。另外，广州花市虽然仍然热闹，但是也存在一些隐忧：其一是由于花农收入不理想，花市主题异化，导致花市影响渐微；其二是缺乏文化载体，宣传力度低；其三是政府对花卉产业重视程度不够；其四是广东省其他城市也举办花市活动，广州花市缺乏创新，使得广州花市的影响力减弱，缺乏吸引力。②

近年来，广州的花卉产业也面临着不小的挑战。首先，管理体制不完善，缺乏长远的规划。这导致花卉业宏观管理乏力，政策扶持力度不够，同时缺乏对花卉产品的研发和科技投入。其次，花卉良种选育研究不足，生产技术落后。市场调查结果显示，广州的花卉市场有一半以上新的优良品种是从国外进口的。因此，以花市闻名的广州急需解决花卉发展上面临的许多问题。

在现当代城市建设的发展过程中，城市风貌的地域特征正在逐渐改变，城市风貌逐渐趋同。"我国关于城市特色风貌的研究由来已久，关于城市风貌保护的法律法规可追溯到1930年国民政府颁布的《古物保存法》，然而近年来广州经历了快速的城市建设之后，依然存在城市特色风貌的流失现象，具体的表现包括历史城区传统

① 广州市政府. 广州市市容市貌标准［EB/OL］. https://max. book118. com/html/2017/0211/90174625. shtm.

② 叶其蓝. 论广州"迎春花市"文化底蕴的发掘［J］. 中国园艺文摘，2015，31（01）：209 – 213.

风貌的衰败消亡和新建城区新风貌地域性的丧失。"① 广州城市的建筑文化遗产有待更进一步的保护。

广州的老城区西关地区与我国其他古城区一样，面临着现代城市景观的冲击。西关地区大量老房子历经磨难，幸存至今，旧城空间格局保存最为完整，如今也经历着剧烈的变化，其中许多形态优美、功能多样、活动丰富、具有良好历史风貌特色的传统街道也面临着现代建筑的冲击、道路改建等一系列现实问题。②

第三节 食在广州

4.3.1 历史传统

长期以来，民间一直流传着有关美好人生的一种说法，"生在苏州，住在杭州，食在广州，死在柳州"，因此"食在广州"享誉海内外。

由于我国人口众多，各地的气候条件、地理位置、政治经济文化发展不均衡，各地的饮食水平和地方风味不一样，于是就有了划分菜系的提法。最早的说法是鲁、川、苏、粤四大菜系，这是当时最有影响的地方菜，粤菜是最早形成的四大名菜之一。稍后，则有鲁、川、苏、粤、湘、闽、徽、浙八大菜系，粤菜形成了中国传统饮食的八大菜系之一。③ 广州菜是粤菜的大本营，吸取我国各大菜系的精华，广州饮食企业不仅发达而且种类非常丰富，现在的广州不仅汇集了中国所有的菜系，也汇集了国外的许多名菜。

（一）特色名菜

广州菜的用料精而博杂，在长期的发展中，烹调上吸取西餐的技法，擅长蒸、炸、煎、泡、浸、炒、炖、焗、煜等数十种烹饪方法。选料讲究、调品种类繁多。口味上讲究清、鲜、嫩、爽、香，

---

① 查斌. 广州城市特色风貌延续策略研究 [D]. 华南理工大学，2018.

② 周可斌. 广州西关地区特色街道保护的规划控制研究 [D]. 华南理工大学，2010.

③ 陈潭. "食在广州"：话语意境与品牌管理 [J]. 广州公共管理评论，2014（00）.

而且注意季节的变化要求。① 松子鱼、香滑鱼球、糖醋咕噜肉、上汤焗龙虾、清蒸海河鲜、老火靓汤、红烧乳鸽、广式烧乳猪、脆皮烧鹅、白切鸡、八宝冬瓜盅是广州的特色名菜。民间俗话说"无鸡不成宴",鸡成为人们在饭桌上不可或缺的食材,制作鸡的方法很多,白切鸡是粤菜鸡肴中最普通的一种。做法是先将鸡浸至半熟,过冷水再晾干,最后摆回整鸡的形状,不加油盐,骨中带血。正是这种皮脆骨滑、原汁原味,成为粤菜新鲜、原味的精髓。② 烧乳猪也是粤菜里面非常有名气的菜式,烧乳猪技艺在南北朝时就已经相当精湛,"红皮赤壮"是烧乳猪传统的吃法。

(二) 特色点心小吃

广州的特色小吃不仅种类很多,而且制作精致。粤式点心小吃流传千年,被称为粤界点心"四大天王"的有虾饺、干蒸烧卖、肠粉和叉烧包。叉烧包深受广州人喜爱,成了广州早茶"四大天王"之一,在广州随便走一条街,都能够找到卖叉烧包的店,小小的叉烧包也是"非物质文化遗产",在2015年叉烧包入选越秀区第四批区级非物质文化遗产,包皮松软、馅香有汁是它最大的特点。广式月饼也是广州特色名点之一,广式月饼色泽金黄,图案精致、花纹清晰,皮薄松软,是中秋的首选佳品。广州人在饮食方面比较清淡,传统的食品粥、面、粉也非常多。鲜虾云吞面是广州人最爱吃的面食之一,云吞的个子小,而且还有凤尾。省级非物质文化遗产沙河粉作为广州平民美食,因为出自沙河镇而得名,曾经上过《舌尖上的中国》,有干炒、湿炒、凉拌等做法,口感爽滑。萝卜糕也是常见于粤式茶楼的一种点心,外酥里嫩,味道清香而不甜腻。其他有名的小吃还有布拉肠、萝卜牛杂、竹升面、顺记椰子雪糕、糖不甩、鲜虾荷叶饭、咸煎饼、雪影豆沙、东江鱼包、姜撞奶、炒田螺、果蒸粽、酥皮蛋挞、泮塘马蹄糕、荔湾艇仔粥、荷香糯米鸡、薄皮鲜虾饺等。

4.3.2 现状与挑战

(一) 现状

广州饮食文化博大精深,是一个著名的美食之城。"食在广州"

① 高旭正,龚伯洪. 广州美食 [M]. 广州:广东省地图出版社. 2000:1 - 50.
② 庄臣. 寻味广州·广州美食地图 [M]. 广州:广东科技出版社,2013:20 - 50.

是广州主要的城市文化符号，广州市委、市政府关于培育世界文化名城的实施意见中，拟重点打造"食在广州""广州花城""广交会""海上丝路""十三行""北京路"六张城市名片。

1. 中华美食之都，国际美食之都

广州从 1987 年开始每年都有美食节，饮食文化源远流长。2004 年广州市政府开始拟建三大美食工程，分别是美食博览中心、美食园和美食城。① 广州于 2010 年成为全国首个拥有双料称号的城市，被称为"食在广州·中华美食之都"和"国际美食之都"。在 2010 年 9 月 20 日，中国烹饪协会和世界中国烹饪联合会专家评委组成的评审组一致宣布通过广州市申报"中华美食之都、国际美食之都"称号②。2011 年，广州获评福布斯中国餐饮十大影响力城市。

2.《米其林指南　粤菜亚洲－欧洲－美国 2018—2019》的发布

首版广州米其林指南于 2018 年 6 月 28 日正式公布，获得米其林一星评级的有 8 家餐厅，全部为粤菜餐厅，标志着粤菜进一步与国际接轨，也扩大了广州在国际餐饮业界的影响力，"食在广州"品牌被擦得更亮③；时隔不久，米其林再次发布粤菜指南④，全球首本《米其林指南　粤菜亚洲－欧洲－美国 2018—2019》（以下简称米其林粤菜指南）2018 年 11 月 12 日在广州发布。米其林粤菜指南的发布是继 2018 年广州米其林指南发布后的又一盛事，粤菜在全球视野中受到关注，也是粤菜和广州餐饮受到国际认可的标志。

3.《广州市餐饮业网点空间布局专项规划》草案

"食在广州"是广州重要的城市文化符号，2018 年，广州市商务委网站公示《广州市餐饮业网点空间布局专项规划》草案。草案提到，在全市规划中设置 47 个美食聚集区，近期发展目标提到，到 2020 年，打造与香港、新加坡等亚洲一线城市比肩的，业态丰富、层次各异的知名美食城市。远期发展目标是到 2035 年将广州

---

① 广州：三大美食行业标志性工程选址确定［EB/OL］. http://www. linkshop. com. cn/web/Article_ News. aspx？ ArticleId =43767.

② 羊城晚报. 广州首获"美食之都"称号［EB/OL］. https://news. qq. com/a/20100921/001371. htm.

③ 金羊网. 广州也有了米其林指南［EB/OL］. http://news. ycwb. com/2018 - 06/29/content_30037743. htm.

④ 金羊网. 全球首本米其林粤菜指南在广州发布［EB/OL］. http://news. ycwb. com/2018 -11/12/content_30131124. htm.

打造为"世界美食之都",打造4个美食地标,依托恩宁路、第十甫路等历史街区,汇聚广州酒家等老字号,打造广州美食地标,一系列举措擦亮了"食在广州"招牌,衔接落实《广州市商务发展第十三个五年规划(2016—2020年)》。① 草案中还提到要把有一定基础的餐饮集聚区打造成为能够代表广州走向世界的美食地标。

同时,抓住创建"国家食品安全示范城市"这一契机,广州市委、市政府坚持做好"国家食品安全示范城市",重点关注食品安全治理,努力解决突出问题,擦亮"食在广州 食得放心"的城市招牌。②

(二)挑战

广州有丰富的饮食文化,有很多老字号店,还有着千年历史的美食街。在推广餐饮文化上,广州举办"广州国际美食节"等大型活动,擦亮"食在广州""中华美食之都""国际美食之都"品牌,但是也不可避免会有一些挑战。对于"食在广州",广州无缘"美食之都",而周边的澳门、顺德都申请了"美食之都",让以"食在广州"而自豪的广州陷入了尴尬的境地。③

美国著名杂志《福布斯》在2009年评选出全世界最受欢迎的十大美食城市,我国占了三席,分别是北京、上海、香港,广州缺席,羊城晚报报道《广州美食不敌京沪港》引起全城热议;四川成都2010年2月加入联合国教科文组织创意城市网络,并获"美食之都"的称号。2014年12月1日联合国教科文组织正式授予顺德"世界美食之都"称号,顺德是继成都2010年获评"世界美食之都"之后的国内第二个获评城市;继四川成都及广东顺德之后,2017年澳门成为第三个获评为"创意城市美食之都"的中国城市。广州拥有深厚的文化底蕴,一向都被誉为"美食天堂",更应该把握粤港澳大湾区互融共进的机遇,拓展格局,与香港、澳门、顺德

---

① 广州市商务委员会.《广州市餐饮业网点空间布局专项规划》草案公示[EB/OL]. http://www. gzboftec. gov. cn/gzboftec/xxgk_tzgg_ ywgg/201811/857839b8f7384 adcb4f37e9ab45a1a88. shtml.

② 开展国家食品安全示范城市 创建擦亮"食在广州 食得放心"城市招牌[J]. 中国食品药品监管, 2017(12): 12-13.

③ 胡幸福. 广州无缘"美食之都"的深层思考[J]. 广东财经大学学报, 2010, 25(6): 77-80.

联手打造"世界美食之都",共同弘扬岭南特色饮食文化。

广州有来自世界各地的美味佳肴,这给"食在广州"带来了难得的好机会,虽然广州获得了两大美食地标的荣誉,但是广州在美食方面也面临着一些挑战。

有媒体报道,广州、上海、南京三地中,广州的税费最高为12.5%,并且餐饮业税费有50项,相对较重的税负影响了广州餐饮业的发展。以广州招牌菜白切鸡为例,顾客点了这道菜,在享用前鸡的一条腿已被税费"吃"掉了。[①] 在相对较重的税费下,一些知名企业被分拆成多家企业,以做小额纳税人,而且一些餐馆也排斥开票,这样既影响了广州餐饮行业的发展,也不利于提供物美价廉的广州美食。[②] 此外,粤菜与广州文化的融合不够充分,需要提高美食享受中的文化体验。

广州在美食节等方面做的宣传力度有待加大。虽然从1987年开始,广州每年都会组织一次"广州美食节"活动,在美食节期间,各类餐饮都会拿出自己的名牌产品参加评选,但是广州仍缺乏自己的拳头产品。美食节的举办不仅需要加强宣传,通过网络把自己的名片推广出去,如在广播、电视、网络视频等平台推出自己的宣传片,而且还需要明确每一次的主题,有自己的特色美食,营造良好的饮食环境。对于"食在广州"来说,更需要一些大的知名餐饮和自己的特色,需要做出自己的粤味风格,提升"食在广州"的品牌。

广州的饮食文化闻名于全国,从所谓"食在广州"就可以看出广州饮食文化的源远流长,不仅有各种特色小吃,还是粤菜的大本营。面对目前的挑战,广州需要对老字号餐饮企业给予政策支持,保护老字号餐饮,弘扬本土特色,扩展老字号的品牌效应,还要让粤菜走出去,联合培养餐饮业人才,还可以通过推动粤菜申报国家、联合国非物质文化遗产工程,把自己的名片擦得更亮。

---

① "一只鸡腿被税费吃掉"不利食在广州 [N]. 广州日报, 2014 - 08 - 26 (F02).

② 唐贤衡. "食在广州":品牌提升与政府支持 [J]. 经济论坛, 2015 (8):33 - 36.

第五章
广州的文化产业与文化事业

《粤港澳大湾区发展规划纲要》提出："完善大湾区内公共文化服务体系和文化创意产业体系，培育文化人才，打造文化精品，繁荣文化市场，丰富居民文化生活"①，这里提到的"公共文化服务体系和文化创意产业体系"正是本章要重点考察的两个方面，即文化事业与文化产业。文化产业被认为是"21世纪的朝阳产业，黄金产业，经济与文化一体化发展、环境与文化协调发展，已经成为当今全球一体化发展的重要趋势"②。特别是中国经济正面临转型的当下，知识经济崛起，文化产业成为经济发展中的一大核心产业，是城市发展的重要驱动力。另外，文化产业带动了文化创意园区的发展，而文化创意园区作为一种新的经济空间，又带动了城市的空间创新，文化产业对城市建设具有相当大的影响。美国、韩国等国的实践已经表明，商业化的文化产业在文化传播、国家形象塑造等方面具有不可估量的作用。这里所提到的文化事业与文化产业不同，指的是由政府主导的公共文化事业，主要包括广播影视事业和文化遗产保护、图书馆、博物馆、文化馆、文学艺术活动、文化艺术创作等。本章重点分析广州市文化产业和文化事业的发展现状和问题。

第一节　广州的优势文化产业

"文化产业是为社会公众提供文化产品和文化相关产品的生产

---

① 广州市人民政府. 中共中央国务院印发《粤港澳大湾区发展规划纲要》[EB/OL]. [2019 – 04 – 03]. http://www.gz.gov.cn/gzgov/zxtt/201902/c862bf20f20047c5ab21c8b6d21986dd.shtml.

② 孙连才，候红婕. 文化产业教程 [M]. 北京：中国传媒大学出版社，2012：1.

活动的集合"①。2012 年，国家统计局参考联合国教科文组织的《文化统计框架—2009》及我国《国民经济行业分类》形成了《文化及相关产业分类（2012）》，将全国的文化产业分成 10 个大类、50 个中类和 150 个小类。②《文化及相关产业分类（2018）》于 2018 年颁布，重新划分为 9 个大类、43 个中类和 146 个小类。其中 9 个大类分为文化核心领域与文化相关领域，具体包括：文化核心领域的新闻信息服务、内容创作生产、创意设计服务、文化传播渠道、文化投资运营和文化娱乐休闲服务；文化相关领域的文化辅助生产和中介服务、文化装备生产、文化消费终端生产。

广州市文化产业发展欣欣向荣，受到政府的大力支持和人民的广泛欢迎，也带来巨大的经济效益和社会影响。因此本节主要从广州市文化产业发展现状、重点文化企业和园区、文化产业活动三个方面分析广州市文化产业的发展情况，以便分析总结广州目前的优势文化产业，从而为广州市文化产业的发展提供参考。

5.1.1　广州的文化产业发展现状

本课题组以《文化及相关产业分类（2012）》作为分析文化产业发展的依据，从营业收入、固定资产投入和文化产品进出口额这三个方面描述广州文化产业发展的现状，通过数据的比较来反映不同文化产业的发展差异，从而得出发展较好或发展潜力大的产业，而通过对文化贸易数据的分析，则可以反映广州市文化产业发展的特色优势。

（一）经营状况

2014—2018 年的《广州文化创意产业发展报告》③ 提供的数

---

① 国家统计局．文化及相关产业分类（2018）［Z］.2018—03—16.
② 国家统计局．文化及相关产业分类（2012）［Z］.2012—07—31.
③ 甘新，崔颂东，李江涛等．广州文化创意产业发展报告（2014）［M］.社会科学文献出版社，2014：8；甘新，崔颂东，赵志强．广州文化创意产业发展报告（2015）［M］.社会科学文献出版社，2015：11；徐咏虹，赵冀韬，陆志强等．广州文化创意产业发展报告（2016）［M］.社会科学文献出版社，2016：7；徐咏虹，温朝晖，赵冀韬等．广州文化创意产业发展报告（2017）［M］.社会科学文献出版社，2017：7；徐咏虹，赵冀韬，陆志强等．广州文化创意产业发展报告（2018）［M］.社会科学文献出版社，2018：8.

据，展示了广州市 2012—2017 年文化产业增加值及趋势，具体数据如图 5-1 所示。从近几年的最新数据来看，广州的文化产业发展总体态势良好，产业增加值逐年提升，并于 2015 年呈现出显著的上升趋势。

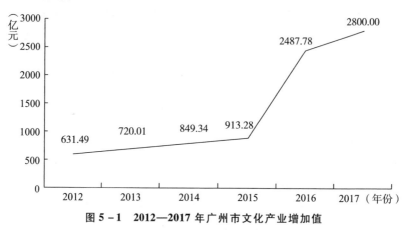

图 5-1　2012—2017 年广州市文化产业增加值

《广州文化创意产业发展报告（2018）》显示，截至 2016 年末，文化创意和设计服务在文化产业纳税中占比约 34.98%，共计 2102 亿元。这一数据意味着文化创意和设计服务领域占文化产业近 1/3 的营业收入，主要包括广告业、互联网信息服务、数字内容服务、专业化设计和工业勘察设计服务。其次是文化用品生产以及文化信息传输服务，分别为 1472 亿元和 864 亿元，占比约为 24.50% 和 14.38%。文化用品生产主要包括文化用纸制造、视听设备制造及乐器制造。文化信息传输业包括互联网信息服务、增值电信服务（文化部分）和广播电视传输服务等三个子行业、五个子领域。报告指出广州互联网产业全国领先，仅天河区一个区的互联网企业营收规模就高达 1000 亿元以上，IT 行业从业人数位居全国第 2。其他占比相对较多的还有工艺美术品的生产、文化休闲娱乐服务和文化专用设备的生产，分别占比5.29%、5.11% 和 4.28%。其中，工艺美术品制造和销售属于工艺美术品生产，旅游文化服务和娱乐文化服务属于文化休闲娱乐服务。

（二）文化产业投资

《2017 年广州市国民经济和社会发展统计公报》①显示，广州市 2017 年固定资产投资 5919.83 亿元，主要来源是民间投资，为 2495.73 亿元，约占总固定资产投资的 42.16%。固定投资的流向体现了广州市文化产业发展的趋势。为便于统计，本节选取与文化产业相关的四个行业的数据总和作为文化产业的投资数据，包括：①信息传输、软件和信息技术服务行业；②科学研究和技术服务业；③教育行业；④文化、体育和娱乐业。除去房地产业投资独占固定资产投资的 48.5%，在剩下的 50% 的投资总额中，广州市文化产业共完成固定资产投资 372.3 亿元，约占 12.2%。图 5-2 汇总了 2013—2017 年广州市文化产业的固定资产投资数额。与往年的固定资产投资数额相比，广州的文化产业投资在 2016—2017 年稍有下降，但总体上持续较高水平发展，需要及时地适应市场的变化。与全国其他城市相比，广州固定资产投资占比仅次于北京市，高于深圳、西安、福州等同类城市，发展水平领先。具体数据如表 5-1 所示。

图 5-2　2013—2017 年广州市文化产业固定资产投资额

---

①　广州市统计局. 广州市国民经济和社会发展统计公报 [EB/OL]. [2019-03-23]. http://www. gzstats. gov. cn/gzstats/tjgb_ qstjgb/201804/ec097256d72742cb955 e3d570fac9835/files/86b6e1da77e44709858be189fb093fcf. doc.

表5-1　2017年部分城市文化相关行业固定资产投资额及其占比

城市	2017年文化相关行业固定资产投资额 （亿元）	总固定资产投资额 占比（%）
深圳	288.2	11.30
北京	606.4	14.20
西安	557.61	11.80
福州	368.87	6.50
广州	372.3	12.20

不仅如此，由广州市统计局发布的《广州市国民经济和社会发展统计公报》数据显示，广州市外商直接投资中，文化相关的行业表现也非常突出，占比较高，且呈现出逐年上升的趋势，具体数值见图5-3。

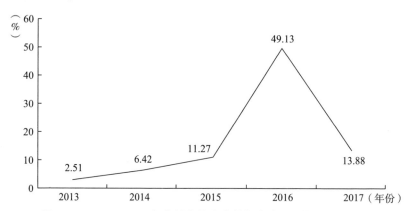

图5-3　2013—2017年广州市外商直接投资中文化相关行业占比

此外，根据中国展会网收录的展会显示，2018年全国共2246场展会，其中200多场在广州举办，约占全国展会的9%，是开展展会的重点城市。

（三）进出口情况

广州市拥有白云机场空港、南沙海港两大进出口引擎，又有中国进出口商品交易会（广交会）作为桥梁，是一个进出口贸易发达的城市。根据《2017年广州市国民经济和社会发展统计公报》① 和中华人民共和国广州海关网站公布的数据，2017 年，广州市商品进出口总额为 9714.36 亿元人民币，文化产品进出口总额为 554.84 亿元人民币，约占 5.71%。② 其中进口额 24.07 亿元人民币，出口额为 530.77 亿元人民币，重点文化产业商品进出口额及占比见表 5-2。

表 5-2　2017 年广州市重点文化商品进出口情况

单位：万美元，%

类别	出口	出口占比	进口	进口占比
光学、照相及电影用品	66995.55	8.57	6470.079	18.19
书籍、印刷品、设计图纸	17597.77	2.25	3240.99	9.11
乐器及其零件、附件	13780.08	1.76	2358.005	6.63
玩具、游戏及运动用品及其零附件	95501.71	12.21	7574.272	21.30
艺术品、收藏品及古物	559453.9	71.55	9816.651	27.60
广播电视传播、接收设备	14916.28	1.91	87.7624	0.25
音像制品	206.7941	0.03	6.883	0.02
打印设备	12890.67	1.65	1953.119	5.49

总体来说，广州的文化产业近年来处于出超地位，这说明广州市在文化贸易领域已逐渐成为输出方，展现了广州市文化发展和建设的成果。

从表 5-2 的具体数据来看，艺术品、收藏品及古物类商品在进出口中均占有重要位置，这也属于文化产业领域的传统优势。其次，光学、照相及电影和玩具游戏类产品也占了较大的比重。《广州文化创意产业发展报告》的数据显示，广州电影票房收入从 2010 年开始逐年上升，增长迅速，2017 年的最新数据显示，广州市电影票房收入为 20.17 亿元，位列全国第 3 位，仅次于上海、北京。目前，广州市已经开展了"珠江电影大讲堂""粤港澳大湾区电影论坛"等活动，在推进本市电影行业高速发展的基础上，还希

① 广州市统计局，国家统计局广州调查队.2017 年广州市国民经济和社会发展统计公报 [R].2018-03-14.

② 中华人民共和国广州海关 [EB/OL].2018-01-23. http://guangzhou. customs. gov. cn/guangzho-u_ customs/381558/381572/381573/index. html.

望通过自身发展，带动并规范全省的电影行业的发展。

5.1.2 重点文化企业和园区

重点文化企业体现了广州市文化产业的实力与投资吸引力，重点文化园区则体现了广州市文化产业聚集趋势，可以说，重点文化企业和重点文化园区都是广州市文化产业的中流砥柱。因此，根据广州市文化产业网站①的数据，本小节将分析文化企业和企业园区的情况，从企业及行业实力的角度说明广州市文化产业发展的优势领域。

（一）重点文化企业产业分布情况（音乐、游戏、新媒体市场）

2017 年，广州市在国内外主板市场上市发行股票的文化企业多达 24 家，在国内创业板上市企业 1 家，新三板市场上市 90 家。②可以说，广州市文化企业是具有其影响力的。

从文化重点企业来看，广州市在文化核心领域发展较为突出的是以动漫、游戏、广告为主的互联网产业；文化相关领域，广州市发展较为突出的是造纸、印刷、音响、西乐器制造及舞台照明行业。

（二）重点文化园区产业分布情况③

重点文化园区体现了文化产业的集聚情况，一定程度上反映了产业优势。重点文化园区内文化业务广泛，因此课题组通过关注重点企业来呈现数据。

内容创作生产和创意设计服务仍然是重点文化园区的主要文化产业大类。其中内容创作生产又主要集中于出版服务、数字内容服务和工艺美术品三个文化产业中类中，而数字内容服务最为突出。与重点企业产业类别分布一致的是，出版服务中更为强调的是数字出版；工艺美术品仍以珠宝、传统工艺品为主；涵盖数字内容服务中动漫、游戏的文化园区高达 7 个，也就是说，广州市一半以上的

---

① 广州文化产业．重点文化企业［EB/OL］．［2019 – 03 – 23］http：//www. gzci. gov. cn/145160_2. shtml.

② 徐咏虹主编．广州文化创意产业发展报告（2017）［M］．北京：社会科学文献出版社，2017.

③ 广州文化产业．重点园区［EB/OL］．［2019 – 03 – 23］. http：//www. gzci. gov. cn/145159. shtml.

重点文化园区都覆盖了以动漫、游戏为主的互联网产业。创意设计服务除了上文提到的广告业务，在重点文化园区部分，还体现在设计服务方面。设计服务包括工业设计和专业设计，具体集中于园林设计、产品设计、服饰设计、珠宝设计行业。

　　文化产业园区的整体水平的提高能够促进重点文化园区产业更好地发展。广州市文化产业园在 12 个区县都有分布，截至 2011 年，有约 62 家文化产业园区，其中已建成 30 家，32 家正在建设中。① 此后文化产业园区数量不断增长，广州市目前有 100 多个主要文化产业园区和基地。羊城创意园、长隆、励丰、浩洋电子等 8 个文化产业园区被评为国家级文化产业园区；广州 TIT 纺织服装创意园、黄花岗信息园等 10 个文化产业园区被评为省级文化产业园区②。

5.1.3　相关文化产业活动

　　广州是一个富有生机和活力的城市，其丰富多彩的文化活动，有的独具特色，有的紧跟潮流，但无论哪种类型的文化活动，都建立在广州的文化资源、文化产业的基础上，侧面反映了广州文化的发展方向。根据对广州文化产业网站上产业要闻的统计③，广州当前的文化活动主要涉及如下几个方面。

（一）漫展、动漫节

　　漫展、动漫节是动漫爱好者通过动漫角色扮演、节目表演、互动游戏、出售动漫相关的周边产品的展览活动。在动漫文化迅速发展的今天，动漫展览也是文化活动的重要组成部分。目前，广州漫展、动漫节的发展在全国处于领先水平。

　　国际上，欧洲地区最为悠久的漫画展览是法国昂古莱姆国际动漫节，在第 42 届昂古莱姆国际漫画节上，设立了"中国馆"作为新展区，邀请了广州市以主宾城市身份参加，体现出广州在国际博

①　甘新主编. 广州文化创意产业发展报告 2012 ［M］. 北京：社会科学文献出版社，2012：7.

②　徐咏红主编. 广州文化创意产业发展报告 2016 ［M］. 北京：社会科学文献出版社，2016：34.

③　广州文化产业. 产业要闻［EB/OL］.［2019 – 03 – 23］. http://www.gzci.gov.cn/145171.shtml.

览会中的重要地位。在国内，广州市是中国漫展、动漫节活动最多的城市之一，国内影响力最大的动漫展、动漫游戏展都是在广州举行的，如亚洲游戏动漫展、萤火虫动漫展、中国国际漫画节动漫游戏展等。不仅如此，广州还举办了广州大学生原创动漫大赛，这些漫展、动漫节的开展都体现了广州动漫文化的蓬勃发展与影响力。

（二）创意设计

艺术创新是文化活动的重要形式，广州在创意设计领域也十分活跃，《广州设计之都地块控制性详细规划》获广州市规委会审议通过①，拟打造粤港澳大湾区规模最大的设计产业集群。

目前全国最大创意设计展会是由广州举办的广州国际设计周。该展会影响力极广、参展人数极多，于每年12月份的第一个周末举行，自2006年开始创办，促进了广州在艺术、设计、时尚等多领域的发展，吸引了全球设计师与投资商的目光，获得了广泛关注。除此之外，广州还启动了以"让生活更有趣"为主题的2018"设计广州"系列活动。2018"设计广州"系列活动与广交会同期举行，吸引了全球各界人士的参与，活动还发布了广州设计地图，详细指引了广州的设计品牌、设计星系等内容，为国内外参展人员展示广州的设计理念、文化内涵与城市形象。

（三）音乐节、音乐比赛

音乐作为一种重要的文化形式，音乐节也是一项重要的文化活动。可以说广州是中国流行音乐的发源地，音乐节活动是广州文化活动的重要组成部分，许多有影响力的音乐节及奖项都是广州举办及颁发的。

2003年以来每年都在广州举办的中国音乐金钟奖，是最有影响力的音乐奖。这一国际级艺术大奖长期落户广州，体现了广州在全国音乐文化活动中的地位和水平。除了综合性专业大奖以外，广州还举办了多场文化节、音乐季活动。为打造广州"音乐之都、合唱之都"的城市文化品牌，广州市委宣传部、广州市文化广电新闻出版局等部门联合主办了广州星海（国际）音乐季等品牌，其中广

---

① 广州市规划和自然资源局．广州市国土资源和规划委员会关于公布实施《广州设计之都地块控制性详细规划》等7项规划成果的通告［EB/OL］．［2019 - 03 - 23］. https://www. gzlpc. gov. cn/gzlpc/ywpd _ cxgh _ ghxg _ kzxxx/201811/73d3e27 ec21e4eb78742f4b8b9fb0ab6. shtml.

州星海（国际）音乐季得到了全国范围的关注，在长达半年的活动期间，许多国内外知名乐团参与其中，为广州文化增添了一份独特的魅力。另外，"声响亚洲"（广州）文化节等活动的举办也体现了广州艺术文化的繁荣。

（四）对外文化交流

广州一直以来是我国对外开放的窗口，作为中国的"南大门"，也是我国与外界沟通的桥梁。广州积极推动对外文化交流与合作，举办各种相关活动。

广州在对外文化交流方面，参与了多项论坛及活动，不仅主办了"中美文化教育论坛"、首届"劳伦斯（中国）国际文化艺术节""广州国际美食节"；还参与了首届"金砖国家运动会"等文化交流活动，这些论坛及活动涵盖了教育、艺术、美食等多个文化领域。近年来，通过积极举办、参与相关文化活动，广州与北美地区、亚非地区等国家进行了深入的文化交流，向世界展示了广州独特的城市文化与灿烂的中华文明。

（五）工艺美术

广州地处岭南地区，在工艺美术方面有着独特的岭南文化风格，是其独具特色的文化体现。广州充分发挥这一特色文化的优势，积极举办工艺美术的展览及活动，传承并弘扬传统文化。

近年来，广州举办了粤港澳大湾区工艺美术博览会，该展会聚集了粤港澳地区著名国家级、省级工艺美术专家，展览的工艺美术作品都充分融合了广东省各地著名的传统工艺技术，展示了粤港澳等地的特色文化，如广彩、粤绣、肇庆端砚、潮州彩瓷等精美工艺品都在展会上展出。不仅如此，由广州主办的广州国际艺术博览会是中国三大国际艺术博览会之一，艺博会有着八大主题展馆，展会中城市艺术、国粹文化、国际艺术相融合，当代与经典艺术相映衬，最为有特色的是工艺馆，将中国传统文化与岭南特色工艺相结合，展现了传统的手工艺文化的传承与发展。

不仅博览会蓬勃发展，广东省工艺美术行业协会也在广州设立，协会搜集并整理工艺美术的品种、技艺及大师的相关资料，主办相关展会活动，并致力于发现和培养相关人才，是广州及整个广东省工艺美术可持续发展的支持力量。

5.1.4　小结

本节通过对数据的收集和整理，分析了广州市文化产业的总体情况、重点文化企业和园区的分布、相关文化产业活动的现状。广州文化产业的现状大致可总结为以下三点：第一，就广州文化产业的现状而言，最为突出的领域是文化创意和设计服务，在广州文化产业中占据了大份额的营业收入；在固定资产投资中，广州文化产业比重较高；进出口贸易中，多项文化产品处于出超地位，在对外贸易中占有相对有利的地位。第二，重点文化企业和园区方面，广州重点文化企业和重点文化园区都集中在以动漫、游戏为主的文化领域。除此之外，造纸、印刷相关的重点文化企业和设计服务相关的文化园区也表现较为突出。第三，广州市的文化活动主要集中在漫展、动漫节，创意设计，音乐节、音乐比赛，对外文化交流，工艺美术这5个方面。每一方面都积极开展相关文化活动，与国际接轨，传播中华文化、岭南文化，并展示广州独特的城市魅力与良好的城市形象。通过总结分析可得出结论，广州文化产业目前整体态势良好，重点企业与园区得到发展，拥有一定的特色与优势。同时，广州市也积极开展相关文化产业活动，文化产业发展处于全国领先的水平。

第二节　广州的公共文化事业

根据《珠江三角洲城市群年鉴 2014》[①] 的内容，文化事业主要包含了三馆一站、文学艺术活动、文化艺术创作、广播影视事业和文化遗产保护等方面。以调研问题为导向，并考虑到数据的易得性，本课题组主要选取了由图书馆、档案馆、文化站、文艺活动等构成的公共文化服务和文化遗产保护两个方面，对文化事业情况进行了调查分析。

"十三五"以来，广州市文化广电新闻出版局制定了《广州市文化广电新闻出版事业发展第十三个五年规划（2016—2020 年）》，

---

① 珠江三角洲城市群年鉴编纂委员会编．珠江三角洲城市群年鉴 2014（总第 5卷）[M]．广州：广东人民出版社，2014．

从各个方面对广州市文化事业提出建设任务，到 2020 年，实现建成现代公共文化服务体系的目标，并且在公共文化设施建设方面有所突破，基本完善文化遗产保护体系和健全文化遗产保护体制机制。目前公共服务文化和文化遗产保护依据相关的法规和政策的指导，正在逐步建设当中，取得了不少成果。

5.2.1 公共文化服务

（一）公共图书馆

《广州市公共图书馆条例》（以下简称《条例》）于 2015 年 5 月 1 日开始施行。《广州市"图书馆之城"建设规划（2015—2020)》以贯彻落实《条例》，实现"图书馆之城"为建设目标。截至 2017 年，广州市文化广电新闻出版局通过印发《广州市公共图书馆服务规范》（以下简称《服务规范》）、《广州市公共图书馆文献信息资源剔除规定》和《广州市公共图书馆第三方评估管理办法》，实现了对广州市公共图书馆的第三方评估、公共图书馆服务和纸质资源剔除的指导，并向社会广泛征集，确定了广州市公共图书馆的统一标志。

《广州市"图书馆之城"建设 2017 年度报告》的数据显示，广州市有 156 个公共图书馆，公共图书馆覆盖率达 72.35%，基本形成了市区街镇的良好格局；总分馆体系建设水平在全国领先，并且持续提升公共图书馆服务效能。广州市公共图书馆进馆人次为 2088.62 万，外借文献册次为 2637.52 万，注册读者量为 271.25 万，举办读者活动场次为 8250 场，参加读者活动人次为 504.66 万。

广州市公共图书馆事业目前在国内外都属一流水平，但仍存在发展空间。首先是区级图书馆发展不平衡和街镇图书馆发展不充分。主要原因是各区经济发展状况不均衡，从而影响了各区各级政府的重视程度和财政投入。其次是公共图书馆人员配备方面的问题，如市级和区级公共图书馆的工作人员配备都尚未达到《条例》的要求。此外，在公共图书馆建筑面积、基础设施、馆藏等方面也存在尚未达标的问题。如公共图书馆的建筑面积，实际建设低于《条例》中要求的 10 平方米以上，市级公共图书馆每千人建筑面积合计为 8.57 平方米；区级图书馆仅有黄埔区和从化区公共图书馆每千人建筑面积达到《条例》的要求。计算机配置这一指标，计算机数量尚未达到《服务规范》要求的图书馆包括海珠区、白云区图书馆。在馆藏纸质信息资源人均拥有量方面，尚未达到《条例》要求的 1 册（件），市级图书馆人均藏量为 0.9 册（件），区级公共图书馆人均藏量为 0.59 册（件），与《条例》要求的 2 册（件）相比还有很大差距。①

（二）档案馆

在广州市档案局撰写的《广州市档案事业发展"十三五"规划》文件中，将档案工作主要任务分为档案依法行政、档案资源体系建设、档案利用服务体系建设、档案安全体系建设、档案信息化建设、档案宣教科研工作等六大方面，通过加强领导、加大投入、完善机制、强化队伍建设、加强交流与合作等条件推动广州市档案事业的科学发展。②

截至 2017 年末，广州市有 31 个档案馆，并广泛开展社会主义新农村建设城乡一体化档案工作示范创建活动。截至 2016 年，广州市各级档案部门在档案法治化建设、档案资源体系建设、档案利用服务、档案安全体系建设、档案信息化、档案宣传工作、学术业务交流、"两学一座"专题教育等方面取得了一定的进展。如在档案法治化建设方面，加强档案法制建设，制定了《广州市档案事业发展"十三五"规划》；加强档案法治宣传，印发了《广州市档案"七五"法治宣传教育规划（2016—2020 年）》；加强档案依法行政的实施，市、区档案行政管理部门编制权责清单；加强档案工作监督指导，各级档案部门共计对 1519 个单位进行指导。在档案资源体系建设方面，档案馆馆藏总量达 1781.44 万卷；档案资源结构持续优化，档案种类更加齐全，接收实物、死亡人员、司法鉴定等档案；特色档案资源收集持续深入，加强对境内外反映广州历史的档案的收集。在档案利用服务方面，坚持为领导决策、经济建设、文化发展、民生建设等方面提供服务。在档案安全体系建设方面，全市档案馆（室）档案用房面积增加 5.53 万平方米；强化档案安全

---

① 陈深贵，陈丽纳，周远等．广州市"图书馆之城"建设 2017 年度报告［M］．广州：广州出版社，2018：1，18，20－22，24．

② 关于征求《广州市档案事业发展"十三五"规划（征求意见稿）》意见的公告［EB/OL］．［2019－03－23］．http：//www．gz．gov．cn/gzgov/gsgg/201604/30ac0716a43a45808e703ba734f3c471．shtml．

保障能力，如组织消防演练等；提高档案抢救保护工作水平，如对重点和破损档案进行鉴定修复。①

根据广州市档案局 2016 年发布的档案工作总结，档案工作存在问题如下：在档案利用服务方面，对经济社会发展及民生能力需要的服务主动性、精准性、高效性还需提高；在档案馆（室）建设方面，存在部分区级综合档案馆面积尚未达标的情况；在档案信息化水平方面，档案信息共享和安全水平也尚未达标；在档案开放利用方面，服务人次偏少、档案查阅数量偏低；在档案人才队伍建设方面，缺乏档案专业人才和复合型人才。

（三）群众文化机构与艺术创作演出

广州市文化广电新闻出版局 2018 年 11 月公布的广州市文化馆、文化站数据还显示，广州目前拥有 182 个文化馆、文化站点，其中各类街镇文化站共计 170 个。从城市到乡镇、从各区到街道为公众提供服务，成为基层文化建设的支撑。目前文化馆、文化站的建设主要存在两方面的问题。一是市区内事业蓬勃发展，乡镇地方服务效果还不明显。部分地方虽然设立了文化站点，却没能发挥应有的作用。二是文化馆、文化站服务人员素质和服务水平都有待提高，目前虽然各类文化站长培训活动开始铺开，但基层文化服务范围广、各级需求差异大，所以文化站培训有待扩大、文化站建设有待深化。

同时，广州也是华南地区演艺事业发展的重要基地和全国演出市场的第一阵营，拥有艺术表演团体 39 家（市级 7 家），14 个专业综合性多功能演出场馆以及一批兼营演出的体育、旅游、娱乐表演场所。目前不仅广州市民可以感受粤剧、民间舞蹈等的魅力，广州的艺术文化已经逐渐走出国门、走向世界。通过广州文化周和各类交流活动，越来越多的人可以共享广州文化盛宴。

5.2.2　文化遗产保护

物质文化遗产和非物质文化遗产是我国文化遗产的两大类别。

---

① 广州市 2016 年档案工作总结和 2017 年档案工作计划［EB/OL］.［2019 - 03 - 23］. http://www.gz.gov.cn/GZ47/2.2/201706/0c27b38155cf498d9a5d5ca56ef455bd.shtml.

其中建立各类博物馆、纪念馆等是物质文化遗产的主要保护方式，建立非物质文化遗产项目名录是非物质文化遗产的主要保护方式。

（一）物质文化遗产

为全面加强物质文化遗产保护，广州市在法规制度建设、文化遗产规划保护、推进海丝申遗等方面均有所进展。首先，完善了法规制度的建设。2017 年，为规范和发展广州市的博物馆事业，提高公共文化服务水平，广州市人大常委会颁布《广州市博物馆规定》。① 广州市文化广电新闻出版局 2018 年印发了《广州市文物保护专项资金管理办法》，加强和规范了广州市文物保护专项资金的管理和保护。② 其次，加强了物质文化遗产的规划保护。2017 年，广州市推进了农讲所、圣心大教堂、大元帅旧址、三元里平英团遗址等文物保护单位保护规划的立项、编制和审核工作。此外，作为海丝申遗的牵头城市，制定了《广州市关于海上丝绸之路史迹保护和联合申报世界文化遗产工作方案》，举办了"扬帆通海两千年：广州与海上丝绸之路"展览。③

根据广州市文化广电新闻出版局 2018 年 11 月份公布的数据，广州市目前拥有各类博物馆、纪念馆共计 61 个，除广东省级博物馆和非国有博物馆外，其中广州市政府下辖管理的有 31 个。2017 年，广州市属博物馆举办专题展览累计 111 个，全市博物馆观览人次超过 1100 多万，送展到社区、学校、农村 170 次，免费参观博物馆人次达 480 多万。④ 博物馆、纪念馆根据自身的情况每周固定有 4—7 天不等的开放时间，既是独具特色、丰富多样的广州历史、文化资源的宣传基地，又是广州形象和广州文化的宣传基地。

① 《广州市博物馆规定》正式颁布［EB/OL］.［2019 – 03 – 23］. http：//www. gz. gov. cn/gzgov/s5842/201709/b815f47727a941338186cab868eca9d0. shtml.

② 广州市文化广电新闻出版局关于印发广州市文物保护专项资金管理办法的通知［EB/OL］.［2019 – 03 – 23］. http：//www. xwgd. gov. cn/xwgd/tzgg/201811/9d0fb 552c5b2454f8f2bef09b8e84f36. shtml.

③ 广州市文化广电新闻出版局 2017 年度部门决算［EB/OL］.［2019 – 03 – 23］. ht-tp：//www. xwgd. gov. cn/xwgd/shgysyjs/201810/7478c7ca2eeb4b34a5ef190f605fe814/files/203f4ae54628407abfa06a57a34a78cf. pdf.

④ 广州市文化广电新闻出版局 2017 年度部门决算［EB/OL］.［2019 – 03 – 23］. http：//www. xwgd. gov. cn/xwgd/shgysyjs/201810/7478c7ca2eeb4b34a5ef190f605fe81 4/files/203f4ae54628407abfa06a57a34a78cf. pdf.

（二）非物质文化遗产

广州市 2015 年制定了《广州市保护非物质文化遗产弘扬岭南文化工作方案》。《广州市培养非物质文化遗产保护人才工作方案》和《广州市非物质文化遗产保护工作联席会议制度》于 2016 年出台，并且修改完善了《广州市非物质文化遗产专家委员会章程》。2018 年，广州市文化广电新闻出版局发布了《广州市建设非物质文化遗产工作站方案（2018—2020）》，广州市非遗的保护与利用规范化、法制化进程不断推进。

2017 年，广州市首次开展全市非遗资源调查，陆续完善非遗名录体系。截至 2018 年上半年，广州市认定 107 项市级非遗代表性名录项目，其中 2 项人类非遗代表作粤剧和古琴艺术，17 项国家级非遗项目包括广绣、广州象牙雕刻等，81 项省级非遗项目包括黄埔区金花娘娘的传说、广州螳螂拳等。在非遗项目的保护传承机制方面，评选各项目的代表性传承人，其中国家级非遗代表性项目传承人 15 名，省级非遗代表性传承人 75 名，市级非遗代表性传承人 184 名。[①] 非遗进校园活动方面，通过在幼儿园、中小学、高校、职业学校设立非遗传承基地，在校园中推广非物质文化遗产。[②] 近年来，广州市逐渐开展起全市范围的资源活化行动，以体验课、体验游、新媒体传播等多种形式宣传非遗资源，让更多民众领略非遗的独特魅力。

5.2.3　小结

广州市自"十三五"以来，进入建设世界文化名城、文化强市的攻坚阶段。广州的文化事业在公共文化服务和文化遗产保护方面的发展情况如下。

（一）文化事业法规和政策逐步建立

随着文化发展在城市乃至国家战略发展中发挥越发重要的作

---

① 广州市文化广电新闻出版局关于政协十三届广州市委员会第二次会议第 4052 号提案答复的函．http://www.xwgd.gov.cn/xwgd/zxtadfgk/201808/a05353199d80457cb7f05308c2b6d2e2.shtml.

② 广州市文化广电新闻出版局关于公示广州市非物质文化遗产传承基地（2018 – 2020 年度）名单的公告．http://www.xwgd.gov.cn/xwgd/shgysyjs/201810/60670d4c68b746599aa1b8dc78337680.shtml.

用，文化事业得到了前所未有的壮大，文化事业方面的立法不断完善。《广州市公共图书馆条例》《广州市博物馆规定》等法规相继颁布，《广州市"图书馆之城"建设规划（2015—2020）》《广州市档案事业发展"十三五"规划》《广州市建设非物质文化遗产工作站方案（2018—2020）》等规划和方案被制定和印发，广州市的文化法制建设不断完善。广州结合文化事业的具体方面制定规划和方案，设立了建设目标，让文化事业的实践工作有法可依，有计划可循。

（二）公共文化服务体系建设稳步推进

加强文化设施建设，以公共图书馆和档案馆为例，其建筑面积在不断扩大以达到设定的目标，相关的服务设施和设备也在不断配套完善。"图书馆之城""博物馆之城"的建设稳步推进，通过印发相关的服务规范和管理办法指导服务，提高公共图书馆和博物馆的建设速度和健全服务网络，为服务效能的提高奠定基础。各类公共文化服务机构组织丰富的群众文化和艺术演出活动，丰富市民的精神文化生活，让市民真切地感受文化的魅力。

（三）文化事业发展尚不平衡不充分

广州市的文化事业仍存在发展不平衡不充分的现象。如公共图书馆事业中存在区级图书馆的发展不平衡和街镇图书馆的发展不充分的现状。2020 年是广州文化事业发展的关键时间节点，但目前多项数据显示距离建设目标尚有差距，文化事业的效能发挥和服务水平还有待提高。

第三节　广州的会展发展现状

作为商贸之都的广州，凭借广交会的地缘优势，成了我国国际会议展览业起步最早的城市之一，目前广州会展业已稳居全国三大会展城市之列。①广州每年在广州保利世贸博览馆、中国进出口商品交易会展馆等 20 个重要场馆举行上百场展会（见表 5 - 3），其中不乏一些处于国际行业会议体系顶端的世界级会议，在国际交流

---

①　广州市人民政府．广州刮起国际会议"旋风"［EB/OL］．［2019 - 02 - 17］. http://www. gz. gov. cn/gzgov/s2342/201611/1c8049d3315c4c95a28c9b20f2fc9d79. shtml.

中发出强有力的广州声音。相关资料显示，广州 2015 年举办展览数量 482 场次，累计展览面积 861.7 万平方米；接待会展活动人员1338.9 万人次。① 从展览题材来看，旅游休闲类、机械工业类、家居建材类在 2015 年广州展览数量中排名前 3 位，占比分别为14.01%、12.84%、12.45%，数量分别为 36 个、33 个、32 个。②

表 5 – 3　近 5 年广州重要展馆的展会数量

展馆	2018 年	2017 年	2016 年	2015 年	2014 年
中国进出口商品交易会展馆（广交会展馆）	137	37	75	86	65
广州保利世贸博览馆	23	38	55	54	38
南丰国际会展中心		14	14		
广州国际采购中心		10			
国采展馆		39			

资料来源：广州会展网. 广州展会排期［EB/OL］.［2019 – 02 – 17］. http://www. gzceia. com/index. php？a = index&m = Article&id = 66.

近几年，广州成功举办中国海湾阿拉伯国家合作委员会自贸区第七轮谈判、G20 峰会第二次协调人会议、亚欧互联互通媒体对话会、广州国际城市创新奖答辩会、2016 年中国商业圆桌会（与世界经济论坛组织合作举办）等高端会议以及 2017 年全球财富论坛、2018 年世界航线发展大会等国际会议。

从综合展览和专业展览两个方面来分析将近 5 年来有影响力的展会，广州举办的专业展览居多，综合展览相对较少。

5.3.1　综合展览会

综合展览指包括全行业或数个行业的展览会，也被称作横向型展览会，如工业展、轻工业展。世界博览会是世界上规模最大的综

---

① 广州会展网. 广州稳居全国三大会展城市之列［EB/OL］.［2019 – 02 – 17］. http://www. gzceia. com/index. php？a = show&m = Article&id = 828.

② 广州会展网. 粤展览业全国第一　广州撑起半壁江山［EB/OL］.［2019 – 02 – 17］. http://www. gzceia. com/index. php？a = show&m = Article&id = 815.

合展。① 广州最具代表性的综合展览是中国进出口商品交易会，也称广交会。

（一）广州博览会②

广州博览会是广州人民政府主办的中外经贸结合的大型博览会，至 2018 年已举办 26 届。近年来，广州博览会借助广州"千年商都"这一金字招牌和广州博览会"中国十大会展之一"这一国际化平台，积极吸纳国内外各行业领军企业来参会布展，如 2017 广州智慧城市技术与应用展中，积极引入物联网、智能家居、智能硬件、智能停车的高科技创新展会。

2018 年 8 月 24—27 日在中国进出口商品交易会展馆举办的第 26 届广州博览会，展览总面积为 15 万平方米，以"合作、发展"为主题，以"立足珠三角、面向海内外、服务全中国"为办展宗旨，贯彻国家"一带一路"倡议规划，突出展现广州改革开放 40 周年成果，重点介绍广州 IAB、NEM 战略，推动广州与全国各地创新发展、协调发展。展会设国内友好城市展、国际城市及商品展、广州城市建设及名优产品展 3 个综合展览，以及广州台湾商品博览会、广州农产品食品博览会、广州国际轨道交通展、广州国际渔博会、广州国际餐饮连锁加盟展、广州国际老年健康产业博览会、广州 AR/VR 产业创新展览会 7 个专业展。

（二）2017 广州《财富》全球论坛③

创办于 1995 年的《财富》全球论坛，每 16—18 个月举办一次，由美国《财富》杂志主办。论坛围绕全球经济问题，聚集各大跨国企业的董事长、总裁、首席执行官及高级管理人士。

2017《财富》全球论坛聚焦跨国公司在中国和全球经济处于变革的关键时期所面临的关键问题，于 12 月 6—8 日在广州举行，主

① 广州会展网. 展览会的各种分类　展览会的性质分类［EB/OL］. ［2019 - 02 - 17］. http://www. gzceia. com/index. php? a = show&m = Article&id = 769.

② 广州博览会. 关于广博会［EB/OL］. ［2019 - 02 - 17］. http://www. gzfair. com. cn/page81. 广州会展网. 7000 多个展位创新高！第 25 届广州博览会 25 日开幕有你好看［EB/OL］. ［2019 - 02 - 17］. http://www. gzceia. com/index. php? a = show&m = Article&id = 1214.

③ 腾讯网. 2017 年广州财富全球论坛［EB/OL］. ［2019 - 02 - 17］. http://gd. qq. com/zt2017/fortunepc/. 新华网.《财富》全球论坛·2017 广州［EB/OL］. ［2019 - 02 - 17］. http://www. gd. xinhuanet. com/zt17/gzforum/.

题为"开放与创新：构建经济新格局"。本届论坛参会的中外企业近 400 家，包括 152 家世界 500 强企业，共超过 1000 名嘉宾出席，规模实现历史性跨越。国家主席习近平的贺信在与会代表中反响热烈。

（三）中国国际中小企业博览会①

经中国国务院批准，中国国际中小企业博览会（以下简称"中博会"）于 2004 年创办，由中国工业和信息化部、国家市场监督管理总局、广东省人民政府等部门主办，每年秋季在广东省广州市举办，至 2016 年已经举办十三届，是国际展览联盟（UFI）认证的国际展会。每届中博会的展览面积均超过 10 万平方米，其中除中国大陆外的企业展览面积不少于 2 万平方米，展位超过 1000 个；进展馆参观人数约 20 万人次。

中博会从 2005 年第二届起实行联合主办国（组织）机制，已先后邀请法国、意大利、日本、韩国、西班牙、马来西亚、科特迪瓦、印度等担任联合主办国（组织）联合办展。除此之外，亚欧会议成员参展机制和中东欧 16 国参展机制也让更广泛领域和更多国家的中小企业加入中博会这个平台，从而为各国中小企业提供了相互借鉴和交流合作的宝贵商机。

第十三届中博会于 2016 年 10 月在广州召开，由工业和信息化部、国家工商行政管理总局和广东省人民政府、科特迪瓦商务部、印度微中小企业部联合主办，首次邀请非洲国家，参展国家和地区数量超过 25 个。设标准展位 4600 个，展览面积 10 万平方米。

（四）广州国际城市创新奖②

由广州市与世界城市和地方政府组织（UCLG，简称"城地组织"）、世界大都市协会共同发起设立的广州国际城市创新奖（Guangzhou International Award for Urban Innovation，简称"广州奖"），旨在交流先进经验、表彰成功实践、倡导科学理念，进而推

---

① 广州会展网．粤展览业全国第一 广州撑起半壁江山［EB/OL］．［2019 - 02 - 17］．http://www. gzceia. com/index. php? a = show&m = Article&id = 815. 中国国际中小企业博览会．中博会简介［EB/OL］．［2019 - 02 - 17］．http://www. cismef. com. cn/14/? p = 300.

② 广州国际城市创新奖．奖项介绍［EB/OL］．［2019 - 02 - 17］．http://www. guangzhouaward. org/cn/about_d. aspx? CateId = 182&newsid = 511.

动全球城市的全面、和谐与可持续发展。

广州奖面向全球范围内的城市和地方政府，在城市创新领域内取得的成功实践都有资格参加评奖，每两年举行一次，该实践必须是正在实施或近两年内完成的项目、举措或政策，并产生了实际效果或重要影响，具有独创性和可示范推广意义。

自 2012 年以来，广州奖已举办三届评选活动，每届均有超过50 个国家和地区的 150 多个城市报名参评，累计城市创新参评项目已超过 700 个。主要涉及基础设施和公共服务、城市规划和良好治理、伙伴关系、技术、韧性城市、社会包容和性别平等等主题领域。

此外，广州奖组委会搭建了一个以历届广州奖参评案例和调研成果为基础的国际城市创新数据库（http://www. urban-innovations. org），收录全球城市创新实践案例和前沿理念，分享城市、社区宜居和可持续发展的创新经验，力争将其打造成为互动性网络共享平台。目前已收录城市创新案例近 400 个。

（五）2016 年中国商业圆桌会议①

2016 年由世界经济论坛主办、广州市人民政府承办的世界经济论坛商业圆桌会议于 11 月 9—10 日在广州举行，主题为"战略性行业的数字转型"。逾 200 人出席，包括国际知名学者、国家相关部委官员、中国的新兴行业企业家及跨国企业负责大中华区业务的高管等。

5.3.2 专业展览会

专业展览是只涉及某一领域的专业性展出，具有较强的专业限制，通常是展示某一行业甚至某一项产品的展览会，如钟表展。专业展览会的突出特征之一是常常同时举办讨论会、报告会，用以介绍新产品、新技术。②

① 腾讯·大粤网. 2016 年世界经济论坛商业圆桌会议［EB/OL］.［2019 – 02 – 17］. http://gd. qq. com/cross/20161110/08448jMO. html.
② 广州会展网. 从六个方面看展会的基本类型［EB/OL］.［2019 – 02 – 17］. ht-tp://www. gzceia. com/index. php? a = show&m = Article&id = 771.

(一) 广州国际艺术博览会①

广州国际艺术博览会（以下简称"广州艺博会"）是经国家文化部批准，由中国美术家协会、广州市人民政府主办，广州市文化广电新闻出版局承办，广州艺时代展览策划有限公司承办执行的中国三大国际艺术博览会之一。广州艺博会每年举办一次，至 2018 年已举办 23 届，自第 23 届开始分为春季和秋季。

2018 年 11 月 30 日—12 月 3 日第 23 届秋季广州国际艺术博览会在广州市琶洲举办，来自 40 个国家和地区的 450 家艺术机构参会，展出原创艺术品超 2.5 万件，总成交额达 7.75 亿元，近 1.7 亿元交易额来自非遗板块与文创产品。此届艺博会的一大亮点是推出"走进永庆坊，留下城市的记忆——广州非遗展"，该展区营造了一个"广式生活空间"。《广州非遗＋文化资源交易与合作手册》首度发布大批广州非遗文化合作资源，全面呈现非遗融入当代生活的勃勃生机与繁荣场景。

(二) 中国 (广州) 国际建筑装饰博览会②

有"亚洲建材第一展"之称的中国（广州）国际建筑装饰博览会（以下简称"中国建博会〈广州〉"）每年 7 月 8—11 日在广州广交会展馆和保利世贸博览馆举行，由中国对外贸易中心、中国建筑装饰协会主办。

2018 年，中国建博会（广州）展出面积超过 40 万平方米，展区涵盖大家居建装行业全产业链，含定制、智能、系统、设计四大主题，核心题材几乎囊括了行业内所有一线品牌，参展企业近 2000 家，入场人次超过 91 万，展出规模继续位居全球同类展会之首。展览期间，还聚焦设计、定制、智能和行业热点问题，举办了 40 多场有影响力的高端会议和论坛。

---

① 广州会展网. 2018 第 23 届秋季广州艺博会闭幕总成交额达 7.75 亿元［EB/OL］.［2019 - 02 - 17］. http：//www. gzceia. com/index. php？ a = show&m = Article&id = 1339. 广州国际艺术博览会. 艺博会简介［EB/OL］.［2019 - 02 - 17］. http：//www. gzyibohui. com/exhibition. html？ typeid = 59829.

② 广州会展网. 2018 广州建博会开幕聚焦绿色环保和跨界融合［EB/OL］.［2019 - 02 - 17］. http：//www. gzceia. com/index. php？ a = show&m = Article&id = 1308. 中国（广州）国际建筑装饰博览会. 展会介绍. http：//gzfair-cbd. intexh. com/portal/list/index/id/12. html.

（三）中国（广州）国际消防安全与应急装备展览会①

中国（广州）国际消防安全与应急装备展览会（以下简称"广州国际消防展"）由广东省应急产业协会、广东省安全生产协会、广东省贸促会、应急救援装备产业技术创新战略联盟、中国机械工业集团有限公司、军蒂企业管理集团、新兴际华集团有限公司联合主办，至 2018 年已举办 8 届，是粤港澳大湾区规模和影响力最大的消防安全交流盛会。

第八届广州国际消防展于 2018 年 6 月 28—30 日在保利世贸博览中心举行。展出面积超过 3 万平方米，入场观众超过 3 万人次，吸引了 500 多家消防与应急领域的知名企业参与，合同总额达 18.2 亿元人民币。展会共分为四大板块，分别是消防安全论坛区、消防历史文化展区、高精尖设备展区和消防安全体验区。同期举行了第五届全球智慧安全产业高峰论坛、应急装备供应链联盟圆桌会议、消防安全演练等活动。

（四）广州国际食品食材展暨世界食品广州展②

至 2018 年已举办七届的世界食品广州展，由中国国际贸易促进委员会广州市委员会、上海博华国际展览有限公司联合主办，同期举办广州国际食品食材展览会。

2018 年 6 月 15 日，在广州琶洲·保利世贸博览馆举行第七届广州国际食品食材展暨世界食品广州展。45000 平方米展出面积，近 1000 家全球展商参与，国内外 20 多个国家及地区优质食品食材汇聚于此。此次展会以专业采购＋贸易合作为主题，展品类别涉及进口食品食材、国内特色食品、饮料饮品、生鲜电商、餐饮设备、餐饮连锁加盟、餐饮空间设计等模块。境外展区共有来自加拿大、日本、乌克兰、智利、新西兰、秘鲁、马来西亚、哥伦比亚、土耳其、印尼、伊朗等 20 多个国家带上当地特色食品食材空降广州。

---

① 广州会展网．7 年磨一剑，广州国际消防展再创佳绩［EB/OL］．［2019 - 02 - 17］．http：//www. gzceia. com/index. php？a = show&m = Article&id = 1309.

② 广州会展网．舌尖上的食材盛宴　第七届广州国际食品食材展暨世界食品广州展圆满落幕！［EB/OL］．［2019 - 02 - 17］．http：//www. gzceia. com/index. php？a = show&m = Article&id = 1305. 世界食品广州展［EB/OL］．［2019 - 02 - 17］．http：//www. fggle. com/.

（五）中国国际应用科技交易博览会①

中国国际应用科技交易博览会（以下简称"应博会"）集成果展示、产品发布、高端论坛、项目路演为一体，重点展示高端电子信息、智能制造、新型显示等战略性新兴产业领域的研发进展、最新产品、技术服务和行业发展态势。

2017 年主题为"创新汇智，领动未来"的应博会在广州举办，由广东省产学研合作促进会、粤港澳高校联盟联合主办，吸引包括世界 500 强企业、重点高校院所在内的 300 多家单位参展，达成合作意向近 200 项，成交额近 600 万元。应博会展会为期 3 天，聚焦科技发展领域，专注科研成果转化落地，设立粤港澳高校联盟知识转移成果、VR/AR 等展区。2018 年 12 月 10—12 日在广州·中国进出口商品交易会展馆 B 区以"汇智全球，变革创新"为主题举行应博会。

（六）南国书香节②

"南国书香节"由中共广东省委宣传部、广东省新闻出版广电局、中共广州市委宣传部、广州市文化广电新闻出版局主办，始创于1993 年"南国书香节"品牌，于2007 年与"羊城书展"二展合一。

2008 年省委宣传部开始主导书香节，吸引各方力量资源，发挥新闻媒体的宣传作用，倡导广大读者读书、爱书、尚书。2009年"南国书香节"被中宣部和新闻出版总署评为"全国全民阅读活动优秀项目"。2010 年起，广东文化强省建设十项工程重要组成部分"南国书香节"被列入《广东省建设文化强省规划纲要》。

2017 广州琶洲会展中心举办南国书香节暨羊城书展，"把读书作为一种生活态度"是这一展览的主题，举办 240 多场次中华优秀传统文化系列、新锐和网络系列等文化活动，出席名人嘉宾 300 多

① 广州会展网.2017 广东国际应用科技交易博览会在广州开幕［EB/OL］.［2019 -02 - 17］.http://www. gzceia. com/index. php？a = show&m = Article&id = 1208. 2018中国国际应用科技交易博览会. 展会介绍［EB/OL］.［2019 - 02 - 17］. http://www. iaste-china. com/alone/alone. php？id = 54.

② 广州会展网.2017 南国书香节：240 多场次文化活动回馈广大市民［EB/OL］.［2019 - 02 - 17］. http://www. gzceia. com/index. php？a = show&m = Article&id =1212. 南国书香节. 书展介绍［EB/OL］.［2019 - 02 - 17］. http://www. ngsxj.com/culture/about/.

名。春华、夏梦、秋实、冬韵是 2017 羊城书展的四大主题板块。与往年相比，书展极大地提升了品质，从单纯的图书交易向文化服务转变。

（七）中国环博会广州展①

全球旗舰环保展德国慕尼黑 IFAT 展的中国展，已发展成为亚洲环保旗舰展的"中国环博会"，持续聚焦中国环保行业，自 2000 年始，每年一届在上海举办。中国环博会与广东省环保产业协会从 2015 年开始合作，在广州设立子展——"中国环博会广州展"。

2018 年 9 月 20 日 2018 中国环博会广州展在中国进出口商品交易会展览馆圆满落幕。31000 平方米展示空间共吸引了来自 15 个国家与地区的 505 家展商，展出上万种环保解决方案，接待了 26493 名专业观众。这次展会在所有方面都取得了不同程度的增长，印证了华南环保强劲发展动力。

（八）中国（广州）智能装备暨机器人博览会②

作为广州市政府重点引进培育的十大展会之一，中国（广州）智能装备暨机器人博览会（以下简称"广州智博会"）由参考消息报社、新华社中国经济信息社广东经济研究中心联合主办，至 2018 年已举办四届。

2018 年 6 月 22—24 日广州智博会在广州琶洲·广交会展馆 B 区举行，以"新智造·新生态·新动能·新时代"为主题。展览面积达 3 万平方米，主题设置两馆四区，分别为智能工厂馆、工业互联网生态馆以及智能装备区、智能机器人区、高端装备及机器人关键零部件区、高端会议区。展会在保持往届智能装备、重点机器人等高科技企业参展参会外，亦不断注入生物制药、智慧医疗等新鲜血液，激发行业跨界新活力。

---

① 中国环博会·广州. 展会概况 ［EB/OL］. ［2019 - 02 - 17］. http：//gz. ie-ex-po. cn/Overview/profile.

② 广州会展网. 九月"广州智博会"再掀"智汇·聚变" ［EB/OL］. ［2019 - 02 - 17］. http：//www. gzceia. com/index. php？a = show&m = Article&id = 1074. 2018 中国（广州）国际智能装备暨机器人博览会 ［EB/OL］. ［2019 - 02 - 17］. http：//www. onezh. com/web/index_57011. html.

（九）广州国际进口食品博览会①

广州国际进口食品博览会于每年 9 月在广州广交会琶洲展馆举行，被视为每年 5 月北京进口食品展的"姊妹展"。主办单位为广州福图喜纳网络科技有限公司、广东省进口食品协会。

第七届广州国际特色食品饮料展览会 2018 年 9 月 9 日在广州·琶洲国际会展中心举行。波兰、意大利、荷兰、英国、土耳其、葡萄牙、澳大利亚、西班牙、乌拉圭、泰国、马来西亚、韩国、菲律宾、印度、阿拉伯联盟等 20 多个国家和地区的近 500 家参展企业携各国特色食品现场展示。

（十）亚太国际 3D 打印产业展览会②

每年在广州琶洲南丰国际会展中心举行的亚太国际 3D 打印产业展览会（亚太 3D 展）是亚太地区一年一度的 3D 打印行业盛会。

第三届亚太 3D 展于 2016 年 4 月 16—18 日与广交会同期举办，展会面积达 6000 平方米，累计观众达 13000 人次，共有 82 家参展商，2 场高峰会和 6 场新品发布会。第四届亚太 3D 展于 2017 年 4 月 15—17 日举办，展出面积 8000 平方米，设展位 300 余个，邀请参展厂商 150 多家，为参展企业提供了一个对外贸易供求对接平台。

（十一）广州紫砂陶瓷艺术文化节③

广州紫砂陶瓷艺术文化节由广东省工艺美术协会、广东陶瓷协会、宜兴市陶瓷行业协会、广州南方茶叶商会、广州市东华文化发展有限公司联合举办，成为目前中国华南紫砂、陶瓷、艺术文化产业规模最大、层次最高、参展工艺师最多、作品最多、内容最丰富的交流合作盛会。

2014 年 7 月 17—20 日在广州琶洲国际会展中心 C 区 15.1 号馆

① 2019 广州进口食品博览会. 展会概况［EB/OL］.［2019 - 02 - 17］. http：//www. food2chinaexpo. com/zhanhuijs/.

② 广州会展网. 第三届亚太国际 3D 打印产业展览会展后报道［EB/OL］.［2019 - 02 - 17］. http：//www. gzceia. com/index. php？ a = show&m = Article&id = 724. 中国供应商·展会中心. 2017 第四届亚太国际 3D 打印产业及模具展览会［EB/OL］.［2019 - 02 - 17］. https：//fair. china. cn/zhanhui/23597. html.

③ 广州会展网. 2014 第五届广州紫砂陶瓷艺术文化节 7 月隆重开幕［EB/OL］.［2019 - 02 - 17］. http：//www. gzceia. com/index. php？ a = show&m = Article&id = 501.

隆重举行了第五届广州紫砂陶瓷艺术文化节暨茶文化精品展。本届文化节规模宏大、盛况空前，吸引了全国紫砂陶瓷主产区众多的各类紫砂、陶瓷名优特产品参展，宜兴市、潮州市、景德市、德化市等紫砂陶瓷主产区的国家级中国陶瓷艺术大师毛国强、季益顺、邱玉林、谢金英及江苏省大师葛军、范伟群等近1000人云集羊城。

（十二）中国（广州）国际家具博览会①

中国（广州）国际家具博览会（简称"中国〈广州〉家博会"），由中国家具协会、中国对外贸易中心（集团）、广东省家具协会、香港家私装饰厂商总会主办，至2018年已连续举办41届。从2015年起，中国家博会面向珠三角与长三角地区，每年3月与9月分别在广州琶洲和上海虹桥举办。

2018年，第41届中国（广州）家博会开幕，主题为"匠心质造、全能对接"，75万平方米展览规模，4000多家参展商参展，涵盖民用、户外、办公、酒店、家居等主题产业链，在家居、家具方面引领中国、拉动全球持续发展。

（十三）国际广告标识及LED行业大展②

广州国际广告标识及LED展览会（简称ISLE），由广州交易会广告有限公司及中国对外贸易广州展览总公司联合主办。

2018年ISLE于3月3—6日在广交会展馆B区举行。本届ISLE展会展馆面积达12万平方米，有超过1800家知名品牌参展，观展人数累计高达23.8万人。

表5-4 2015—2018年广州国际广告标识及LED展览会规模

年份	展会规模	参展企业	参观人数	论坛场次
2015	70000平方米	约1000家	超12万人次	14场
2016	80000平方米	约1200家	超18万人次	17场

---

① 广州会展网.第43届中国（广州）国际家具博览会［EB/OL］.［2019-02-17］.http://www.ciff-gz.com/.

② 广州会展网.广州国际广告标识及LED行业大展圆满闭幕，ISLE邀您：来年再聚！［EB/OL］.［2019-02-17］.http://www.gzceia.com/index.php? a = show&m = Article&id = 1259 ISLE-广州国际广告标识及LED展览会［EB/OL］.［2019-02-17］.http://www.isle.org.cn/.

年份	展会规模	参展企业	参观人数	论坛场次
2017	100000 平方米	超 1600 家	超 20 万人次	20 场
2018	120000 平方米	超 1800 家	超 23 万人次	20 场

（十四）2018 年世界航线发展大会①

2018 年 9 月 16 日，世界航线发展大会开幕。约 110 多个国家的 300 多家航空公司、700 多家机场管理机构、130 多家政府及旅游机构等 3000 多名代表出席。活动以"汇聚广州，连通世界"为理念，以"开放聚力、创新发展、经济共享、合作共赢"为主题，将世界航线发展的创新成果、竞争活力和美好展望与广州深厚的历史文化、经济发展成果相结合，向全球航空业界和投资者展现广州的建设发展成果的同时，也展现了中国文化的博大精深、岭南文化的独具特色。

（十五）亚欧互联互通媒体对话会②

亚欧互联互通媒体对话会由中国外交部、国务院新闻办共同主办，广州市政府承办，孟加拉国、蒙古、新西兰、巴基斯坦、新加坡担任共提方。2016 年 5 月 9 日，亚欧互联互通媒体对话会在广州开幕。本次对话会是亚欧会议成立 20 年历史上首次以媒体高层为参会嘉宾的专题大会。会议重点探讨媒体在加强亚欧互联互通方面的独特作用，并为媒体与工商界搭建了高效的对话平台。会议安排的活动，主要有开幕式、专题论坛、全体会议、专题讨论会、闭幕式和记者见面会。来自 51 个国家和地区的政府官员、新闻媒体代表、领馆官员、亚欧基金代表等，约 200 人参加此次会议。

第四节 目前面临的主要问题

通过对广州文化产业和文化事业的调研，本团队在梳理分析各

---

① 中国网.2018 年世界航线发展大会［EB/OL］.［2019 - 02 - 17］.http://union.china.com.cn/zhuanti/node_1003884.htm.

② 广州市人民政府.亚欧互联互通媒体对话会开幕［EB/OL］.［2019 - 02 - 17］.http://www.gz.gov.cn/gzgov/s2342/201605/ebadd62669ee493aa9c96138b5cf64ca.shtml.

项数据后，对广州文化发展问题总结如下。

（一）文化产业结构不够完善

首先，广州文化产业规模不够大，且较为分散。广州虽然拥有多家重点文化企业，且涉足内容创作生产、文化装备生产、文化辅助生产和创意设计服务等多个领域，但其力量较为弱小且分散，未能形成合力。此外，全国知名的文化产业企业或文化品牌较少，缺少起领头羊作用的大集团。其次，新兴文化产业与传统文化产业未能协调发展。无论是在营业收入还是在重点文化企业的分布上，广州在新兴文化产业，如互联网信息服务、专业化设计服务等都占有重要地位。广州已经聚集如羊城创意园、广州 T. I. T 创意园，以及酷狗、漫友、奥飞等知名互联网企业，在互联网内容创作和数字传播领域拥有潜力。与此同时，与新兴文化产业相比，在广播影视、新闻出版等传统文化产业方面，广州虽一直保持着全国领先地位，发展速度却相对缓慢。

（二）文化事业发展与经济水平不适应

一直以来，广州的经济实力在全国都名列前茅，在世界城市之林中表现也不差。随着五年规划的推进，广州的经济效益在逐年稳步提升，在世界城市体系中的排名也在持续上升。而与之不相匹配的是广州文化的发展，尤其是文化事业的发展水平还未能很好地满足人民的精神文化需求。最明显的体现即是前文所提到的文化事业发展不平衡、不充分。尽管广州已出台一系列政策推进文化基础设施的建设、文化活动的开展、优秀文艺成果的创作以及传统文化的保护，"图书馆之城"的建设、文艺精品的传播以及文化遗产保护的宣传也卓有成效，但还应看到广州公共文化的城乡差距，包括基层文化设施利用率较低、人才较缺乏，文学艺术的原创能力不足等问题。

（三）文化产业与文化事业发展亟待融合

文化发展的重要组成部分是文化产业与文化事业，它们虽然在目的和性质上都完全不同，但却是能够相互转化与相互促进的关系。在城市文化发展中，不仅不应偏废，还应促进两者的融合发展。近年来广州的文化产业增加值虽可观，但却缺乏具有独特性的持续、深入发展的资源。新媒体、网游动漫、创意设计虽发展迅速，但却忽视了与广州传统文化资源和历史遗产的结合，在社会效益方面有所不足。公共文化服务虽日趋完善，文化基础设施建设步伐也十分迅速，却尚未能重视起利用文化产业的手段扩大自身影响力的作用。而在文化产业与文化事业两者中间的改制文化企业和兴办文化事业的社会力量也面临着体制机制障碍、市场适应能力不足等问题。总体而言，广州文化产业与文化事业发展在国内均处于领先水平，但仍面临如何协调、深入、均衡发展的问题。

（四） 与大湾区其他城市的合作交流有待加强

作为粤港澳大湾区的中心城市，广州与香港、澳门、深圳同为湾区发展的核心引擎，带动着周边区域的发展。从上文分析可知，在文化创意和设计服务领域，广州发展水平较高，已形成漫画、游戏和互联网服务等优势文化产业，但在国际上的影响力和知名度尚有待加强。因此广州更需要与其他城市加强合作交流，把握粤港澳大湾区发展战略的机遇，让文化创意产业再上一个台阶，力争达到国际一流水平。此外，在公共文化服务和文化遗产保护方面，从目前的规划定位中广州也未凸显出与大湾区其他城市合作交流的意向。这与《粤港澳大湾区规划纲要》所要求的"加强大湾区艺术院团、演艺学校及文博机构的交流，支持博物馆合作策展，便利艺术院团在大湾区内跨境演出"① 不相适应。

（五） 综合型会展较少，创新程度有进一步提升的空间

广州是全国三大会展城市之一，② 重要会展的规模较大、数量较多，可以说，展览与会展目前依然是广州最为强势的文化输出方式之一。但总体上来讲广州举办的专业展览居多，相比之下综合展览较少。广州文化产业交易会总体定位为交易型文化产业展会，这导致会展带来的经济效应较为明显，但文化影响力略有不足，广州可以考虑设立多主题展馆，吸引参展商、采购商和投资商前往参与，同时也能供市民欣赏，从而提高文化产业的影响力。

与此同时，广州近年来会展的创新程度也略有不足，对一些新

---

① 广州市人民政府. 中共中央国务院印发《粤港澳大湾区发展规划纲要》［EB/OL］.［2019 - 04 - 03］. http://www. gz. gov. cn/gzgov/zxtt/201902/c862bf20f20047c5ab21c8b6d21986dd. shtml.

② 广州市人民政府. 广州刮起国际会议"旋风"［EB/OL］.［2019 - 02 - 17］. http://www. gz. gov. cn/gzgov/s2342/201611/1c8049d3315c4c95a28c9b20f2fc9d79. shtml.

兴的主题反应较慢。例如，2018 年 11 月 2 日，中国（南京）文化科技融合成果交易会在南京国际博览中心开幕，这个被称为"南京融交会"的会展以南京文化创意产业交易会为基础，聚焦文化科技的融合，培育新型文化业态，打造新的文化消费模式，促进文化产业的快速、高质量发展，是国内第一个文化科技融合品牌交易会。①这一"科技＋文化"类的会展，事实上既适合广州未来的 IAB 定位，也符合目前沿海的本土资源优势，但是广州目前尚未建立类似的创新会展品牌，如"科技＋文化"类型的会展。同时广州应顺应时代潮流对展会内容进行创新，如设置文物及博物馆相关文化创意产品专业主题馆、奥运主题展、京津冀文化协同发展展等展馆或展区。

---

① 中国（南京）文化科技融合成果交易会 ［EB/OL］. ［2019 - 03 - 26］. http：//www. njcif. cn/.

第六章
国际一流城市评估中的广州竞争力

从世界城市评估体系视角考察广州的综合竞争力和文化竞争力，可以了解广州及其文化的发展水平和在国际一流城市中的地位。

第一节　广州在国际一流城市评估
体系中的综合竞争力

广州作为国家中心城市和综合性门户城市，一直以来，注重增强国际商贸中心、综合交通枢纽功能，培育提升科技、教育、文化中心功能，尤其在国家重点关注粤港澳大湾区发展的背景下，广州全面加强建设富有活力和国际竞争力的"世界级城市"[①]。本节的核心目标之一，是了解广州在当前国际一流城市评估体系中的综合竞争力。

20世纪以来，一批具有世界性影响的大型城市相继涌现。为了全面把握和了解这些城市的影响力、竞争力，国内外多个重要机构推出了一系列国际一流城市评估体系。如第二章所述，本次调研共收集和梳理了国内外一流城市的评估体系18个，包括国外城市评估体系12个，国内城市评估体系6个，课题组重点调查了广州在各评估体系中的综合排名情况，旨在反映广州在全球城市中的位置，以及广州与其他中国城市的差距。

---

① 广州市人民政府. 中共中央国务院印发《粤港澳大湾区发展规划纲要》［EB/OL］.［2019－02－22］. http://www. gz. gov. cn/gzgov/zxtt/201902/c862bf20f20047c5ab21c8b6d21986dd. shtml.

6.1.1　总体情况说明

在所调研的 18 个评估体系中，广州共入选 10 个评估体系，可以说，在这些评估体系中，广州已跻身国际一流城市之列，其中，国外 6 个，分别是：《全球城市排名》（71/135）、《全球城市动态指数》（109/165）、《聚焦 2025：全球城市未来竞争力评比》（89/120）、《改革城市指数》（113/500）、《美世生活质量调查》（119/231）、《全球化及世界城市研究网络》（40/249）；国内 4 个，分别是：《中国城市综合发展指标》（4/295）、《中国城市文化竞争力报告》（3/36）、《普华永道：机遇之城（中国版）》（4/30）、《中国城市竞争力报告》（5/294）。① 而广州未入选的 8 个评估体系为：《文化发展指数》《宜居性调查》《世界城市文化报告》《文化创意城市监测》《世界城市综合力排名》《普华永道：机遇之城（世界版）》《城市文化评估指标》《文化城市统计评估指标体系》。

根据广州综合排名的调查结果，我们发现：（1）在全球一流城市的排名中，广州处于中间位置；（2）在国内排名中，广州处于领先位置；（3）广州近年排名有所变化；（4）在国际竞争力方面，与中国其他发达城市相比，广州仍有明显差距。

6.1.2　具体指标分析

（一）国外评估指标

1.《全球城市排名》。在最新排行（2018 年）中，全球入选城市 135 个，中国入选城市 26 个。在该榜单中，广州居于第 71 位，这也是继 2015 年之后连续 4 年位置保持不变。其中，2012 年和 2014 年广州分别排在第 60 名和第 66 名，可见广州近几年的名次有所下降。此外，香港、北京和上海三个城市均入选前 20，广州与其差距显著。

2.《美世生活质量调查》。在最新排行（2018 年）中，全球入选城市 231 个，中国入选城市 11 个。在该榜单中，广州位于第 119 名，与北京并列，比上海低 16 名。该报告称，自 1998 年起，广州排名增长了 11.4%，在亚洲地区的增长率仅次于上海和新德里，可

---

① 括号中，"/" 前为广州的排名情况，"/" 后为入选的城市总数。

见广州的国际竞争力在 20 年里大幅提升。

3.《全球城市动态指数》。在最新排行（2018 年）中，全球入选城市 165 个，中国入选城市 6 个。广州位于第 109 名，落后于香港（第 10 名）、上海（第 57 名）、北京（第 78 名）。在各维度中，广州的流动性和交通（第 27 名）、经济（第 55 名）、国际推广（第 56 名）等表现良好；而广州的社会凝聚力（第 121 名）、城市规划（第 124 名）和环境（第 152 名）则略显不足。在经济和环境水平上，广州与上海、北京相差不大；在社会凝聚力上，广州略胜一筹；除此之外，广州在其他维度的排名均与上海、北京有一定差距（见表 6 - 1）。

表 6 - 1　广州与上海、北京的《全球城市动态指数》排名比较

单位：名

维度	广州	上海	北京
经济（Economy）	55	60	50
人力资本（Human Capital）	92	16	29
社会凝聚力（Social Cohesion）	121	148	129
环境（Environment）	152	149	160
政治（Governance）	119	30	76
城市规划（Urban Planning）	124	56	111
国际推广（International Outreach）	56	26	12
技术（Technology）	110	52	57
流动性和交通（Mobility and Transport）	27	5	10
全球城市动态指数	109	57	78

4.《聚焦 2025：全球城市未来竞争力评比》。在最新排行（2012 年）中，全球入选城市 120 个，中国入选城市 13 个。该指标将当下（2012 年）与未来（2025 年）在城市竞争力方面进行对比，展现出城市竞争力的变化趋势和发展潜力。广州在 2025 年的排名为第 89 名，相比 2012 年排名下降了 23 名；得分为 45.3 分（满分 100 分），比 2012 年低了 1.4 分。在所有入选的中国城市中，广州 2025 年的位置并不突出，甚至被天津、青岛、大连、苏州、成都等城市超越（见表 6 - 2）。

表 6 - 2　广州与其他城市在《聚焦 2025：全球城市未来
竞争力评比》的排名

单位：名

年份	广州	香港	台北	上海	北京	深圳	天津	青岛	大连	苏州	成都	杭州	重庆
2012	66	3	25	32	36	53	69	88	81	82	78	90	83
2025	89	4	11	38	49	69	81	82	83	83	86	93	98

5.《改革城市指数》。在最新排行（2018 年）中，全球入选城市 500 个，中国入选城市 44 个。广州位于第 113 名，低于香港（第 27 名）、上海（第 35 名）、北京（第 37 名）、深圳（第 55 名）、台北（第 60 名）。从排名变化来看，广州名次比上一年度下降了 16 位。

6.《全球化及世界城市研究网络》。在最新排行（2016 年）中，全球入选城市 249 个，中国入选城市 16 个。该指标将各城市进行分级，依次是 A、B、G、HS、S，每个级别又分优（＋）、次（－）级。自 2000 年起，广州连续 6 次入选。从表 6 - 3 的各年度评级结果看，广州的等级逐渐上升，于 2016 年跻身 A - 级，全球排名第 40 位。在 6 次评选中，广州连续 5 次排在香港、北京、上海、台北之后。

表 6 - 3　广州在《全球化及世界城市研究网络》中的等级变化

年份	2000	2004	2008	2010	2012	2016
级别	G -	G -	B -	B	B +	A -

（二）国内评估指标

在所调研指标体系中，有 4 个国内指标排名包含广州。

1.《中国城市综合发展指标》。2016 年的排行中，全国 295 个城市入选。广州位于北京、上海、深圳之后，排名第 4。

2.《中国城市竞争力报告》。全国在 2017 年共有 294 个城市入选。广州为第 5 名，位于香港、北京、上海、深圳之后。

3.《普华永道：机遇之城（中国版）》。在 2018 年的排名中，全国入选城市 30 个。广州为第 4 名，位于北京、上海、深圳之后。

4.《中国城市文化竞争力报告》。在 2016 年的排行中，全国入选城市 36 个。广州为第 3 名，位于北京、上海之后。具体见表 6 - 4。

表 6 - 4　广州在国内城市评估指标中的排名结果

单位：名

名称	发布年份	广州最新排位	位于广州之前的城市
中国城市综合发展指标（N = 295）	2016	4	北京、上海、深圳
中国城市竞争力报告（N = 294）	2017	5	香港、北京、上海，深圳
普华永道：机遇之城（中国版）（N = 30）	2018	4	北京、上海、深圳
中国城市文化竞争力报告（N = 36）	2016	3	北京、上海

6.1.3　总结分析

总体而言，广州在国际一流城市指标中的排名呈现出以下 4 个特点。

（一）广州在全球一流城市排名中居中

从表 6 - 5 可知，在 6 个国外城市评估指标中，广州平均排名为 90 名，平均百分比排名为 53.08%，表明广州的表现优于全球半数的样本城市。广州在《改革城市指数》《全球化及世界城市研究网络》中排名较前，其表现优于 2/3 的样本城市。在《聚焦 2025：全球城市未来竞争力评比》中广州排名最差，超过七成的入选城市的表现优于广州。

表 6 - 5　广州在国外城市评估指标中的排名结果

单位：名，%

名称	发布年份	广州最新排名	百分比排名[①]
全球城市排名（N = 135）	2018	71	47.76
美世生活质量调查（N = 231）	2018	119	48.70
全球城市动态指数（N = 165）	2018	109	34.15

---

① 百分比排名 = 比此数据小的数据个数/与此数据进行比较的数据个数总数。以《全球城市排名》指标为例，排在广州之后的城市个数是 64，与广州进行比较的城市个数是 134（不包括广州），因此广州的百分比排名是 64/134 × 100% = 47.76%。

名称	发布年份	广州最新排名	百分比排名
聚焦 2025：全球城市未来竞争力评比（N = 120）	2012	89	26.05
改革城市指数（N = 500）	2018	113	77.56
全球化及世界城市研究网络（N = 249）	2016	40（A - 级）	84.27
平均值		90	53.08

（二）广州在国内城市排名中领先

从表 6 - 4 可知，在 4 个国内城市评估指标中，广州的排名依次为第 4、第 5、第 4、第 3 名。由此可见，广州在国内的各项排名中表现较为稳定，其城市竞争力也处于全国领先的水平。

（三）广州的国际排名有升有降

在过去几十年里，广州的综合排名有了明显的增长，侧面烘托出其国际竞争力的提升，如在《美世生活质量调查》中，广州的排名比 20 年前增长了 11.4%。然而，近几年广州的排名有一定浮动。例如在《全球城市排名》中，广州 2018 年的排名比 2012 年下降了 11 名；在《改革城市指数》中，广州 2018 年的排名比上一年度下降了 16 名；在《全球化及世界城市研究网络》中，广州的位次却是稳步上升的。

（四）广州的国际竞争力有待提升

从国内外各项排名来看，广州多次略落后于香港、上海、北京、台北。如在《改革城市指数》中，广州分别比香港、上海、北京、台北低了 86 名、78 名、76 名、53 名。

综上所述，广州虽具有较强的综合实力，但与北京、上海等国内发达城市相比，其发展水平有待提高。近年来广州排名变化很不稳定，应加大城市发展力度。

第二节　广州在国际一流城市评估体系中的文化竞争力

作为广府文化的发源地和兴盛地，广州是中国海上丝绸之路历史上最重要的港口，在新时期，又拥有建设全球引领型城市及推动建设人文湾区的机遇。

课题组对国际一流城市评估体系中的文化类指标展开专门调研，在所收集的国内外一流城市的评估体系中，涉及文化内容的评估体系有 16 个，其中国外 10 个、国内 6 个。课题组调查了广州文化这一指标在全球城市中的排名情况，并重点关注了广州文化的优势与劣势。

6.2.1　总体情况说明

在所调研的 16 个指标体系中，广州入选 9 个指标，但其中 4 个并无广州文化具体表现的资料和数据，无法进行分析，分别是《改革城市指数》《美世生活质量调查》《全球城市排名》《聚焦2025：全球城市未来竞争力评比》。另外 5 个指标体系则能够明确了解广州文化表现，分别是：《普华永道：机遇之城（中国版）》（1/28，9/28）、《全球城市动态指数》（92/165，56/165）、《中国城市竞争力报告》（5/24）、《中国城市综合发展指标》（5/295）、《中国城市文化竞争力报告》（4/36）。[①] 广州未入选的评估体系有 7 个，分别是：《文化发展指数》《宜居性调查》《文化城市统计评估指标体系》《文化创意城市监测》《城市文化评估指标》《世界城市综合力排名》《世界城市文化报告》。

根据广州文化表现的调查结果，我们发现：（1）在国际范围内，近年来广州文化的排名在全球一流市中有下降趋势；（2）在全国范围内，广州文化排名位居前列；（3）与中国其他发达城市相比，广州文化竞争力略有不足；（4）广州文化的优势在于创新、消费和交流；（5）广州文化的薄弱之处在于资源和管理。

6.2.2　具体指标分析

（一）国外评估指标

在所调研的国外评估指标中，有 1 个指标体系能够明确了解到广州文化的表现——《全球城市动态指数》，其文化类指标主要是"人力资本"和"国际推广"。"人力资本"包含高等教育、商业学

---

① 括号中，"/"前为广州的排名情况，"/"后为入选的城市总数。部分指标体系的文化指标有两大类，如《全球城市动态指数》的文化类指标是"人力资本"和"国际推广"，因此有两个排名。

校、学生流动、大学数量、博物馆、美术馆、休闲与娱乐支出 7 个变量；"国际推广"则包括国际游客数量、航空公司乘客数量、酒店数、观光地图、国际学会与会议数量 5 个变量。在最新排行（2018 年）中，广州的"人力资本"维度排第 92 名，"国际推广"维度排第 56 名。在入选的 6 个中国城市中，广州的文化类指标表现优于深圳、天津（见表 6－6）。

表 6－6　广州与中国其他入选城市在 2018 年《全球城市动态指数》的排名比较（N＝165）

单位：名

维度	广州	香港	上海	北京	深圳	天津
人力资本（Human Capital）	92	12	16	29	104	109
国际推广（International Outreach）	56	16	26	12	66	150
全球城市动态指数	109	9	57	78	115	149

（二）国内评估指标

1. 《中国城市综合发展指标》。该指标体系的文化类指标是"传承与交流"，分为历史遗存、文化场所、交流 3 类。以 2016 年的排名为例，广州在传承与交流上排第 5 名，低于北京、上海、重庆、天津。在二级指标中，广州的偏差值指数分别为：历史遗存 58.5，文化场所 76.7，交流 82.5；比北京（第 1 名）分别低了 41.5、23.3、17.5。从表 6－7 可知，广州在入境游客数（第 3 名）、展览业发展指数（第 2 名）上表现良好；而其世界遗产数和城市旅游指数都排在全国第 60 名。

表 6－7　广州在 2016 年《中国城市综合发展指标》中各项文化指标排名和得分（N＝295）

单位：名，分

二级指标	三级指标	排名	得分
历史遗存	历史文化名城	7	62.1
	世界遗产数	60	45.9
文化场所	动物园、植物园、水族馆数量	4	84.2
	体育场馆数	5	79.2
	公共图书馆藏书量	5	76.8

续表

二级指标	三级指标	排名	得分
交流	入境游客数	3	100
	展览业发展指数	2	100
	城市旅游指数	60	52.1

2. 《中国城市竞争力报告》。该指标体系的文化指标是"文化城市竞争力指数",其中包含创新驱动的知识城市、城乡一体的全域城市、开放多元的文化城市。广州 2012 年"文化城市竞争力指数"排名第 5。

3. 《普华永道：机遇之城（中国版）》①。该报告是全球城市发展研究《机遇之城》（世界版）的姊妹篇,其文化指标是"智力资本和创新"与"文化与居民生活"。以 2017 年的排名为例,在细分指标中,广州在中等职业教育规模和生活质量上全国领先（见表 6-8）。

表 6-8 广州在 2017 年《普华永道：机遇之城（中国版）》中
各项文化指标排名 （N=28）

单位：名

一级指标	二级指标	排名
智力资本和创新	专任教师变动率	8
	中等职业教育规模	1
	科技支出比重	5
	研究与开发水平	3
	综合科技进步水平指数	5
	创业环境	3
	创新应用	3
文化与居民生活	文化活力	14
	交通拥堵状况	23
	空气质量	7
	生活质量	1

---

① 该报告在选择研究样本时,把关注点放在中国的省会城市和同等规模城市,对于北京、上海这两座超大型城市,直接引用《机遇之城》全球观察的结果,而不纳入比较范围。

4.《中国城市文化竞争力报告》。该指标体系是国内专门评估城市文化的指标，包含文化禀赋要素、文化经济要素、文化管理要素、文化潜力要素、文化交流要素 5 个维度。以 2014 年的排名为例，广州综合排名第 3，仅次于北京、上海。广州的文化交流要素和文化经济要素这两个一级指标得分较高，均位居全国第 3；文化禀赋要素（第 6 名）和文化管理要素（第 8 名）实力相对较弱。在二级指标中，除个别变量出现较低值外，其余变量总体水平位于全国前列，尤其是在文化消费要素上领跑全国，足见广州在文化消费上的充足活力和旺盛需求。各维度和变量的得分与排名见表 6 - 9。

表 6 - 9　广州在 2014 年《中国城市文化竞争力报告》中的
各项得分和排名（N = 36）

单位：分，名

一级指标	得分	排名	二级指标	得分	排名
文化禀赋要素	46.98	6	文化资源要素	31.54	15
			城市综合要素	70.14	3
文化经济要素	55.27	3	文化生产要素	51.08	3
			文化消费要素	87.84	1
			文化企业要素	23.68	6
文化管理要素	46.17	8	文化组织要素	52.56	15
			文化设施要素	39.25	12
文化潜力要素	53.14	4	文化创新要素	39.22	7
			文化素质要素	72.38	3
文化交流要素	64.69	3	文化传播要素	78.10	3
			文化开放要素	55.74	3

6.2.3　总结分析

综合分析国际一流文化指标的评估结果，课题组发现广州的文化竞争力具有以下特点。

（一）在国际范围内，广州文化的排名略有下降

从《全球城市动态指数》的排名趋势来看，广州的文化竞争力起伏不定。在最新排行中，广州的人力资本和国际推广分别比上一年度下降了 48 位、35 位。总体而言，广州的人力资本维度处于全球中间位置，年平均值为第 75 名，最佳排名是第 44 名；广州的国际外展维度排名靠前，平均排名为第 30 名，最佳排名是第 16 名（见表 6 - 10）。

表 6 - 10　2015—2018 年广州在《全球城市动态指数》的排名变化

单位：名

年份	人力资本	国际推广	全球城市动态指数
2018 年（N = 165）	92	56	109
2017 年（N = 181）	44	21	102
2016 年（N = 181）	84	25	104
2015 年（N = 148）	79	16	104
平均值	75	30	105

（二）在全国范围内，广州文化排名位居前列

广州文化综合表现较佳，在全国排名领先。在《中国城市综合发展指标》《中国城市竞争力报告》和《中国城市文化竞争力》中，广州的文化类指标综合排名依次为第 5 名、第 5 名、第 3 名。而在《普华永道：机遇之城（中国版）》中，在智力资本和创新维度广州高居第 1，在文化与居民生活维度位列前 10。与此相应的是，在所有文化类细分指标中，广州有 45.16% 的指标位于全国前 3 名，有 77.41% 的指标位于全国前 10，反映出广州文化的整体水平较高。

（三）广州文化竞争力相对不足

相对于香港、上海、北京，广州文化在全球的排名相去甚远。在 2018 年《全球城市动态指数》中，广州的人力资本比香港低 80 名，比上海低 76 名，比北京低 63 名；而在国际推广维度，广州比香港、上海、北京依次低了 40 名、30 名、44 名。即便广州与北京、上海在国内的排位靠近，但得分也存在一定差距。在 2014 年《中国城市文化竞争力报告》中，广州位居全国第 3，得分为 53.29 分，比北京（第 1 名）和上海（第 2 名）分别低了 29.3 分、11.73 分。

（四）广州文化的优势在于创新、消费和交流

从所调研的指标排名来看，在文化创新、文化消费和文化交流方面广州表现强势。在中等职业教育规模、生活质量、文化消费上，广州位居全国第1；在创业环境、创新应用、文化素质要素、文化交流要素、入境游客数、展览业发展指数等方面，广州的排名也非常靠前。从表6-10可知，广州的国际推广在2015—2017年超过了全球八成的样本城市。由此可见，在全球范围内，广州的国际交流水平也表现突出。因此，广州的文化竞争力若想取得进一步的突破，应充分发挥所长，不仅要做到在全国名列前茅，在国际上也要达到一流水平。

（五）广州文化的不足在于资源和管理

相对而言，在文化资源和文化管理方面广州有待加强。在文化活力、文化资源要素、文化组织要素、文化设施要素上，广州排名不甚理想，均未能跻身全国前10。在世界遗产数和城市旅游指数广州排名全国第60，而表现最差的是广州的交通拥堵状况，在全国排名倒数第5。这些短板拉低了广州文化某些维度的名次，因此广州若想全面提升城市文化素养，应采取相应措施予以改善，如加大对骑楼、广彩、老字号、广船等丰富文化资源的开发和利用。

第七章
广州建设国际一流文化
城市的三个关键

广州建设国际一流文化城市的涉及面非常广，但是，解决下面三个方面的问题是关键。

第一节 着力提升城市综合文化实力

总的来讲，城市文化综合实力一般涉及三个维度：（1）国际文化竞争力，包括历史遗迹、文化设施、文化创新能力、文化管理能力、文化交流能力和文化吸引力；（2）城市文化独特性，以历史传统为主，重点是与文化传承、文化记忆相结合的城市规划与创新；（3）民众文化满意度，包括民众的文化印象、文化口碑和文化满足率。文化综合实力是国际一流城市参与全球化市场竞争的重要软实力，在上述三者中，民众文化满意度是基础，城市文化独特性是灵魂，国际文化竞争力是目标。

首先，从国际文化竞争力的角度来看，一个城市参与到全球化的市场竞争中就会不可避免地依托于文化综合实力。城市文化竞争力是由一系列可以横向比较的、量化的指标构成的。对历年来国内外 18 个国际一流城市的评估报告进行分析，可以发现，这些指标主要涵盖历史遗迹、文化设施、文化创新能力、文化管理能力、文化交流能力，最后还有文化的吸引力，尤其对游客和人力资本的吸引力等。

近年来，广州的文化竞争力仍位居全国前列，但其全球排名下降明显，事实上已经对广州在国际上的综合竞争力产生了相对负面的影响。最典型的一个数据，是在《全球城市动态指数》中，广州在国际推广方面的排名，从 2015 年的第 16 位滑落到 2018 年的第 56 位。与中国其他发达城市相比，广州文化的优势在于创新、消费和交流，薄弱之处在于文化资源和管理能力。

其次，从城市文化独特性的角度来看，增强城市文化综合实力的关键是发掘其鲜明的文化特色。这种将城市规划与文明传承、文化记忆相结合的思路，也是 21 世纪以来，纽约、伦敦、东京等成功实施城市文化战略转型、保持国际一流城市地位的重要经验。

各个国际一流城市都强调在自身的历史传统中发掘亮点，进而配合新兴规划与现代科技，形成鲜明、独特的城市文化。如纽约的《创造纽约文化计划》就以"经济与移民中心"为切口，提出了包容性、公平性和多样性的城市文化发展思路；而伦敦的《伦敦文化之都：发掘世界一流城市的潜力》则着重强调了"创意"在城市文化发展中的重要地位。相比之下，在广州以往的城市规划中，对于本地文化特色的总结主要是"四地"的提法：海上丝绸之路发祥地、岭南文化中心地、中国民主革命策源地、改革开放前沿地。"四地"的表述曾经发挥过重要的作用，但相比其他国际一流城市，这一表述缺乏力度，也未能充分聚焦广州的文化特色。

最后，从民众文化满意度的角度来看，人民群众是城市文化最重要的建设者和传播者，也是城市文化综合实力提升后最直接的受益者。在过去，由于种种原因，人民群众没能在城市文化建设中发出响亮的声音，但随着社会主要矛盾的转移和新兴互联网传播形式的崛起，人民群众的文化印象、文化口碑和文化满意度对城市文化综合实力的影响日益突出。就广州而言，广州文化的包容性强、舒适度高，但文化设施的便利性、文化资源的可获得性与广州社会经济的发展不适应。

广州的综合文化实力既有其优势，也有不足。在未来一段时期，还要注意把握时代的发展契机——国家粤港澳大湾区建设战略规划。

第二节　把握粤港澳大湾区建设契机

7.2.1　粤港澳大湾区发展战略

21 世纪初，广州提出"依托南沙港，对标东京湾区"，深圳提出"打造湾区经济"。① 近几年，大湾区作为国家战略被多次提起，受到中共中央、国务院的高度重视。2015 年 3 月，《推动共建丝绸之路经济带和 21 世纪海上丝绸之路的愿景与行动》指出，"充分发挥深圳前海、广州南沙、珠海横琴、福建平潭等开放合作区作用，深化与港澳台合作，打造粤港澳大湾区"②，这是中央文件首次提出"粤港澳大湾区"。2016 年 3 月 3 日，国务院发布《关于深化泛珠三角区域合作的指导意见》，要求"充分发挥广州、深圳在管理创新、科技进步、产业升级、绿色发展等方面的辐射带动和示范作用，携手港澳共同打造粤港澳大湾区，建设世界级城市群"。③ 16 日，《中华人民共和国国民经济和社会发展第十三个五年规划纲要》提出，"支持港澳在泛珠三角区域合作中发挥重要作用，推动粤港澳大湾区和跨省区重大合作平台建设"④。2017 年政府工作报告提出"研究制定粤港澳大湾区城市群发展规划"⑤。同年 7 月，国家发展和改革委员会、广东省人民政府、香港特别行政区政府、澳门特别行政区政府签署《深化粤港澳合作推进大湾区建设框架协议》，共同推进大湾区建设。就文化方面，该协议提出"加强人文交流、促进文化繁荣发展"⑥。10 月，"粤港澳大湾区建设"被写入党的十九大报告。⑦ 12

---

① 人民网. 粤港澳大湾区规划呼之欲出［EB/OL］.［2019 - 04 - 03］. http：//paper. people. com. cn/gjjrb/html/2017 - 04/17/content_1766725. htm.

② 中华人民共和国商务部. 国家发展改革委、外交部、商务部联合发布《推动共建丝绸之路经济带和 21 世纪海上丝绸之路的愿景与行动》［EB/OL］.［2019 - 04 - 03］. http：//www. mofcom. gov. cn/article/resume/n/201504/20150400929655. shtml.

③ 泛珠三角合作信息网.《关于深化泛珠三角区域合作的指导意见》提出打造粤港澳大湾区［EB/OL］.［2019 - 04 - 03］. http：//www. pprd. org. cn/zhuanti/yj/.

④ 全国人民代表大会. 中华人民共和国国民经济和社会发展第十三个五年规划纲要［EB/OL］.［2019 - 04 - 03］. http：//www. npc. gov. cn/wxzl/gongbao/2016 - 07/08/content_1993756. htm.

⑤ 2017 年政府工作报告提出研究制定粤港澳大湾区城市群发展规划［EB/OL］.［2019 - 04 - 03］. http：//www. pprd. org. cn/zdhzpt/ygadwq/zcwj/201703/t2017032 2_450694. htm.

⑥ 深化粤港澳合作推进大湾区建设框架协议［EB/OL］.［2019 - 04 - 03］. http：//www. pprd. org. cn/fzgk/hzgh/201707/t20170704_460601. htm.

⑦ 习近平：决胜全面建成小康社会 夺取新时代中国特色社会主义伟大胜利——在中国共产党第十九次全国代表大会上的报告［EB/OL］.［2019 - 04 - 03］. ht-tp：//www. pprd. org. cn/fzgk/zxzc/201710/t20171030_469159. htm.

月，中央经济工作会议提出"科学规划粤港澳大湾区建设"①。
2018 年政府工作报告提出"出台实施粤港澳大湾区发展规划纲
要"②。4 月，《中共中央国务院关于支持海南全面深化改革开放的
指导意见》提出"积极对接粤港澳大湾区建设"③。2019 年 2 月 19
日，中共中央、国务院发布《粤港澳大湾区发展规划纲要》，作为
指导大湾区合作发展的纲领性文件，涵盖了空间布局、科技创新、
基础设施、产业体系、生态文明等方面的发展方向。在文化领域，
《规划纲要》明确提出"共建人文湾区"。④

7.2.2　人文湾区策略

在上述战略中，与广州市文化综合实力关系最为密切的内容，
即人文湾区策略。

人文湾区主要被划分为四个方向：塑造湾区人文精神，共同推
动文化繁荣发展，加强粤港澳青少年交流，推动中外文化交流
互鉴。

塑造湾区人文精神是以大湾区同根同源的岭南文化为基础，加
强传统文化的保护、传承与发展，提升文化软实力。

共同推动文化繁荣发展的内涵有两点：一是完善大湾区博物馆、
图书馆、美术馆、艺术院团等公共文化服务体系，让居民的基本文化
需求得到满足；二是完善大湾区新闻出版广播影视、音乐、会展、时
尚等文化创意产业体系，让居民的文化生活质量得到质的提升。

加强粤港澳青少年交流主要着力于大湾区青少年文化交流、创
新创业、暑期实习、志愿工作、爱国教育、研学旅游等方面。

①　中央经济工作会议提出科学规划粤港澳大湾区建设 [EB/OL]. [2019 - 04 - 03].
　　http://www. pprd. org. cn/zdhzpt/ygadwq/zcwj/201804/t20180426_480672. htm.
②　2018 年政府工作报告提出出台实施粤港澳大湾区发展规划纲要 [EB/OL].
　　[2019 - 04 - 03]. http://www. pprd. org. cn/zdhzpt/ygadwq/zcwj/201804/t2018042
　　5_480583. htm.
③　《中共中央国务院关于支持海南全面深化改革开放的指导意见》发布[EB/OL].
　　[2019 - 04 - 03]. http://www. pprd. org. cn/fzgk/zxzc/201804/t20180416_48003
　　8. htm.
④　广州市人民政府. 中共中央国务院印发《粤港澳大湾区发展规划纲要》 [EB/
　　OL]. [2019 - 04 - 03]. http://www. gz. gov. cn/gzgov/zxtt/201902/c862bf20f20047
　　c5ab21c8b6d21986dd. shtml.

推动中外文化交流互鉴是立足于大湾区中西文化长期水乳交融的特色，提高湾区文化交流水平，扩大中华文化的国际影响力和辐射力。

简言之，人文湾区就是从传统文化、公共文化服务、文化创意产业、文化人才、文化交流等方面将粤港澳大湾区建成国际一流的人文中心。

随着人文湾区概念的提出与强化，未来广州文化的建设将会更进一步地向粤港澳合作的方向靠拢和倾斜。这种倾向与影响其实已经在广州近几年的文化发展上显露出来。

7.2.3 广州的积极回应

粤港澳大湾区战略自 2015 年被写入中央文件以来，在国家层面得以快速推进，不到 4 年时间，就已诞生具有针对性的发展纲要，可见中央对其极其重视。在中央文件精神的指导下，广州于该阶段也在文化领域作出了一系列改革措施。

广州市制定了多项文化法规和规范性文件。广州市人大常委会通过的法规有：《广州市公共图书馆条例》（2015 年 1 月），《广州市历史文化名城保护条例》（2015 年 10 月），《广州市博物馆规定》（2017 年 1 月）。广州文化广电旅游局颁布的规范性文件有：《广州市公共图书馆服务规范》（2017 年 1 月），《广州市公共图书馆第三方评估管理办法》（2017 年 8 月），《广州市市级文化产业示范园区管理办法》（2017 年 10 月），《广州市时尚创意（含动漫）产业发展专项资金管理办法》（2018 年 5 月），《广州市博物馆藏品征集管理暂行办法》（2018 年 6 月），《广州市博物馆扶持资金管理办法》（2018 年 10 月），《广州市文物保护专项资金管理办法》（2018 年 11 月），《广州市公共文化设施管理办法》（2019 年 2 月）。

广州市举办了一系列粤港澳主题的文化活动。首届粤港澳大湾区文学研讨会暨葛亮文学创作研讨会于 2018 年 11 月 4 日在暨南大学举行。[①] 2019 年 1 月 19 日，由广东省粤港澳合作促进会文化传播委员会主办的"美好大湾区，美丽粤港澳"大型书画展在广州开

---

① 粤港澳大湾区文学工作坊启动［EB/OL］.［2019 - 04 - 07］. http://www. pprd. org. cn/zdhzpt/ygadwq/zxbb/201811/t20181106_508202. htm.

幕。本次书画展展出了 50 多位来自粤港澳三地书画大家的 150 多幅新创佳作，展览内容涵盖国画、油画和水彩画，三地书画家共同聚焦祖国山川风貌，凸显三地人文情怀。①

广州市成立了粤港澳文化协会和组织。2018 年 12 月 12 日，广东省粤港澳大湾区文化创意产业促进会成立仪式暨研讨会在广州举行。促进会定期发布《粤港澳大湾区文化创意产业园区发展指数》和《粤港澳大湾区文化创意产业园区发展报告》。② 2019 年 1 月 20 日，在中国美术家协会、广东省文学艺术界联合会、广州市委宣传部、广州市文学艺术界联合会的指导下，广州市美术家协会与香港、澳门特别行政区及深圳、珠海、佛山等城市的美术家协会及相关艺术团体共同倡议成立粤港澳大湾区美术家联盟，于广州珠岛宾馆举行成立大会。③

广州市积极参与粤港澳三地文化交流。2018 年 9 月 8 日，历时 4 个月的"2018 穗港澳青少年文化交流季"在广州收官，来自广州、香港、澳门的青少年通过"'同根同源同发展'中小学生故事大会""穿'阅'广府——追寻广府文化之路"等活动，重新认识了广府文化。9 月，广州还举办了"粤港澳大湾区电影及公共传播人才培训班""广府粤韵——粤港澳大湾区音乐曲艺文化"系列活动。④ 2019 年 3 月 18 日，第 23 届香港国际影视展在香港会议展览中心开幕。广州市委宣传部、市商务局、市文广旅游局共同组织广州市广播电视台及广州市 10 家影视企业，与广东省内其他 30 余家机构一起，以"广东馆"的形式亮相香港国际影视展，推动粤港澳大湾区影视文化深度交流合作，促进了广州市影视作品走出去。⑤

① 粤港澳大湾区艺术名家佳作汇聚广州［EB/OL］.［2019 - 04 - 07］. http://www. pprd. org. cn/zdhzpt/ygadwq/zxbb/201901/t20190121_510087. htm.

② 大湾区文创产业促进会广州成立［EB/OL］.［2019 - 04 - 07］. http://www. pprd. org. cn/zdhzpt/ygadwq/zxbb/201812/t20181213_509365. htm.

③ 粤港澳大湾区美术家联盟在广州成立［EB/OL］.［2019 - 04 - 07］. http://www. pprd. org. cn/zdhzpt/ygadwq/zxbb/201901/t20190121_510084. htm.

④ 广东打造粤港澳大湾区共有人文家园［EB/OL］.［2019 - 04 - 03］. http://www. pprd. org. cn/zdhzpt/ygadwq/zxbb/201809/t20180927_506566. htm.

⑤ 广州市文化广电旅游局. 推进粤港澳大湾区影视交流广州组团参加第 23 届香港国际影视展［EB/OL］.［2019 - 04 - 03］. http://www. xwgd. gov. cn/xwgd/whzc/201903/ff0bf017bf364c3089ca8efb50a19273. shtml.

第三节　创新国际一流文化城市建设

粤港澳大湾区建设，在国际文化竞争力、城市文化独特性抑或民众文化满意度等方面，都为广州的综合文化实力的提升提供了发展契机。广州建设文化鲜明、独具特色的国际一流城市，是粤港澳大湾区建设的必然。粤港澳大湾区建设战略规划，尤其是人文湾区建设，为广州文化的发展提供了一系列重要机遇。为此，广州在建设国际一流城市中应该在以下几个方面进行创新。

（1）新定位：广州不仅是岭南文化中心，而且应该成为国际一流文化中心；

（2）新技术：广州独特文化的建设，应当与本地 IAB 产业定位密切融合，同时充分利用沿海地区技术产业优势，建立具有新内涵、新特色的新时期广州文化；

（3）新形象：配合旧城改造和新城建设，建立起"两个中轴线，两种文化交接"的广州新形象；

（4）新资源：除了传统的本土文化资源之外，广州还应当汇集粤港澳三地的文化资源；

（5）新目标：遵循社会主义核心价值观，强化大湾区的文化向心力，满足区域内人民群众的精神文化需求，建立独具特色的国际文化形象。

第八章
广州建设国际一流文化
城市的战略思路

为了增强广州的文化实力和综合竞争力，将广州建设为独具特色、文化鲜明的国际一流城市，需要综合考虑促进国际文化竞争力、城市文化独特性和民众文化满意度三个方面的融合发展。

通过总结和调查纽约、伦敦、东京、新加坡、香港和上海等6座国际公认的一流城市的发展策略，可见当前城市发展的4个主要经验：充分利用传统文化资源，发掘新兴文化特色；促进文化事业与文化产业融合发展；推动文化空间布局向好发展，构建城市文化新格局；通过文化发展带动经济繁荣等。在这些经验中，非常重要的是把握时代机遇，如纽约借助新移民浪潮崛起、新加坡借力特殊的国际环境。对于广州而言，粤港澳大湾区建设就是最关键的契机。因此，广州建设独具特色、文化鲜明的国际一流城市可以考虑以下思路。

（1）把握宏观战略：充分发挥广州在粤港澳大湾区中的引领作用，在建设粤港澳大湾区的同时实现广州国际文化竞争力的同步增长；

（2）发掘独特文化：在城市更新中彰显岭南文化特色，构建广州的城市文化独特性；

（3）实现自我更新：推动广州实现老城市新活力，稳步提高民众文化满意度。

第一节　把握宏观战略：发挥粤港澳
大湾区领头羊作用

2019年2月，中共中央、国务院发布《粤港澳大湾区发展规划纲要》（以下简称《纲要》）。作为指导大湾区合作发展的纲领性文件,《纲要》涵盖了空间布局、科技创新、基础设施、产业体系、生态文明等方面的发展方向,明确提出建设人文湾区、构建粤港澳大湾区文化圈。

广州在人文湾区的建设过程中占据什么样的地位,起着什么样的作用,这个问题直接关系到粤港澳大湾区本身作为国家战略的目的能否真正落地实现,也密切关系着广州能否建设成独具特色、文化鲜明的国际一流城市。

8.1.1 人文湾区建设的四个关键

建设人文湾区不是一个纯粹的文化问题,不能把这一工作局限在传统的文化视角之下,而是应当将其视为大湾区整体建设的关键一环,把握人文湾区与文化建设对大湾区战略的关键价值。通过全面梳理当前的文化实践与研究成果,本课题组认为,文化建设对于大湾区的发展具有积极的意义,可以共享发展成果、促进文化认同、拓宽流动渠道、改善营商环境。

通过共享发展成果,文化建设得以为人民群众的幸福感与文化获得感提供保障,进而促进区域内部形成统一的文化认同。通过成果共享与文化认同,不仅保障了区域稳定,更能进一步促进繁荣发展:对内,以整合的文化观逐步抹平文化隔阂,拓宽流动渠道,极大促进了区域资源的流畅调配,有利于增强区域的整体竞争力;对外,改善营商环境,提高对投资者、就业者和优秀人才的吸引,增强大湾区的经济活力与创新能力。

因此,广州应该在实现共享发展成果、促进文化认同、拓宽流动渠道、改善营商环境四个方面发挥人文湾区建设的引领作用。

8.1.2 广州在人文湾区建设中的地位

作为大湾区建设的关键极点之一,广州具备深厚的文化底蕴和悠久的历史积淀,这使得它在人文湾区建设中的地位举足轻重。作为改革开放前沿地、岭南文化中心地、中国民主革命策源地、海上丝绸之路发祥地,广州需要从以下四个方面进一步巩固和加强在人文湾区建设中的引领地位和作用。

(一)成为文化共享示范地,共享发展成果

在人文湾区的建设中,首要的一个问题便是人民群众的幸福感

提升，广州正是引领粤港澳大湾区共享发展成果的重要示范城市。

从传统优势方面来讲，广州是岭南文化的中心地，更是集中体现岭南市民文化的代表性地区，无论"食在广州"还是"美在花城"，都是与市民日常生活息息相关的文化意象。粤港澳大湾区具有同根同源的岭南文化特色，而广州正是岭南文化，特别是广府文化的中心地，长年以来面向周边城乡输出本地生活方式、引领潮流习俗。

从当代创新方面来讲，近20年来，广州市始终重视市民公共文化事业的发展，通过"图书馆之城""博物馆之城"等建设规划，探索出公共文化服务体系建设的广州模式，逐步成为粤港澳相关地区的学习和仿照对象。

（二）成为中国故事展示地，促进文化认同

广州在人文湾区建设中的另一个关键作用，是促使粤港澳三地形成紧密联合的城市群，帮助市民建立对本土文化的认同感，保证区域的长治久安。

促进粤港澳大湾区文化认同的形成，需要一片文化高地，作为改革开放的前沿地，广州是向世界展示中国故事的最佳窗口之一。首先，改革开放以来，广州在解放思潮、经济合作与技术交流等多个领域均走在全国前列，成为中国市场化程度最高的地区之一，本身就是中国故事的典范。其次，通过一系列标志性工程如广州塔、粤剧博物馆、广州文化馆、广东省美术馆、南越王宫博物馆等，广州充分展示了大国文明及其风采，展现出社会主义核心价值观在引领社会文明进步过程中发挥的强大力量。最后，广州本土的广府文化与大湾区中的港、澳两地文化有着相近的血缘、相同的底色，是本地域内讲述文化故事、强化文化向心力的重要场所。面对粤港澳大湾区建设的契机，广州更要进一步推进相关标志性工程的建设和文化形象的输出，不仅要讲广州故事，更要讲中国故事。

（三）成为创意文化汇聚地，拓宽流通渠道

为了逐步抹平粤港澳大湾区内的文化隔阂，拓宽流动渠道，广州市作为粤港澳大湾区的枢纽城市之一，还应当承担起创意文化汇聚地的作用，而这一地位目前也已经初见端倪。

包容开放、先行一步是广州的重要标签，随着IAB产业计划的实施，广州迅速成为国内前沿创意文化的汇聚地。根据《广州文化创意产业发展报告 2018》①，截至 2016 年末，广州的文化创意和设计服务共纳税 2102 亿元，占比约 34.98%，意味着文化产业近 1/3 的营业收入都来自文化创意和设计服务领域。

值得注意的是，根据 2017 年《普华永道：机遇之城（中国版）》报告，广州在"智力资本和创新"维度全国排名第 1，但最新的 2018 年报告中，广州与上海并列，被北京、深圳超越。为了巩固广州在新时期"创意文化汇聚地"的位置，有必要采取相关措施。

（四）成为"一带一路"枢纽地，改善营商环境

广州作为"千年商都"，是我国"海上丝绸之路"的起点，伴随着对外贸易的发展，中外文化交流日趋频繁。时至今日，广州作为"一带一路"建设的交通枢纽，其对外交流与国际合作的角色更显重要：迄今已成功举办 2016 年中国商业圆桌会、2017 年全球《财富》论坛和 2018 年世界航线发展大会等国际会议，在国际交流中发出有力的"广州声音"。

作为对外文化交流门户，广州应当逐步改变自身在对外交往中的角色：交往的重点应该转向"一带一路"，交往的角色定位应当转向话语的输出者。广州有必要通过深入推进"放管服"改革，带动当地文化院团、企业和人才走出去等措施让世界领略广州魅力，并通过引进外来企业和人才，在粤港澳大湾区的文化建设上形成"1+1＞2"的强大力量，为大湾区文化建设营造良好条件，为其经济、政治的发展提供支撑。

8.1.3　广州在人文湾区建设中的作用

为迎接粤港澳大湾区的机遇，推动大湾区向国际一流人文湾区发展，同时实现广州的国际一流文化城市建设目标，广州应当着力发挥四大作用：一是构建良好的文化软硬件基础，发挥文化引领作用；二是推动粤港澳文化交流与合作，发挥文化枢纽作用；三是实现湾区创新科教与文化产业优势互补，发挥文化带动作用；四是建立湾区文化资源共享机制，发挥文化聚合作用。

（一）构建良好的文化软硬件基础，发挥文化引领作用

广州的文化软硬件建设走在全国前列，促使它在人文湾区建设

---

① 广州蓝皮书：广州文化创意产业发展报告（2018）[EB/OL].[2021-02-11].http://www.gzass.gd.cn/gzsky/contents/27/12127.html.

中发挥着文化引领作用。首先，广州 2000 多年的文化积淀，使其拥有丰富的文化资源，截至 2018 年上半年，广州市非遗代表性名录项目共 207 项，非遗代表性传承人 274 名，历史城区面积达 20.39 平方千米。其次，广州拥有较为完善的公共文化基础设施。据统计，2017 年，广州行政区域内共有博物馆、纪念馆 61 个，档案馆 31 个，文化馆、文化站点 182 个，7 家市属国有艺术表演院团，14 个多功能演出场馆；同年广州共有公共图书馆 156 个，公共图书馆覆盖率达 72.35%。但是广州的文化资源较为分散，文化形象不够强势，导致它在国内外的影响力略有不足。根据中国城市综合发展指标 2016 年排名，广州的世界遗产数和城市旅游指数仅排在全国第 60 名。同时，广州的文化设施还存在不平衡、不充分的问题，公共文化服务的城乡差距明显。因此，广州应着力构建良好的文化软硬件基础，提升城市的文化富有程度，重塑以广州塔为代表的文化形象，增强城市吸引力，发挥作为大国文明展示地的文化引领作用。

（二）推动粤港澳文化交流与合作，发挥文化枢纽作用

作为大湾区共同文化根源的发源地和中心地，广州在人文湾区建设中发挥着枢纽作用，是推动湾区文化交流与合作不可或缺的纽带。根据《中国城市综合发展指标》2016 年排名，广州的展览业发展指数位于全国第 2 名。广州是全国三大会展城市之一，每年举办上百场展会，成熟的会展市场可为粤港澳打造优质的文化交流平台。不仅如此，广州稳定的社会环境对外地企业极具吸引力，2015年，广州市位列福布斯评选的"中国大陆最佳商业城市"首位，根据《中国营商环境白皮书（2018 年)》，广州是中国大陆所有城市中最受欢迎的投资城市。广州应当确认自身在人文湾区建设中的定位，积极参与并组织粤港澳三地文化交流合作，发挥作为"一带一路"交际地的枢纽作用。

（三）实现湾区创新科技与文化产业优势互补，发挥文化带动作用

广州虽渐渐跃升为国内创意文化汇聚地，但在国际上的影响力和知名度还远不及香港、深圳——香港被誉为"创意之都"、深圳是国家创新型城市。故而，广州十分有必要乘粤港澳大湾区建设之风帆，加强与大湾区其他城市的合作，让文化创意产业再上一个台阶，力争达到国际一流水平。在文化产业方面，粤港澳

大湾区四大中心城市各有优势，广州在动漫产业和网络游戏产业方面优势明显，而香港以国际会展和影视为核心，澳门的现代演艺事业突出，深圳以数字创意著称，四地可对接创意产业规划，明确各自发展定位，错位发展。广州与湾区城市间优势互补，实现区域间文化产业合理分布，同时带动周边城市文化产业发展水平，对于大湾区文化圈建设大有裨益。与此同时，广州拥有强大的科教资源，涵盖了广东省 2/3 的高校、全国国家重点实验室和近八成科研机构，能够有效弥补粤港澳大部分城市的短板，共同推动科技创新。

（四）建立湾区文化资源共享机制，发挥文化聚合作用

在湾区融合发展和文化圈建设中，广州具备地理、交通和文化优势，起到了不可替代的聚合作用。但是，粤港澳现有文化资源分布分散以及跨区域数字资源共建共享程度不够的局面，都未得到较大改善。这也意味着，广州应与湾区其他城市联手共建文化资源共享机制，将分布零散的文化资源汇聚成有价值、有效率的整体。凭借大湾区丰富的公共文化服务资源，可建立一个以粤语文化和本地文化为基础、以海洋文化与"一带一路"文化为升阶的图书馆群、博物馆群，打造文化丰碑。同时，通过数字文化服务、馆际互借等形式，合作举办各种文化展览、巡回展演、文化交流、阅读推广等活动，发挥聚合效应，实现面向民众的文化共享。

第二节　发掘独特文化：在城市更新中彰显岭南文化特色

21 世纪以来，广州市政府结合本地文化特色制定了一系列发展规划方案，在完善产业布局、优化生态环境、扶持创新人才等诸多城市更新规划中发挥了重要作用。2019 年 2 月，中共中央、国务院在《粤港澳大湾区发展规划纲要》[①] 中提出"因地制宜推进城市更新""建设具有岭南特色的宜居城乡"，为广州的城市更新指明了新的方向，如何在城市更新中彰显岭南文化与本土特色成为新时

---

① 中共中央 国务院印发《粤港澳大湾区发展规划纲要》［EB/OL］．［2021 - 02 - 11］．http://www.xinhuanet.com/politics/2019 - 02/18/c_1124131474.htm.

代广州城市建设的一个关键命题，同时也为广州在国际一流文化城市建设过程中发掘独特文化提供了重要契机。

8.2.1　城市更新中彰显文化特色的路径

通过梳理国内外相关经验，课题组发现，国内外一流城市在面对这一问题时，已经形成了相对全面的、辩证的认识。城市建设更新与文化特色留存之间的关系是对立又统一的：城市更新有可能影响本土文化遗产的留存，但也是重新思考、塑造和活化本地文化的契机；过度强调文化保存可能会限制城市更新的规模与程度，但也能促使城市构建独具特色的文化形象。

在这一辩证的认识观背后，国内外诸多城市根据自身的更新需求与文化特色情况，大致形成了城市更新中彰显文化特色的三种应对路径，本课题组将它们总结为：有限更新路径、开放更新路径、融合更新路径。

（一）有限更新路径：控制改造强度，保留特色风貌与景观

有限更新路径指的是，高度重视地方特色文化的保存，在这一前提之下，有意控制城市更新规模与速度。近年来，在"大拆大建"的旧城改造思路逐步遭到否定的情况下，"微小改造"渐渐成为主流，但能够在有限的更新举措中成功彰显特色文化的，一般还是那些文化积淀深厚的城市。这些城市的文化资源非常充裕、文化特色非常鲜明，本身就是城市发展中的核心资源。

作为历史文化名城的北京和苏州贡献了经典的实践案例。在城市更新的过程中，这两个城市着重规划古旧城区的文化形态布局，以谨慎渐进式改造取代大改大建，较早采用分片分区、因地制宜地制定文化遗产保护和利用策略，打造特色生活体验区、传统风貌区、活化古城街区，尤其注意引导传统市镇村落的特色化发展，充分挖掘其文化和旅游资源。

（二）开放更新路径：强调开放包容，聚焦文化的新旧整合

开放更新路径指的是，在城市更新的过程中强调特色文化的"新旧并举""开放兼容"，既关注传统文化资源的保存与保护，也积极引入外在的特色资源，构建新兴的文化传统。这一路径适用于有一定文化积淀，但文化特色在国内或国际上不够鲜明、突出，同时又有较多的外来人口和较高的开放程度，有条件构建具有活力的新生文化特色的城市。

开放更新路径的典型代表是上海。上海传统上就有着"海派文化"的底色，近年来，又通过了《全力打响"上海文化"品牌加快建成国际文化大都市三年行动计划（2018—2020年）》，突出"码头"建设和"源头"建设，引入和创造新兴的上海文化品牌。例如，近年来上海积极举办一系列大型活动，包括多种主题的博览会、艺术季与文化节，将文化、科技、创意、艺术与建筑融合，促进传统地方文化与新生多元文化的共同繁荣与渗透。

（三）融合更新路径：实现文化再生，促使传统融入新生活

融合更新路径指的是，将城市更新的重点放在老城、旧城或文化遗产上，强调传统文化在新时代的再生与活化。这一路径，适用于民众保护意识较强、文化建设经验丰富的城市，需要配合科学严谨的全民规划与合理的推进机制，操作难度高。

这一路径的成功经验之一是东京的六本木新城。六本木新城的建设项目，在旧城的基础上打造了一个集商业、文化、娱乐、设计、住宅元素于一身的多功能城市综合体，现已成为东京客流长盛不衰的地标，是城市再生案例的典范。一方面，新城引进了美术馆、学术中心等文化艺术设施与东京电影节、主题展览等文化活动，使其与商业、办公等功能相结合，产生集群化效应，吸引客流；另一方面，在建筑和空间设计上采用日本本土文化特征的符号，引入地方特色文化元素，使市民和游客能在现代化都市生活中感受到传统文化氛围。

8.2.2　广州城市更新中彰显岭南文化特色的路径

上述三种路径并不是非此即彼的，每个城市可能同时采用多种路径，将其应用到不同层次的项目之中，但囿于城市本身的资源情况，一般都会以某一路径为主导。当前广州在城市更新的过程中，主要采用"有限更新路径"，部分取法"开放更新路径"，但这种策略组合并不符合大湾区文化圈建设背景下的广州定位，总体效果并不显著，未能充分彰显岭南文化特色。

近年来，为了实现持续、系统的城市更新，推进"三旧"改造优惠政策，广州也推出了相关政策文件。2015 年广州市人民政府出台了《广州市城市更新办法》，提出了一般规定、更新规划与方案编制等内容，其中对广州市"三旧"改造制定了相关办法。2016年，广州市城市更新局同时发布了《广州市旧厂房更新实施办法》（穗府办〔2015〕56号）、《广州市旧村庄更新实施办法》（穗府办〔2015〕56号）、《广州市旧城镇更新实施办法》（穗府办〔2015〕56号）三项《广州市城市更新办法》的配套文件，对广州市旧城改造进行了规范。2017年，广州市城市更新局在《广州市城市更新总体规划（2015—2020年)》中提出了广州市旧城改造的总体目标，并提出了近期旧城改造的八项重点工作和两项主要任务。同年广州市政府出台了《广州市人民政府关于提升城市更新水平促进节约集约用地的实施意见》（穗府规〔2017〕6号），该文件根据《广州市城市更新办法（2015—2020)》及其配套文件实施的实际情况，对广州城市更新进一步提出了实施意见。2018年，广州市城市更新局针对老旧小区改造发布了《广州市老旧小区微改造设计导则》，进一步提出了相关目标与要求。

分析上述广州市城市更新的规划、办法等文件的内容，可以发现，广州早已认识到传承和发展岭南文化底蕴的重要作用，其举措是以"历史保护"为导向的，这一策略的思路更靠近北京、苏州的"有限更新路径"。现有文件所呈现的中心措施是对老旧小区、村庄、历史文化街区等区域的更新保护。其中，对老旧小区改造重在"控量提质"，完善基础设施建设，其目标是提高市民的生活质量；对旧村庄强调全面改造，以此优化城市的空间布局，其目标是提升经济效益；对于历史文化街区则以保护和活化利用为主，符合当前的国际主流思路。

广州也采用了开放更新路径，挖掘岭南文化的传统资源，推动"新岭南文化"的建设，促进新旧整合。早在《广州市国民经济和社会发展第十三个五年规划纲要（2016—2020年)》①（以下简称《纲要》）中，本地就部署了"三大战略枢纽、一江两岸三带、多点支撑"的发展格局，为广州文化布局明确了发展路径，简要来讲

---

① 广州市政府.广州市国民经济和社会发展第十三个五年规划纲要（2016—2020年）［EB/OL］.［2019－04－28］.http://www.gz.gov.cn/gzgov/s2812/201707/48ab63e1b02745cdb0d3cc27be242cc0.shtml.

包括：（1）重点建设越秀海珠文化金融商旅区，拉动珠江经济；（2）优化、整合城市景观资源，建设高品质生态文化旅游岸线；（3）以长堤为主体传承岭南历史文化，以珠江新城、琶洲、广州国际金融城为核心展示现代都市风貌，注重延续沿江优秀历史风貌和景观优化提升，着力建成丰富多元、凸显岭南特色的珠江滨水景观。这一路径的选择是符合广州的实际情况和发展目标的，但在操作过程中实际效果并不理想。

开放更新路径的困难直接体现在本地的文化旅游业中。例如，《广州市旅游业"十三五"规划》是与上述《纲要》直接关联的重要文件之一，按照该规划，广州根据其依山、沿江、滨海的城市脉络，提出了"一廊一圈十区"的全域化旅游发展格局（见表 8 - 1），体现了"望得见山、看得见水、记得住乡愁"的人文情怀。根据该规划提出的"旅游＋文化"战略，广州打造岭南旅游文化的重点任务是挖掘广州市岭南文化中心地的历史文化底蕴，整合岭南园林、岭南建筑、岭南民俗、岭南戏剧、粤剧粤曲、广东音乐等文化旅游资源，大力开发岭南文化体验旅游产品，积极推进广州塔·珠江黄金水段、宝墨园·南粤苑申创国家 5A 级景区及"粤剧红船"码头建设与完善。

这一规划在经济层面是成功的，但在文化层面并未真正打造出岭南特色文化名片，原因主要在于：第一，广州本地的岭南文化资源有过度碎片化、外延宽泛等特征，标志性文化形象的整合和生成难度较高；第二，各个集聚区所彰显的文化内涵，以休闲文化与商业文化较多，更有利于短期的经济效益，却未能充分挖掘岭南文化的新旧特色。

表 8 - 1　一廊一圈十个旅游产业集聚区

名称	所属区域	文化内涵
珠江画廊	海珠、越秀、黄埔、荔湾	人文景观商业文化
天河都市休闲购物娱乐产业商圈	天河	商业文化
琶洲会展＋创意旅游产业集聚区	海珠	商业文化

续表

名称	所属区域	文化内涵
南沙国际邮轮游艇旅游产业集聚区	南沙	休闲文化
北京路历史文化旅游产业集聚区	越秀	人文景观 非遗文化 商业文化
长隆—万博主题公园旅游产业集聚区	番禺	休闲文化
沙面欧陆风情旅游产业集聚区	荔湾	人文景观 非遗文化
空港休闲度假旅游产业集聚区	白云、花都	休闲文化
长洲岛养生旅游产业集聚区	黄埔	休闲文化
花都万达文化旅游产业集聚区	花都	休闲文化
从化温泉运动旅游产业集聚区	从化	休闲文化
增城乡村田园旅游产业集聚区	增城	休闲文化

8.2.3 广州城市更新中彰显岭南文化特色的对策

本课题组认为，在建设粤港澳大湾区文化圈的大背景下，广州应当充分吸收国内外已有经验，着力在城市更新中彰显岭南文化。这不仅仅是城市发展的要求，同时也是推进人文湾区建设，进一步促进区域文化整合与文化认同的关键任务。

在宏观策略上，广州应当继续坚持对老旧小区、村庄、历史文化街区等区域的更新保护，但如果只是以"有限更新路径"为中心，很难在新时期彰显岭南文化特色，形成较强的文化软实力。广州是岭南文化的中心地，应该深入利用"开放更新路径"，积极运用"融合更新路径"，在注重保护的同时，促进岭南文化的更新与发展，真正彰显其文化特色之所在。具体来讲有以下几个方面。

（一）出台阶梯式的岭南特色文化发展规划，实施重点文化项目引领机制

在广州市一级层面，建立跨部门的协调系统，全面统筹、积极布局岭南文化特色的发展规划和落实工作，出台以未来3—5年为发展阶段的《广州市岭南特色文化发展规划》，明确不同时期的发展目标和重点任务，聚焦重点文化项目，以"三步走"的形式，循序渐进式推进岭南文化特色更新工作（见表8-2）。

表 8-2　广州市岭南特色文化发展规划

阶段	发展目标	重点文化项目
第一步：砌基	1 形成统一的岭南文化名片 2 建立基础设施 3 为大湾区的建设提供文化支持	1 建立坚实的艺术和文化基础 2 发展旗舰和主要艺术公司 3 认可和培养人才 4 提供良好的基础设施 5 走国际化道路 6 发展文化艺术"文艺复兴"经济
第二步：立柱	1 形成文化艺术激励机制 2 发扬创新精神	1 建设创新能力 2 刺激文化艺术需求 3 发展创意产业
第三步：筑顶	1 提升市民的文化认同 2 吸引国际人才	1 特色内容 2 动态生态系统 3 社区参与

在项目实施过程中，应注重项目建设的连续性和贯穿性，合理安排各个项目的建设时序，承接各阶段发展定位与目标。具体来讲有以下三步。

第一步砌基：重在复兴、完备基础的岭南文化设施与文化链条。将重点放在塑造城市文化形象，形成统一的岭南文化名片，建立或更新一批基础设施，为大湾区的建设提供文化支持等目标上，配套实施建立坚实的艺术和文化基础、走国际化道路、发展文化艺术"文艺复兴"经济等重点文化项目。

第二步立柱：重塑岭南文化的支撑性内涵。延续前期的岭南艺术和文化发展政策，建立"艺术激励"计划，促进岭南公共艺术的进步和发展，在此基础上进一步凸显创新能力、发展创意产业，将广州建成极具创新精神的全球城市。

第三步筑顶：重在发挥岭南文化与日常文化生活的互动效应，形成良性循环。后期的发展目标是提升市民对岭南文化的认同感和欣赏度，引起广州市民对岭南传统的广泛关注，吸引社区参与到城市更新中，同时将广州的基础设施建设与岭南特色文化结合，打造世界一流的文娱艺术区，让广州成为国际人才的聚集中心和宜居之地。

（二）拓宽以北京路历史文化街区为代表的岭南文化商圈，打造岭南文化城市地标

重视岭南文化商圈的构建，打造岭南文化的城市地标，注意规模性效应。其中，以北京路历史文化街区为代表的一系列老城市街区，尤其具有融合、更新的发展潜质。

以北京路历史文化街区为案例来讲，该街区处于广州市老城区中心位置，老字号、书店书院丰富，具有"广府文化源地、千年商都核心"的美誉。广州市近年来通过《广州北京路文化核心区总体规划》《广州北京路文化核心区文商旅融合发展》《越秀区北京路文化旅游区申报创建省知名品牌示范区》等一系列文件，力求将北京路打造成文商旅融合的知名品牌，但是实际操作上遭遇种种障碍，如历史建筑没有被深入开发、老字号一条街不能聚集人气等。

针对这些问题，课题组参考东京六本木、上海、佛山的经验，建议从以下方面进行突破：（1）走集群化开发路线，建立集商业、文化、娱乐、旅游、住宅元素于一身的步行街。目前北京路商业、娱乐已经非常突出，但缺乏独特的人文内涵。北京路流水井、大小马站曾云集数百家书院，现在部分变成民居、校园、艺术馆，但大部分只剩残垣断壁或已消失，应该重点复原闲置的书院街，挖掘岭南书院的文化线索和故事，赋予北京路文化内涵和书香气息。（2）引入美术馆、博物馆、文学中心等文化艺术设施，经常举办历史文化艺术活动与展览，吸引游客，带动文创产业。（3）在道路、建筑等设施中融入岭南特色元素，例如采用改变材料和构造的手法，在保留历史建筑肌理的基础上，通过改造外部景观，提升文化品位；增设专门的文物文化街道，整顿广告招牌遮挡传统特色建筑立面的现象，强化历史韵味。（4）着力打造餐饮、文化创意产业，聚集人流量，引导老字号适应消费理念，转变企业经营观念。（5）加强北京路景观建设，体现"美在花城"的特色，提升办公、居住的舒适性。

（三）促使岭南文化走出去，集中精力打造世界级文化与旅游品牌

一方面，充分挖掘岭南文化的新旧特色。在城市更新中注重新旧融合，让岭南文化焕发新活力，主要从三个方面着手：（1）借鉴上海的"开放更新路径"，策划组织国际会议、重大节庆、颁奖典礼、展览、论坛等文化活动，举办非遗博览会、公共图书馆服务宣传周、国际艺术节，向世界展示岭南文化，打造品牌，扩大影响。（2）推动岭南文艺作品走向国际舞台，加强"魅力岭南"歌舞、杂技品牌推广。（3）利用广州的动漫产业和网络游戏产业优势，加强岭南文化传统与现代科技的融合，推动岭南文化传播。

另一方面，扩大岭南文化影响力辐射圈。联手大湾区其他城市共同积极推动与国内"海上丝绸之路"沿线城市合作，开发海上丝绸之路旅游带中不同文化主题的精品邮轮旅游线路，重温古代海上丝绸之路对外贸易的繁荣，构筑"海上新丝路旅游合作圈"。发挥港陆空交通枢纽、过境便利签证等优势，加强与港澳台的合作，提升与国际的联系能力，对接"一带一路"国家倡议，搭建旅游合作平台，打造世界知名的旅游区域合作品牌，扩大文化辐射范围。

（四）培养吸引青年文化、艺术人才，为岭南文化的活化与更新造血

鉴于年轻人群体的创造力与生命力，世界多个一流城市的城市更新战略无一不重视对青年文化工作者、艺术家的培养和引流。例如，在《文化大都市：伦敦市长 2009—2012 年的文化重点》中，为了实现"维持伦敦作为全球卓越文化中心的地位"的目的，高度强调"加强面向年轻人的艺术与音乐教育"和"为新人提供发展之路"；在东京文化战略规划文件《东京艺术与文化愿景》中，同样提出发现和培养多样化的人才，为日本和海外年轻的新兴艺术人才提供新的创作和商业机会，并颁发"新面孔奖"鼓励青年人才。

广州应当以城市更新的项目为中心，建立青年文化与文化人才库，完善由研究学者、青年艺术家、文化产业代表参与的岭南文化艺术人才体系；从文化艺术活动、税收优惠、营商环境、基金支持等多个方面，出台面向青年文化、艺术人才引流与扶持政策，拓宽渠道，引进海内外优秀文化人才，结合具体的项目，让他们参与到城市改造与文化更新的过程之中。

第三节　实现自我更新：完善实现
老城市新活力体制机制

2018 年 10 月，习近平总书记视察广东并发表重要讲话，提出"实现老城市、新活力，在综合城市功能、城市文化综合实力、现代服务业、现代化国际化营商环境方面出新出彩"。

老城市新活力的问题，直接关系到与老百姓直接相关的城市基层治理问题，与人民群众的城市满意度、幸福感直接相关。而作为一座历史悠久、文化底蕴深厚的老城，广州要焕发新活力，既需要兼顾自身独特的历史文化特色，又需要在思想观念和体制机制方面做到破旧立新。

课题组在梳理和分析广州旧城改造与新城规划的体制机制的基础上，分析了当前存在的问题，并结合现实情况，充分结合粤港澳大湾区的发展战略，为广州的体制机制创新提出了策略建议。

8.3.1　当前广州的城市更新体制机制

从广州现有的举措来看，围绕"老城市新活力"这个命题，广州的做法是针对"旧城"与"新城"分别着手，进行城市更新规划。在旧城方面，包括《广州市旧厂房更新实施办法》（穗府办〔2015〕56 号）、《广州市旧村庄更新实施办法》（穗府办〔2015〕56 号）、《广州市旧城镇更新实施办法》（穗府办〔2015〕56 号）、《广州市老旧小区微改造设计导则》等专门文件及其他相关文件确立了广州市旧城改造的目标和任务；在新城方面，《广州城市建设总体战略概念规划纲要》《亚运城市——广州：面向 2010 年亚运会的城市规划建设纲要》《广州市城市总体规划（2011—2020 年）》等政策为新城规划指引了调整和发展方向。为了保障和监督城市更新规划工作顺利推进，部分政策也对实施体制机制着重进行了强调，为广州城市更新体制机制的建立和完善奠定了基础。例如，《广州市城市更新总体规划（2015—2020 年）》就要求从"完善政策保障体系、提升行政管理效率、强化规划管控体系、加快城市更新机构形象设计及加大宣传力度、加强城市更新资金保障、加强廉政建设"六个方面加强相应机制建设。

本课题组通过对相关政策文本的整理归纳，将目前的城市更新体制机制总结为：在网格化管理的体制下，实行以"行政管理、政策保障、运作监督、社会反馈"为主的机制。

（一）网格化管理的体制

为积极响应十八届三中全会《中共中央关于全面深化改革若干重大问题的决定》的"改进社会治理方式"要求，广州于 2014 年审议通过了城市社区网格化服务管理工作系列文件，正式启动城市社区网格化服务管理体制，将城乡的社区街道划分为若干网格进行管理。① 广州的网格化管理体制模式为"一个组织架构、一张基础网格、一支网格队伍、一套信息系统、一套管理制度"。经过多年的实施，目前被纳入网格化管理的事项逐渐增加，除了基本的社区服务和基础设施外，还包括安全生产工作、消防安全管理、治水管理、环境监管、文物安全保护、城市环境综合治理、医疗卫生服务等。例如，2018 年通过的《广州市房屋使用安全管理规定》明确了两项网格化管理工作：一是组织社区网格员采集并报送房屋使用安全信息，二是面向社区网格员培训房屋使用安全业务技能。2019年，广州市颁布第 3 号总河长令，决定在河（湖）长制中推行网格化治水。

（二）行政管理机制

广州市在城市更新中的行政管理机制的主要目标是完善审批制度，提高审批效率。具体措施可以总结为三点：一是简化、优化审批流程，为项目审批的及时反馈提供平台；二是在相关部门间形成效率较高的对接与协调形式；三是学习前沿管理技术，提高管理水平。

（三）政策保障机制

为保障城市更新规划的稳步推进，广州市已出台一系列相关的城市更新系列配套政策文件，包含了标图建库、规划计划管理、成本核算、资金监管、税费优惠等城市更新业务。与此同时，通过两方面的政策保障机制解决制约新旧城改造中的重大问题。其一，由政府管控重点片区及重大项目，对基层城市更新采取以社区和市场为主导的申报通道。② 其二，为旧厂房的升级、旧住宅区的改造、历史文化保护区的重建构建政策激励机制。③ 总的来说，是对不同的更新任务采取不同的管控方法，以更好地实现各方利益。

---

① 人民网．广州对城市管理实施"网格化"［EB/OL］．［2019 - 05 - 20］．http://politics. people. com. cn/n/2014/1110/c70731 - 26004012. html.

② 原广州市城市更新局．广州市城市更新总体规划（2015—2020）［EB/OL］．［2019 - 05 - 21］．https://zt. ycwb. com/2017/gengxinguihua/index. htm.

③ 广州市人民政府．广州市人民政府关于提升城市更新水平促进节约集约用地的实施意见［EB/OL］．［2019 - 02 - 09］．http://www. gz. gov. cn/gzgov/s2811/201706/c92c0c75f0e44caa9ce9b8c8d5dde68b. shtml? from = groupmessage.

（四）运作监管机制

良好的运作监管机制是城市更新工作稳步推进的保障，广州市在城市更新中，主要从两个方面着手加强市更新中的运作监管。

在更新规划整体运作方面，为促使城市更新工作长期稳定推进，建立城市更新规划管控体系①，完善、强化规划的统领作用，进一步完善规划编制。

在资金运作方面，设立"城市更新专项资金"作为城市更新的专项投融资机制。②宏观上，对全市基础设施及公共服务建设收入统一规划，合理分配各个地区和项目的资金；微观上，对生态保护区及历史文化保护区的亏损项目进行资金补偿。

（五）社会反馈机制

广州新旧城建设与广大市民紧密相关，需要社会和广大市民共同治理、共同参与，因此，构建及时有效的社会反馈机制意义重大。广州市利用信息公开制度和社会参与机制，形成城市建设的社会协同参与机制，目前的社会反馈机制主要包括三个方面的内容：第一，主动对城市更新工作进行常态化的媒体宣传，加深公众对规划的认识与理解，调动各方参与城市更新的积极性；第二，及时对已产生的舆论信息进行反馈和处理，形成反应及时的应对机制，避免虚假言论滋生蔓延；第三，为规划者与公众搭建对话桥梁，设立公众参与规划委员会制度③，给予利益各方表达诉求的通道，避免沟通不畅而激化矛盾。

8.3.2 广州城市规划体制和机制创新的对策建议

广州城市规划现有的网格化管理体制初有成效，应继续完善和推进，现有机制仍存在一些不足之处，主要包括对新旧城的改造和规划未充分吸纳社会力量的参与、与大湾区和"一带一路"国家相

---

① 原广州市城市更新局．广州市城市更新总体规划（2015—2020）［EB/OL］．［2019－05－20］．https://zt.ycwb.com/2017/gengxinguihua/index.htm.

② 广州市规划和自然资源局．原广州市国土资源和规划委员会2018年工作总结和广州市规划和自然资源局2019年工作计划［EB/OL］．［2019－05－20］．https://www.gzlpc.gov.cn/gzlpc/8.2/201904/293d83f97c594ac8903cf54acc526a20.shtml.

③ 原广州市城市更新局．广州市城市更新总体规划（2015—2020）［EB/OL］．［2019－05－20］．https://zt.ycwb.com/2017/gengxinguihua/index.htm.

关部门的联系不够密切、尚未建立完善的责任追究和效益评估机制。因此广州推动实现老城市新活力体制机制创新可以从以下几个方面加以突破。

（一） 在体制层面继续完善和推进网格化管理

目前，广州已初步建立网格化运行体系，基层社区精细化管理服务水平逐步提升，如何进一步推进网格化管理体制，使之在城市更新中发挥更大的效能，需要关注以下三方面。

第一，将网络信息技术充分运用到网格化管理中，提高服务效率。构建和优化网格数据采集和管理平台，为信息整合与智慧决策提供保障。通过大数据、人工智能等技术处理数据，提高决策信息的准确性、完整性和预判力。

第二，做好网格管理人员的选拔与培训工作，增强其业务能力。网格员的素质能力会对网络化体系的运行产生直接影响。一方面要明确网格员的身份地位和工资待遇，构建激励机制，按需选拔网格员；另一方面要定期对网格员进行业务能力的培训，以提升服务水平。

第三，制定相关法律法规，保障网格化管理体制的规范运行和健康发展。目前广州已出台网格化管理的系列文件，对城市社区网格化服务管理工作的总体方案、网格员队伍建设、入格事项管理进行了规范，但仍需进一步加强立法工作，明确界定网格化管理中政府职能部门与社会力量的权责划分以及网格员的身份性质、选拔、管理等内容，完善网格化管理制度。

（二） 在机制层面建立参与、对话、联动与评估机制

为了让老城市焕发出新活力，广州要在原有机制上体现出更强的灵活性，谋求高效治理和人本化管理，以"参与、对话、联动、评估"为主要方向推进机制创新。具体而言，广州城市规划机制的创新包括以下几种思路。

第一，提高参与，创新社会力量参与机制。创新社会力量参与机制，是指积极引导社区机关、企业、社会组织和个人参与城市规划和管理。纽约、伦敦、东京等国际一流大城市对此都十分重视，如纽约市文化事务局发布的《创造纽约文化计划》就提出"鼓励基金会、个人和公司对艺术、文化和科学方面的私人投资"；伦敦市长文化战略要求政府与伦敦特区的文化机构、地方当局和战略资助机构合作，加强文化服务；日本东京一直以来都依靠政府、企业和社会组织进行城市管理。

根据现有经验，广州应广泛动员企业、党群社团、非营利机构等社会各界力量参与到旧城改造与新城规划中，出台配套政策，改进参与形式，丰富服务内容，形成政府与社会力量的良性互动。例如，在历史文化街区、老建筑、村落的保护与改造上，支持和引导社会组织以投资、捐赠、入驻、建言献策等方式参与，使历史文化遗产能够重新焕发生机，融入城市文化与市民生活。

第二，建立对话，创新民众需求沟通机制。创新民众需求沟通机制，是指让社交媒体和虚拟平台成为政府与民众交流的纽带，及时共享信息资讯并传递民众需求。该机制的典型案例是纽约。为提高民众对政府信息的获取和反馈效率，纽约一方面充分利用社交媒体共享各机构信息资源，另一方面在城市建设文化设施时征求当地居民的意见，更好地了解社区需求和优先事项。

广州可考虑借鉴纽约的经验，建立数字活力机制。一方面，充分利用社交媒体主动、及时、积极地宣传城市更新工作进展与动态、新活力与新成就，形成群聚效应，同时通过社交媒体建立民众意见沟通和反馈的渠道，了解民众对旧城改造和新城规划的诉求和有关专家的建议，与市民达成历史文化遗产保护的共识。另一方面，开发虚拟文化资源网络，使市民能够借助数字平台了解、掌握、跟踪和反馈广州城市更新进程中的文化资源建设情况。

第三，形成联动，创新内外联动机制。创新内外联动机制，是指加强各地区、各部门、各方力量的联系，汇聚各方资源以支持城市高水平发展。在这方面，纽约市同样非常出色，在《创造纽约文化计划》中专门针对"全市协调"提出一系列举措，如通过正式协调的方式支持和整合城市各机构的文化资源，促进机构、部门之间的合作。类似的，上海也强调"建立跨部门协同、市区联动的机制"，加强"源头"和"码头"建设。

作为粤港澳大湾区的核心引擎和"一带一路"重要交际地，广州不仅要做到集合全市各方力量推动实现老城市新活力，与此同时还要主动加强与广东省、香港、澳门等大湾区城市乃至"一带一路"国家相关部门的联系，建立内外联动机制。具体而言，对内汇聚广东各市、香港、澳门文化人才与文化创意，促进文化间交流，形成良性互动，增强文化新活力。对外彰显开放姿态与合作精神，以包容的心态引入"一带一路"等国家地区的文化资源、城市更新措施、创新制度，欢迎国家和地区间的文化合作，以谋求更好的发展。

第四，完善评估，创新评估与监控机制。邀请专业研究团队，对广州老城区历史遗留问题与改造现状、新城区规划现状与难题进行调查研究，构建一个以生态环境、社会民生、文化特色和经济发展为主要维度的科学的活力指数评价体系。将其作为衡量广州城市更新工作开展效果的评价依据，并指示下一步建设的方向，为广州市创造新活力提供指引，实现以评促建。更重要的是，该活力指数评价体系能够在原有运作监管机制的基础上，加强对政府责任进行监管，对于未达到评估要求的部门及时问责与追责。与此同时，及时通过政府网站、社交媒体等沟通机制向社会公开评估结果，让社会参与对政府的监督，提高政府部门工作效率和服务水平。

第九章
广州建设国际一流文化
城市的具体策略

根据上述战略思路，在推进广州建设文化鲜明、独具特色的国际一流城市中可以进一步实施一系列有针对性的具体策略，以达成目标。

第一节　打造文化丰碑：建设粤港澳
国家级图书馆、博物馆群

正如《粤港澳大湾区发展规划纲要》所指出的，发展"人文湾区"的目的之一在于"提升居民文化素养与社会文明程度"。这也彰显出文化的意义在于塑造人们的精神气质，让其获得更多的满足感。实现这一目标的途径之一是在大湾区中构建文化发展共同体，推动岭南文化乃至中华文化的弘扬与发展，重点是汇集湾区文化资源，在广东、香港、澳门三地共同创建一个国家级图书馆、博物馆群。

9.1.1　构建粤港澳图书馆、博物馆群的意义

构建粤港澳图书馆、博物馆群对于广州文化和粤港澳大湾区文化都有重大意义。

（1）丰富公众的文化生活，提升人文素养。公众可以通过图书馆、博物馆群举办的丰富多彩的阅读活动和藏品展览，激发对岭南文化的兴趣，提升文化素养。

（2）产生文化聚集效应，提升文化的影响力。从国外著名博物馆群的建设经验来看，图书馆、博物馆群所产生的文化效应，绝不

是单个图书馆或博物馆所能比拟的。图书馆、博物馆群的建立往往能够使城市的文化氛围变得更为浓厚，从而扩大城市文化的知名度。

（3）促进区域间的文化交流，增强文化合力。图书馆、博物馆群的建立，能够将广东、香港、澳门三地的图书馆、博物馆联系在一起，加强不同区域的馆际合作与交流，形成文化合力。另外，以图书馆、博物馆为桥梁，不同城市通过巡演巡展、阅读推广、文化讲座等方式的交流，可以形成区域间城市文化的碰撞。

（4）为历史研究提供一手资料，传承历史与文明。图书馆、博物馆收藏着丰富的历史文献资料和文物藏品，建立图书馆、博物馆群能够更有效地满足研究者的需求，为保护岭南传统文化做出贡献。

（5）吸引游客的目光，彰显城市魅力。图书馆、博物馆群往往是城市文化的标志和符号。它所拥有的珍贵的艺术藏品、独特的修建风格以及浓厚的人文情怀，都向游客展示着富有魅力的城市形象，有利于广州文化以及湾区文化的传播。

9.1.2　可资借鉴的实践经验

目前全球最为典型的博物馆群是位于美国华盛顿的史密森博物馆群，此外德国柏林和日本东京这两座著名的文化之都同样拥有着享誉世界的博物馆群——柏林博物馆岛与上野公园博物馆群。这三个博物馆群对广州的图书馆、博物馆群建设具有一定的参考价值，下文将分别对其进行分析和探讨。

（一）史密森博物馆群

史密森学会（Smithsonian Institution）成立于 1846 年，位于美国首都华盛顿特区，拥有世界上规模最大、数量最多的博物馆群落，是全球最大的博物馆体系。史密森学会目前拥有 19 个博物馆，包括国立美国历史博物馆（National Museum of American History）、国立美国艺术博物馆（National Museum of American Art）、国立自然史博物馆（National Museum of Natural History）、国家航空及航天博物馆（National Museum of Air and Space）等著名博物馆。另外，该博物馆群还包含 9 个研究中心和 1 个国家动物园，其中，9 个研究中心包括：史密森学会档案馆、博物馆保护研究所、图书馆、美国艺术档案馆、环境保护中心、生物保护研究所等;① 研究的项目涵盖气候、环保、天文、地理和生物等多个先进领域，同时也从事着艺术、科学、历史以及公共教育和服务等各个方面的研究。史密森学会博物馆群全部对公众免费开放，每天开放时间为 8 小时。它具有全面丰富的收藏体系，展品多达 1.4 亿件，涵盖艺术品 34 万件、藏书 200 万册与标本 1.27 亿件，其中有 640 万件已提供数字化资源，可供大众通过网络在线浏览和观赏。

（1）历史背景

史密森学会的历史充满传奇色彩，它是由一位叫詹姆斯·史密森（James Smithson）的英国科学家的遗产馈赠建立起来的。1826年，史密森立下遗嘱，将其财产留给侄子，并在"意外条款"中补充：如果侄子去世时也没有子嗣，那么史密森的财产将全部赠予美国，用于在华盛顿建立一个"旨在为人类增进和传播知识的机构"，并以 Smithsonian Institution 命名。1846 年，美国接受了史密森的馈赠后，通过了《建立史密森学会》的议案。国会立法规定，建立集收藏、展览、教育、研究和交流等多功能于一体的综合机构——史密森学会。史密森学会由联邦创建，不受政府任何部门的管辖，而是由董事会领导进行永久性的自我管理，② 因而它的性质"不是一个政府机构，而是一个处于政府监护之下的民间机构"③。

（2）作用意义

史密斯学会因其丰富的收藏、优越的地理位置、杰出的公共服务和教育构成了华盛顿卓越的文化景观。它不仅从事着收藏、保护工作，也举办各种不同类型的活动，对公众进行艺术、文化、科学等方面的教育，并进行深入的科学研究，对美国而言具有重要的价值，一定程度上代表着国家形象。

美国科学促进会 AAAS 指出："史密森学会可以被看作是一个外国人为了特殊的目的对我们政府的神圣信任的产物。我们有责任用与捐赠者意愿相一致的方式，来管理这种信任。史密森将这一机构定义为'在人类之间增进传播知识'。因此，我们应当特别注意：

---

① 柳懿洋. 博物馆集群化运营模式研究［D］. 中央美术学院，2017.

② 刘东平. 史密森博物馆：美国的收藏梦［J］. 留学生，2015.

③ Abbot, C., The Smithsonian Institution as an Illustration of Internationalism in Science［J］. *Science. New Series*, 1942, 95: 639 – 641.

遗赠不是用来支持美国政府增进传播知识，而是支持这个机构本身增进传播知识。"① 这一说法充分体现了史密森学会创建的意义。

史密森学会成立后，推动了美国科学的发展。一方面，史密森学会积极支持美国的科研机构；另一方面，它本身也积极开展科研活动，研究领域涵盖了生物学、人类学、地质学等各个方面。为了让专业人员紧跟相关领域的最新研究进展，史密森学会广泛邀请各领域的专家学者前来举办讲座，② 促进了美国科学向多元化、国际化发展。除此之外，史密森学会还积极支持国外研究者的研究工作，出版他们的研究成果，并将出版物送给世界上 1000 多个图书馆和学术团体。③《科学》杂志对史密森学会的意义这样评价："史密森学会的成功，吸引着世界上许多国家的人效仿史密森的行为来建立研究机构，通过馈赠来无私地为人类增进和扩散知识做出贡献。"④

另外，史密森学会博物馆每年都在举办各种形式的讲座、音乐会和其他节目，借助丰富多样的手段向民众进行科普，对美国的科普教育有很大贡献。同时，也会发行以科学、艺术和历史为特色的月刊杂志《史密森》，出版了 100 多种书籍和影像资料，并为电视台、教育媒体等提供系列纪录片等节目，极大地满足了美国公众对于学习和教育的需求。⑤

综上，无论在美国还是在全世界，史密森学会作为全球最大的博物馆群，它的规模和影响力都是巨大的；作为全球最大的博物馆教育和研究联合体，它对美国乃至世界的文化科学发展有着深远的影响与重要的意义。

（3）文化影响

随着城市经济的发展，博物馆作为收藏、保护、展示和研究人类发展见证物的文化场所，在区域文化传承与创新中起到的作用不

---

① American Association for the Advancement of Science（AAAS）. Policy of the Smithsonian Institution [J]. *Science. New Series*, 1902, 16：961 – 965.

② 秦大树. 美国史密森研究院及其有关特点 [J]. 中原文物, 2001（4）：82 – 86.

③ 王坤娜，王骏. 史密森学会早期史探寻 [J]. 科学文化评论, 2018, 15（5）：20 – 36.

④ Abbot, C., The Smithsonian Institution as an Illustration of Internationalism in Science [J]. *Science. New Series*, 1942, 95：639 – 641.

⑤ 邹晓燕. 百年不朽的史密森尼 [J]. 科协论坛, 2001（4）：39 – 40.

断加强。史密森学会是世界上最大的博物馆群，它对于区域文化和美国文化有着深远的影响。

史密森学会的各个博物馆都利用其丰富的藏品积极举办丰富多样的展览活动，借此对观众进行科普教育。例如，史密森学会每年夏天都会举办史密森民俗艺术节（Smithsonian Folklife Festival），该艺术节于华盛顿特区的国家广场举行，为期10天，是一个面向社区的教育性展览，邀请世界各地的手工艺者、音乐家等艺术界人士参与，吸引的观众超过100万人，极大地丰富了公众的文化、艺术生活。同时也形成了强大的文化影响力，在区域中产生了文化聚集效应，增强了文化能量，处在该区域中的公众在史密森博物馆文化的影响下，更多地体验和了解了区域文化，进而实现人文素养的提升。

史密森学会设有专门机构，经常组织各种讲座。主讲者不仅包括史密森学会自身的研究人员，也有从全美乃至世界各地请来的有关领域专家、学者。这些讲座和活动涉及有关展品的研究成果、相关领域的最新动态等方面，不仅吸引了华盛顿地区的人员参加，还包括美国其他地区的人们，极大地促进了区域文化的交流，满足了美国公众对学习的需求。除此之外，史密森博物馆每年举办大量各种不同主题的展览，提升了全民的文化素养，促进了美国文化的发展。

（二）德国柏林博物馆岛

德国柏林博物馆岛由老博物馆、新博物馆、老国家艺术画廊、博德博物馆和佩加蒙博物馆5座组成，古教堂建筑、雕塑、壁画、埃及和古希腊艺术藏品、德国绘画作品等历史价值极高的艺术珍品都在这里展出。

老博物馆最初是19世纪德国的皇家博物馆，在二战中被严重破坏，20世纪60年代得以重修，主要展出古罗马、古希腊的雕塑、金银制器，建筑宏伟壮观，自身就可以被视为博物馆岛一座大型的文化艺术藏品。

随着老博物馆的藏品日益增多，新博物馆应运而生。与老博物馆的命运相似，新博物馆也没有逃过二战战火的洗礼，20世纪末才开始得到修复，直至2009年这座里程碑式的博物馆才得以重新开放。馆内主要藏品包括远古时期以及古埃及时期的文物。

老国家美术馆原是普鲁士国王用以收藏受赠绘画作品的地方，

现在主要展出德国 19 世纪的雕塑与绘画作品。德国统一后，西德政府修建的新国家美术馆内的藏品也被汇集在这里展出，造就了新老国家美术馆藏品的结合。

博德博物馆是一座新巴洛克风格的建筑，也因受到战争的破坏，直到 2006 年才修复完毕，得以全部重新开放。主要展出的是雕塑作品和各个时期的钱币，是一座极富特色的博物馆。

佩加蒙博物馆由 3 个收藏馆合并而成，古典收藏馆主要收藏古希腊和古罗马雕塑作品，西亚细亚馆收藏的是近东艺术品，伊斯兰艺术博物馆则汇集了伊斯兰 8 世纪以来的历史藏品。佩加蒙博物馆是博物馆岛 3 个博物馆中名气最大的，也是德国人最引以为豪的博物馆。[①]

德国柏林博物馆岛的作用体现在历史文物的保存、建筑学研究以及博物馆建设 3 个方面。首先，5 个博物馆收藏了琳琅满目、极具收藏意义的藏品，保留了人类对于远古时代、古罗马古希腊时期、古埃及时期等重要历史阶段的记忆，为这些历史时期的研究、考证提供了重要的参考资料。其次，博物馆岛建筑的修建与修复工作，也为后来的博物馆建筑提供了经验与参考价值，如几座博物馆的内部陈设安排、建筑及其修复的方式，都成了建筑学中不断被研究和学习的案例。[②] 最后，博物馆岛以独特的博物馆群的形式，将 5 座各有特色的博物馆有机地结合，有效地在馆际间形成了联系，彼此相辅相成，有效改变了博物馆空间分布上存在的过于分散的问题，形成了一片具有浓厚历史文化氛围的城市建筑群，成为柏林的一个独特的城市文化符号。

德国柏林博物馆岛修建与发展主要的意义可以概括为两点。

一是增加了市民对城市文化的兴趣和理解。博物馆岛位于柏林市市中心，地理位置优越，交通便捷；馆内藏品种类丰富，历史悠久，市民能够通过与文物的近距离接触增加历史文化方面的知识，对柏林的城市文化产生一定程度上的自豪感和认同感。

二是对城市的文化氛围起到了良好的带动作用。博物馆岛将各

---

① 郑小东，李坚．柏林博物馆岛——艺术与科学的圣殿［J］．华中建筑，2009，27（12）：41－46.

② 王小明，宋娴．重构与发展：博物馆集群化运营研究［M］．上海：上海科技教育出版社，2015.

有特色的博物馆相结合，不仅促进了各个博物馆间的馆际交流，还形成了文化氛围浓厚的城市特色建筑，成为柏林的城市文化地标，[①]对广州的博物馆群建设也有一定的参考价值和借鉴意义。

（三）日本上野公园博物馆群

日本上野公园博物馆群是以东京国立博物馆为中心的日式庭院风格的博物馆集群，包括专门收藏日本文物及艺术品的东京国立博物馆主馆、展出亚洲文物为主的东洋馆、收藏奈良法隆寺向日本皇室进贡品的法隆寺宝物馆、收藏日本西洋画家黑田清辉绘画作品的黑田纪念馆、举办特展活动专用的表庆馆，以及设有考古文物展室、休息厅、饮食区的平成馆。博物馆周围还建有东京艺术大学、国立科学博物馆、东京都美术馆、美术情报室等文化建筑。

最重要的东京国立博物馆历史悠久，藏品丰富，共藏有文物117000件，包含了日本国宝89件[②]，是日本重要文物的收藏场所，周边地区也逐渐成了东京的文化艺术中心。

（1）历史背景

东京国立博物馆始建于1872年，1882年从内山田町迁址上野公园，是日本文化遗产收集、保管、修复、展览等文化事业活动的地点。博物馆还对其收藏的与美术有关的书籍、拓本和照片进行研究和调查，并向学者开放。经过多年发展，多个各具特色的博物馆、文化展馆围绕东京国立博物馆逐渐建立。2007年，日本政府为了更为有效地保护和利用所藏文物，专门成立了国家文化遗产研究所，并将其设立为独立的管理机构，最终形成了如今的上野公园博物馆群。

（2）作用意义

上野公园博物馆群的作用体现在亚洲文物保存与历史传承、东京城市文化形象建设两个方面。一方面，上野公园内的博物馆主要收藏了日本的国宝级文物以及日本艺术品，充分展示了日本本国特色；与此同时，东洋馆中的亚洲藏品也展示了包括中国、朝鲜、东南亚、印度、埃及等亚洲国家的历史文化风貌，为日本及整个亚洲

①　罗隽，何晓昕. 历史城镇文化身份的塑造——柏林博物馆岛建设和保护利用的理念 [J] . 建筑学报，2018（7）：105 – 112.

②　东京国立博物馆. 展馆指南 [EB/OL] . [2019 – 04 – 03] . https://www.tnm.jp/modules/r_free_page/index.php? id=162&lang=en.

地区的历史文化传承做出了一定的贡献。另一方面，以博物馆群为主导，上野公园内形成了一片市民闲暇时的文化中心及休闲场所。东京政府致力于营造古今交融、传承与创新并存的城市形象以打造东京的城市文化品牌，上野公园的博物馆群一定程度上较好地顺应了这一政策。与德国柏林博物馆群的宏伟沧桑不同，日本上野公园的博物馆群延续了日本一贯的清秀风格，采用了园林式的建筑方式，将博物馆与公园融为一体，使日本文化与博物馆完美地结合了起来，丰富了东京这座现代都市的文化气息，正符合东京政府想要打造的城市文化形象。不仅如此，上野公园内的文化馆中，有一些临时性质的展览馆，如东京国立博物馆的表庆馆，不时展出一些特殊藏品，举办相关的展会活动，大大丰富了东京市民的业余文化生活，能够在一定程度上激发市民对历史文化的兴趣。

上野公园的博物馆群极具日本地方特色，它的建设与发展对于东京、日本乃至世界的文化领域都意义非凡，主要可以概括为以下三点。

其一，品种、数量繁多的文物藏品对日本的历史文化研究具有重要意义。上野公园中的东京国立博物馆不仅对外展览其藏品，还承担了文物的保护、修复和考古等工作，对于研究日本历史有着重要的意义。

其二，丰富了东京市民的精神生活，为市民提供了文化氛围浓厚的学习、休闲场所。公园是一座城市最为重要的休闲文化场所，博物馆群与公园相结合，形成了东京市民文化交流的中心，有效地提高了市民的文化归属感与自豪感。

其三，对其他地区博物馆群建设提供了启发。东京将公园与博物馆结合的建设思路独辟蹊径，不仅利用博物馆群在城市中营造了单个博物馆所不能达到的浓厚文化氛围，还将这一重要文化传播地与重要的休息场所结合起来，吸引更多市民的目光，使他们关注历史文物、关心本国文化、注重历史文化的传承，营造了城市文化氛围。

（3）文化影响

东京政府为了向世界传播日本文化的魅力，在城市战略中提出要设立文化传播项目，积极展开艺术文化活动，上野公园博物馆举办长期或临时性的展会活动，使这一政策得以落地。

无论是外来游客还是东京市民，都对东京的城市文化和城市风貌有了更好地了解。一方面，上野公园博物馆群因其独特的修建风格和浓厚的文化氛围备受国内外游客的青睐，向世界展示东京独特的城市形象，是提高东京城市魅力的重要场所之一。另一方面，该博物馆群吸引更多的东京市民关注艺术、关心文化的传承，为文化研究者提供了丰富的历史参考资料，极大地促进了东京的文化艺术发展与城市文化传播，使东京真正成为一座古今融合、传统与现代并存的国际都市，获得国际上的认可。

9.1.3　对策建议

（一）现有基础

　　从上文对国外博物馆群的分析可知，图书馆、博物馆群建立的基本条件可以归纳为：地域相近、各有特色、规模较大、馆藏丰富。

　　大湾区是"我国开放程度最高、经济活力最强的区域之一"①，其坚实的经济基础为文化建设与投入提供了良好的条件。同时，各城市政府也积极推动文化的发展，对于公共图书馆、博物馆等公共文化设施的投入力度相对较大，尤其是香港、澳门、深圳、广州、东莞等地区。以图书馆为例，目前五地相继颁布的政策主要有：《图书馆指定令》（香港）、《深圳经济特区公共图书馆条例（试行）》《东莞市建设图书馆之城实施方案》《深圳市建设"图书馆之城"（2006—2010）五年规划》《广州公共图书馆条例》《东莞市公共图书馆管理办法》。在一系列政策的保障和推动下，大湾区已具有相对完善的公共图书馆、博物馆服务体系。课题组根据现有统计数据得出，2016 年，粤港澳大湾区公共图书馆数量有 1450 座，文献馆藏量达到 1.09 亿册，年购书经费总共有 2.4 亿元，从业人员数量共计 3283 人。② 与此同时，当年粤港澳大湾区的博物馆总数约为 230 座，其中香港约 30 座、澳门 27 座、广州 32 座、深圳 46 座、

① 广州市人民政府. 中共中央国务院印发《粤港澳大湾区发展规划纲要》［EB/OL］.［2019 - 04 - 03］. http://www. gz. gov. cn/gzgov/zxtt/201902/c862bf20f20047c5ab21c8b6d21986dd. shtml.

② 香港无年购书经费和从业人员的数据，因此这两个粤港澳大湾区数据不包括香港。

东莞49座。

此外，公众的文化参与积极性较高，大湾区民众对公共图书馆、博物馆有较高的需求。2016年大湾区书刊外借册次总共达到9501.53万，年文献流通率[①]为67.01%。同年，大湾区公共图书馆总流通人数达到7291.87万人次（不包括香港），年读者到馆率[②]为130.66%，意味着平均每人到馆1.3次；香港2016—2017年连续两年平均每人参加推广活动2.6次。而从博物馆的利用角度看，2017年广州博物馆、纪念馆及美术馆举办陈列展览286次，参观人次达1307.3万人次，到馆率为90.17%；澳门的博物馆参观人次为428.5万人次，到馆率高达656.1%，即平均每人到馆6.56次；香港参观博物馆人次为641.3万人次，到馆率为86.76%。

以上数据表明，广东、香港、澳门三地公共图书馆、博物馆资源丰富，具有建设如同史密森博物馆群的基础。因而可将分布各地的资源整合起来，建立粤港澳图书馆、博物馆群，为粤港澳建设"宜居宜业宜游的优质生活圈"助力。

（二）目标和措施

通过建立粤港澳大湾区区域内的国家级图书馆、博物馆群，充分激活已有公共文化服务体系的资源，丰富居民文化生活，推动文化繁荣发展，建设富有活力和国际一流的城市，到2035年基本实现馆际合作交流顺畅、彼此相辅相成、人文气息浓厚的特色图书馆、博物馆群。

（1）建设以政府主导、社会力量参与的粤港澳图书馆、博物馆群

中心城市带动周边区域。香港、澳门、广州、深圳是粤港澳大湾区的四大中心城市，其公共图书馆、博物馆水平都是湾区内最高的，在国内外都享有盛名。同时，港澳广深之间交通快捷，从广州南途经深圳到香港全程不到1小时，市民和游客能够方便地往返四地，游览参观图书馆、博物馆群。因此，可先由香港特别行政区政府、澳门特别行政区政府、广州市人民政府、深圳市人民政府联合

---

① 计算公式：年文献流通率＝书刊文献外借册次/总藏量
② 计算公式：年读者到馆率＝总流通人次/常住人口数

倡议，建立起一个联通四地的图书馆、博物馆群。在此基础上，支持珠海、佛山、东莞、惠州等地的图书馆、博物馆加入该网络，加强与中心城市图书馆、博物馆的合作。

政府主导与社会力量参与相结合。政府主导投资兴办公共图书馆、博物馆，因此政府也应在粤港澳图书馆、博物馆群中占据主导地位。同时，鼓励公民、法人和社会组织等社会力量通过兴办实体、资助项目等方式参与到粤港澳图书馆、博物馆群的建设之中。再则，图书馆、博物馆行业组织也应发挥指导、协调和监督作用，为粤港澳图书馆、博物馆群的建设铺平道路。

加强馆际合作。虽然粤、港、澳地理位置相近，但现有图书馆、博物馆的分布存在较为分散的缺陷，馆际合作与交流就是打通地域壁垒的关键。《规划纲要》也明确提出"支持博物馆合作展"。因此粤港澳图书馆、博物馆群应通过馆际互借、文献传递、合作策展、巡演巡展等方式，实现不同区域图书馆、博物馆间的合作。

突出地域特色。粤港澳图书馆、博物馆群应充分发挥"2000多年同根同源、血脉相通的岭南文化"① 这一突出优势，在相关活动和服务上体现诸如客家文化、广府文化、潮汕文化、非物质文化遗产等在内的地域特色主题。

（2）以互联网络为依托，建立大湾区公共文化服务体系

优化已有资源。优化粤港澳文化资讯网、粤港澳文化地图 App 的运营与建设，完善跨境购票、预约平台，建立由公共图书馆、博物馆、文化馆和艺术院团为主的跨区域的公共文化服务体系。

整合数字资源。加强粤港澳图书馆、博物馆群的数字资源共建共享，对数字信息资源与传统载体资源进行整合，将历史资源与网络资源有机结合，建立统一通用的数字资源平台。运用高科技技术，在平台网站上呈现藏品完整的三维图像和信息。

建立通借通还体系。在粤港澳图书馆、博物馆群之间完善数字化、网络化服务体系，建立大湾区公共文化服务网络。

---

① 广东打造粤港澳大湾区共有人文家园 [EB/OL]. [2019 - 04 - 03]. http://www.pprd. org. cn/zdhzpt/ygadwq/zxbb/201809/t20180927_506566. htm.

第二节 交融文化科技：举办文化
和科技融合交易会

文化产业发展正呈现出文化与科技相融合的新趋势。正如《国家"十三五"时期文化发展改革规划纲要》中所说，要"强化文化科技支撑……运用云计算、人工智能、物联网等科技成果，催生新型文化业态"[①]。面对新形势和新机遇，广州该如何充分发挥自身的科技优势，促进新兴文化业态的培育和发展？根据课题组的调研，一方面，广州于 2018 年发布了《广州市加快 IAB 产业发展五年行动计划（2018—2022 年）》，旨在大力推进新一代信息技术、人工智能、生物医药产业的发展，进而夯实广州文化与科技融合的基础。另一方面，国内有许多城市通过举办文化科技类展会成功提高了文化产业的科技力量，为文化与科技融合提供了有效路径。为此，课题组建议：在广州举办文化科技融合交易会，促进 IAB 产业与文化产业深度融合。

9.2.1 广州 IAB 产业发展战略

（一）重要文件

2017 年 3 月，在中国广州国际投资年会上，广州市政府提出实施 IAB 计划，并计划在第二产业投资 1000 亿元，用于发展新一代信息技术（Information Technology）、人工智能（Artificial Intelligence）、生物医药（Biopharmaceutical）等新兴产业，简称"IAB 计划"。[②] 同年，广州市政府颁布了《广州市建设"中国制造 2025"试点示范城市实施方案》，其中明确指出智能装备及机器人、新一代信息技术、生物医药与健康医疗、智能与新能源汽车、新材料、新能源、都市消费工业、生产性服务业等八项作为广州创建"中国

---

① 国家"十三五"时期文化发展改革规划纲要 [EB/OL]. [2019 - 04 - 011]. http://www.gov.cn/zhengce/2017 - 05/07/content_5191604.htm.

② 广州 IAB 规划 [EB/OL]. [2019 - 04 - 04]. https://www.qichacha.com/postnews_2274f2175e8963e634941d201767215e.html.

制造 2025"试点示范城市的重点领域及方向。① 2018 年 1 月召开的广州市政府常务会议中，审议并原则通过了《广州市加快 IAB 产业发展五年行动计划（2018—2022 年)》（以下简称《IAB 五年行动计划》）和《广州市加快生物医药产业发展实施意见》及配套文件，上述文件于同年 3 月印发。② 其中《IAB 五年行动计划》对广州 IAB 战略所涉及的领域、发展目标与任务、政策措施及组织保障做出了明确规定。随后，广州市黄埔区推出《广州市黄埔区广州开发区加快 IAB 产业发展实施意见》③，南沙区提出《加快庆盛智能制造总部园区建设助力南沙 IAB 战略实施》④ 的提案，各区根据实际情况，推进广州 IAB 战略的实施。

（二）发展领域

IAB 产业指新一代信息技术、人工智能和生物医药等战略性新兴产业。其中新一代信息技术产业包含新型显示、集成电路、新一代信息通信、基础硬件、工业互联网、物联网及车联网、云计算及大数据、互联网及软件服务、新一代信息技术服务业以及量子通信、区块链、太赫兹等；人工智能产业包含智能软硬件、智能机器人、智能运载工具、智能终端等智能产业，以及智能工厂、"人工智能＋"制造等应用服务；生物医药产业包含生物制药、化学药、现代中医药、体外诊断产品、高端医用耗材、先进治疗设备、干细胞与再生医学、精准医疗、基因检测、高端医疗等。⑤

① 《广州市建设"中国制造 2025"试点示范城市实施方案》正式印发 [EB/OL].
[2019 - 04 - 04]. http://www.gd.gov.cn/ywdt/dsdt/201710/t20171024_260537.
htm.

② 实施 IAB 产业发展行动计划 规范石油天然气管道保护工作 [EB/OL]. [2019 -
04 - 04]. http://www.gz.gov.cn/2018cwhy/1532/201801/e78055a0086c4233815f30
f02552a73b.shtml.

③ 我区改革创新再出重拳，全国率先发布 IAB 主导产业政策（图）[EB/OL].
[2019 - 04 - 04]. http://www.gz.gov.cn/GZ62/3/201801/1a13dc8da73d463eb0576
d067932bd8a.shtml.

④ 南沙区政协召开重点提案督办座谈会 助力南沙 IAB 战略实施 [EB/OL]. [2019 -
04 - 04]. http://www.gz.gov.cn/GZ67/qita/201812/049ee30456b34c6f9bf9c690b1a
0228d.shtml.

⑤ 广州市人民政府关于印发广州市加快 IAB 产业发展五年行动计划（2018—2022
年）的通知 [EB/OL]. [2019 - 04 - 04]. http://www.gz.gov.cn/gzgov/s2811/
201803/26f4989a739547d28ae873cd95bf5834.shtml.

（三）发展目标及任务

为加快广州市 IAB 产业的发展，广州市人民政府印发了《IAB 五年行动计划》，计划到 2020 年，将广州打造成"影响全球、引领全国的 IAB 产业集聚区，建成'世界显示之都'、'国际软件名城'、国际一流的人工智能应用示范区和具有全球影响力的生物医疗健康产业重镇"，①从而实现快速壮大产业规模、增强创新能力、突出集聚发展成效、提升融合支撑能力、提高开放型经济显示度的 IAB 产业发展效果。

《IAB 五年行动计划》的主要任务方面分为以下四大点：第一，驱动创新，完善创新生态体系。到 2022 年，计划建成 100 家 IAB 重点创新平台；支持以企业为主体的产学研用协同创新，每年组织并实施 IAB 创新重大专项，选拔 30 个项目给予支持；鼓励 IAB 产业通过引进人才和技术、以合作和委托的方式进行研发、搭建国家孵化平台与创新合作平台等方式，实施开放式创新；推动创新成果产业化，到 2022 年组织实施 IAB 重大创新成果转化项目达 1000 项以上。第二，从企业主体入手，构建具有全球竞争力的产业体系。扶持本地优势企业，到 2022 年，在 IAB 各领域培育 100 家具有领先优势的重点企业；积极引进全球的龙头企业，到 2022 年，实现全市签约 IAB 落地项目达 50 个，重点项目达 100 个；培养一定数量的高成长性企业，对 IAB 领域的这类企业给予政策和资金支持，促进企业的快速发展。第三，形成产业集聚效果，打造集"生产、生活、生态"于一体的价值创新园区。出台重点发展的创新园区清单，建立 IAB 产业发展的平台与载体；提高低效产业园区的质量与效率，摸查现有各类工业园区，淘汰产能落后部分，引入 IAB 产业，并加强考核与指导；提高产业园区综合服务能级，完善园区的基础设施建设，促进专业化公共服务平台建设，推进园区的信息化和精准化服务建设，完善公共生活配套设施。第四，促进工业领域的融合发展，推动跨界共享的应用示范。加强工业领域的合作，推动制造业的转型升级；将 IAB 应用于城市治理，从规范化和精准化

---

① 广州市人民政府关于印发广州市加快 IAB 产业发展五年行动计划（2018—2022 年）的通知［EB/OL］．［2019 - 04 - 04］．http://www.gz.gov.cn/gzgov/s2811/201803/26f4989a739547d28ae873cd95bf5834.shtml.

两方面提高城市管理水平；推广并深化 IAB 在民生领域的应用，同时推动公共服务的均等化。

（四）政策措施及组织保障

《IAB 五年行动计划》从支持创新创造、支持企业做大做强做优、支持产业园区集约集聚发展、支持深度融合和示范应用、优化产业发展生态环境等五大方面提出相关的政策措施。第一，落实广州市科技创新政策，重点扶持 IAB 产业；给予建立各类型的 IAB 技术创新中心和新兴研发机构不同程度的资金支持；设立 IAB 创新重大项目，投入资金进行组织和实施；给予 IAB 产业创新成果实现本地转化的资金支持和 IAB 领域发明专利创造的资金扶持；将广州市的 IAB 产业产品制成目录并对其中国产创新产品的推广应用给予支持与奖励。第二，通过投资补助和贴息的方式支持优秀 IAB 大中型企业的增资扩产；落实广州市"1＋1＋N"重点产业促进政策体系；通过直接股权投资或补助的方式支持优秀 IAB 中小微型企业的发展；通过资金支持的方式鼓励高端仿制药产业化技术改造项目的开展。第三，设定 IAB 产业工业用地指标支持其发展；简化价值创新园区的土地审批流程并对 IAB 产业的重大项目的前期审批工作给予支持；对在价值创新园区配套建设基础设施的开发运营主体给予资金补助；并对 IAB 产业的工业用地出让价格做出规定，鼓励先租后让和弹性出让的申请工业用地方式。第四，给予多类信息化提升项目资金补助并加大投资力度；推动公共机构数据公开并建立综合管理平台。第五，落实广州市"1＋4"产业领军人才政策，奖励各类 IAB 产业的优秀人才；在财政专项资金方面向 IAB 产业倾斜。

最后，通过建立工作机制、强化统计监测、加强知识产权创造运用和保护、优化营商环境、开展督促评估等方式，提供 IAB 产业发展的组织保障。各项政策落实到具体的部门，完善产业的统计监测制度，重视知识产权的利用和完善知识产权保护制度，落实各项优惠政策并提高 IAB 产业的公共服务水平，此外，定期对项目进行组织、评估与总结，从而有效地保障 IAB 战略的开展与实现。

9.2.2 可资借鉴的实践经验

（一）中国（南京）文化科技融合成果交易会

中国（南京）文化科技融合成果交易会（以下简称"融交

会")于 2018 年 11 月 2 日在南京国际博览中心开幕,共有 12 个省市的 300 余家企业参加,项目签约超 150 亿元。① 南京融交会以南京文化创意产业交易会为基础,关注文化科技交融,注重发展新型文化业态,打造全新文化消费模式,推动文化产业高速高质发展,是国内第一个文化科技融合品牌交易会。本届融交会重点展示了国家文化科技融合示范基地、江苏和南京的文化科技融合成果,同时展示了智能制造与文化融合、数字创意与美好生活、传统文化的科技发展等方面的产品(见表 9 - 1)。②

表 9 - 1 中国(南京)文化科技融合成果交易会基本情况

主题	新时代新业态新生活
主办单位	江苏省委宣传部、江苏省科技厅、江苏省委网信办、江苏省文化和旅游厅、江苏省广播电视局、南京市人民政府
承办单位	南京市委宣传部、南京市科委、南京市文广新局、南京市文投集团
协办单位	文化品牌评测技术文化和旅游部重点实验室、中国人民大学创意产业技术研究院
支持单位	国家文化科技融合示范基地联盟
展览面积	约 4 万平方米
举办时间	2018 年 11 月 2—4 日
参展行业领域③	文娱(旅)综合体、文化装备、数字出版与网络文学、数字文博、数字影音、游戏电竞、在线教育、新媒体、人工智能
主展馆	国家文化科技融合示范基地成果展(馆)、国家文化科技融合示范基地成果展(馆)、江苏(南京)文化科技融合成果馆
主论坛	"文化科技融合热点和趋势"论坛

① 南京文化科技融合成果交易会项目签约超 150 亿元 [EB/OL]. [2019 - 04 - 02]. http://epaper. ccdy. cn/html/2018 - 11/12/content_245701. htm.

② 中国(南京)文化科技融合成果交易会 [EB/OL]. [2019 - 03 - 26]. http://www. njcif. cn/.

③ "文交会"更名升级,"融交会"要来了_媒体报道_南京市人民政府[EB/OL]. [2019 - 04 - 02]. http://www. nanjing. gov. cn/hdjl/xwfbh/tbnjwjhzxwnjrjhdbjmdhyyh 2018zgnjwhkjrhcgjyhjbqkycxldyj2018zgjsdzswdhxgcbqk/mtbd/201809/t20180927_119 5518. html.

参与情况	来自上海、广州、杭州、宁波、青岛、常州、武汉等全国 12 个省、直辖市、8 个国家级文化和科技融合示范基地的领军企业参加本次博览会；上海科技馆、敦煌研究院、利亚德光电、四川新华发行集团、凤凰出版传媒集团、苏宁环球文化产业集团、游族网络、咪咕互娱、酷狗音乐、猪八戒网、蓝色光标、福建福昕软件、华博创意、江苏金刚科技等文化科技融合领域的龙头企业参展①

（二）2017 珠海文化科技博览会

首届珠海文化科技博览会由珠海市文化产业发展联席会议办公室主办、珠海市文化产业协会承办，围绕"文化科技"的时代主题，集中展示珠海地区的优秀文创项目和高新技术产品②（见表9-2）。

表9-2 2017 珠海文化科技博览会基本情况

主题	文化＋科技
举办时间	2017 年 12 月 29 日至 2018 年 1 月 2 日
主办单位	珠海市文化产业发展联席会议办公室
承办单位	珠海市文化产业协会
参展行业领域③	文化科技设备、文创工艺产品、文创生活产品
展区设置	智客生活区、文创智造区

（三）2018 中国数字创意与技术博览会

随着文化与科技的融合，数字创意产业成为国家政策大力支持的新兴产业。2018 中国数字创意与技术博览会的前身为中国 3D 技术与创意博览会。本届博览会于 10 月 25—28 日在北京举行，以"数字科技赋能文旅融合"为主题，注重"科技引领＋市场导向"双轮驱动，关注数字技术在文旅融合、影视工业化、城市创新生活

---

① 2018 南京融交会第二场新闻发布会召开 [EB/OL]．[2019-04-05]．http://njcif. cn/article/490. html.

② 2017 珠海文化科技博览会即将开幕！[EB/OL]．[2019-03-22]．http://static. nfapp. southcn. com/content/201712/25/c868147. html? from = groupmessage.

③ 2017 珠海文化科技博览会开幕 [EB/OL]．[2019-04-02]．http://zh. south-cn. com/content/2017-12/30/content_180015814. htm.

等方面的行业应用（见表 9 - 3）。①

表 9 - 3　2018 中国数字创意与技术博览会

主题	数字科技赋能文旅融合
举办时间	2018 年 10 月 23—26 日
展览场地	北京市朝阳规划艺术馆
主办单位	北京市贸促会、中国电子学会
承办单位	朝阳规划艺术馆、北京电影学院
涉及领域	数字消费、体验经济、产业革新、文化新业态

（四）中国数字文化产业博览会

2018 年，首届中国数字文化产业博览会（由中国国际网络文化博览会更名而来）在湖北省武汉市举办，② 旨在促进数字文化产业发展和文化产业数字化转型。本届博览会设立了"一馆四区四论坛六活动"，结合会、展、活动等多种形式，设置多个分会场，呈现国内数字文化产业发展的新形态和新成果，助力数字文化产业成为新时代文化产业发展的新动力和新亮点，从而推动文化产业的数字化转型。③

表 9 - 4　中国数字文化产业博览会基本情况

主题	发展数字文化激发创意活力
举办时间	2018 年 11 月 1—4 日
举办场地	武汉光谷科技会展中心
主办单位	文化和旅游部、湖北省人民政府
承办单位	中国动漫集团、湖北省文化厅、武汉市人民政府、中共武汉市委宣传部

---

① "2018 中国数字创意与技术博览会"将关注数字科技赋能文旅融合 [EB/OL].
[2019 - 03 - 22]. http://www.ccpitbj.org/web/static/articles/catalog_ ff8080813165bac4013165c92aa0000d/article_ ff80808165a44bc101668a58a3e5111a/ff80808165a44bc101668a58a3e5111a.html.

② 中国数字文化产业博览会将于 11 月在武汉举行 [EB/OL]. [2019 - 04 - 02]. http://www.xinhuanet.com/culture/2018 - 05/28/c_1122894627.htm.

③ 湖北省文化厅关于实施"十三五"国家信息化规划中期自评估情况的报告 [EB/OL]. [2019 - 04 - 02]. http://www.hbwh.gov.cn/gk/jggg/zxgg/30340.htm.

涉及行业	互联网、大数据、人工智能、数字装备与文化产业、文化事业、旅游业

（五）第十三届中国（深圳）国际文化产业博览交易会

第十三届中国（深圳）国际文化产业博览交易会于 2017 年 5 月 11—15 日在深圳会展中心举办，在上一届博览交易会的基础上，进一步推进"文化＋"的产业跨界深度融合，展现了文化与科技、金融、旅游等领域的合作新业态。

本届博览交易会设立了 9 个主题展馆，其基本情况如表 9 - 5 所示。其中 5 号馆即文化科技馆，凸显"文化＋科技"的融合，展示文化产业与科技融合的新产品、新技术与新模式，以高新技术推动传统文化产业的转型升级。其中，展名为"曾侯乙编钟暨中国古代青铜文明"的移动博物馆利用三维虚拟、多媒体数字化等高新技术，让文物"活起来"，呈现了 2000 年前的盛大宴会场面。有声阅读作为实体书和电子书之后的新兴阅读方式，在展会中也得到了充分展现。①

表 9 - 5   第十三届中国（深圳）国际文化产业博览
交易会各展馆基本情况

展馆	主题	展示类别②
文化产业综合馆	精彩文化，魅力中国	政府组团、文化品牌企业、投融资项目交易、文化新业态
文化消费·时尚文化馆	时尚文化，创意生活	手工艺品、创意礼品、时尚家饰及陈设摆件、红木家具、根雕工艺品、创新设计产品
影视动漫馆	新媒体，新生活，新未来	"三网融合"最新成果、金鹏奖获奖作品、海内外优秀影视剧、新媒体影视企业、动漫游戏

---

① 主会场"袖珍馆"主打"文化＋科技"5 号馆带你穿越到 2000 年前［EB/OL］．［2019 - 04 - 05］．http：//www. cnicif. com/content/2017 - 05/15/content_1622 3381. htm.

② 网上展馆—ICIF［EB/OL］．［2019 - 04 - 05］．http：//www. cnicif. com/node_232 437. htm#5.

展馆	主题	展示类别
新闻出版·媒体融合馆	创新驱动，媒体融合	数字出版、精品图书、融媒体、国学、国粹
文化科技馆	推动文化科技双轮驱动引领文化产业发展未来	知名"文化＋科技"型创客团队、创客空间、创客孵化器（教育基金场地）、创新型企业及在校学生和草根创客的最新创意创新作品、"互联网＋"成果作品、工业设计与创客交流融合
艺术品馆	传承文化，感悟艺术	经典艺术、当代艺术、艺术衍生品、主题活动、拍卖预展、艺术媒体展示
一带一路·国际馆	推动"一带一路"各国文化交流与文化贸易	"一带一路"沿线国家地区的传统工艺美术、创意设计、非物质文化遗产、文化旅游及演艺
非物质文化遗产馆	传承，技艺，产品，保护	民间美术技艺、手工瓷器技艺、刺绣、雕刻与编织、海外非物质文化遗产
工艺美术馆	跨越·重塑	中国工艺美术大师作品、陶瓷工艺品、红木艺术、刺绣编织工艺品、现代工艺品、民间工艺品、珠宝首饰

（六）第十二届中国北京国际文化创意产业博览会

第十二届中国北京国际文化创意产业博览会以"文化科技融合，传承创新发展"为主题，于 2017 年 10 月 26—29 日在中国国际展览中心举办。

推介交易方面，第四届北京市文化融合发展项目合作推介会作为本届博览会的子活动成功举办。文化融合发展项目中包含文化科技融合类，采用企业介绍、成果展示、合作洽谈的模式进行成果与项目推介，其中包含提供云计算、大数据、智能 AI 定制等服务的高新技术业务推广等内容（见表 9-6）。[①]

---

① 第四届北京市文化融合发展项目合作推介会在文博会举办 文化融合发展项目签约突破 65 亿［EB/OL］.［2019 - 04 - 05］. http://www. iccie. cn/web/static/articles/catalog _ ff80808133067bbf0133160305ec0098/article _ ff8080815becfb08015e79 af4be65720/ff8080815becfb08015e79af4be65720. html.

表9-6 第十二届中国北京国际文化创意产业博览会推介交易活动

序号	推介交易活动名称	序号	推介交易活动名称
1	"中国礼物"推介会	8	文化创意产业项目推广与商务合作推介会
2	北京拍卖季	9	中外文化产业国际化发展推介交流会
3	北京市文化融合发展项目合作推介会	10	2017国际工匠技艺创意设计推介交流会
4	第六届中国文化金融创新峰会	11	省区市文化创意产业项目系列推介会
5	文化创意产业集聚区项目推介会	12	第24届北京国际音乐音响展览交易会
6	北京文化创意产业投融资项目推介会	13	文化创意专场人才招聘会
7	对外文化贸易政策与企业推介会	14	2017"一带一路"商务沙龙

展览展示方面,文物及博物馆相关文化创意产品展区中运用VR技术等高新技术复原了文物并呈现了博物馆文创产品的研发成果(见表9-7)。[①]

表9-7 第十二届中国北京国际文化创意产业博览会主题展区

序号	主题展区名称	序号	主题展区名称
1	京津冀文化协同发展展区	11	工艺美术展区
2	国际语言产业展区	12	文化创意产业集聚区展区
3	新闻出版与广播电影电视展区	13	文化旅游景区与旅游商品展区
4	北京残联爱立方展区	14	设计创意展区
5	京津冀运河文化展区	15	青年文化创意与创新成果展区
6	中外知名博物馆创意工艺精品展区	16	民族特色文创展区
7	台湾文化创意展区	17	文化礼品及艺术品交易展区
8	首都青年优秀文化创意作品展区	18	体育产业展区
9	北京市文化创意创新创业大赛优秀企业展区	19	第二届炫彩世界——"一带一路"沿线国家特色文化展区
10	文物及博物馆相关文化创意产品展区	20	省区市文化创意产业展区

---

① 第十二届北京文博会展览综述 [EB/OL]. [2019-04-05]. http://www.ic-cie.cn/web/static/articles/catalog_ff8080813165bac4013165cbc9330012/article_ff8080815becfb08015e60a2979d4132/ff8080815becfb08015e60a2979d4132.html.

专题论坛方面，以"传统出版与数字出版融合发展"为主题的"2017中国数字出版创新论坛暨出版人才培养大会"顺利召开，探究了两种出版方式的市场机制以及两者的融合方式与人才建设，推进了文化与科技的深度融合发展（见表9-8）。①

表9-8 第十二届中国北京国际文化创意产业博览会专题论坛

序号	论坛名称
1	2017中国数字出版创新论坛暨出版人才培养大会
2	国际电影产业发展研讨会
3	北京国际版权会议暨中国音乐产业大会
4	"文博+科技——博物馆未来之路"主题研讨会
5	"语言科技与人类福祉"国际语言文化论坛
6	动漫游戏产业发展国际论坛

9.2.3 对策建议

（一）设立主题展区，展示IAB文化成果

第一，设立国家主题展区。邀请世界各个国家和地区的IAB和文化企业参加展会，尤其是国际知名文化创意与文化科技品牌，汇聚世界各地科技文化创意产品与服务，促进交流与合作。

第二，设立国内文化科技融合成果展区。一方面，2018年中国（南京）文化科技融合成果交易会专门设立了国际文化科技融合示范基地成果展，取得了不错的效果。目前广州已拥有4家国家文化和科技融合示范基地，催生了一批国内文化和科技融合的新技术、新产品和新模式。2012年、2013年得到认定的34家第一、二批国家文化和科技融合示范基地发展内容涵盖了"动漫+科技""广告+科技""旅游+科技""影视+科技""艺术+科技"等多方面，经过六七年的发展，这些基地已经形成比较成熟的模式和体系。2019年3月认定的国家文化和科技融合示范基地包括掌阅科技、咪咕数字传媒、敦煌研究院等单体类基地，这些企业或机构也

---

① 第十二届北京文博会论坛综述［EB/OL］．［2019-04-05］．http：//www. ic-cie. cn/web/static/articles/catalog_ff8080813165bac4013165cbc9330012/article_ff8080815becfb08015e609f65b7412c/ff8080815becfb08015e609f65b7412c. html.

可展出它们的成果及经验。另一方面，邀请国内其他优秀 IAB 和文化企业参展，尤其是广州本地区的企业，展示前沿成果。以上成果的展示均可再根据内容主题具体设置分展区。

第三，展出广州 IAB 成果，宣传 IAB 战略。在展会期间，除了展出世界各地已有的文化科技融合成果之外，还可专门展出广州 IAB 战略的实施成果，包括广州 IAB 龙头企业、重点建设的十大价值创新园区进展等，吸引文化企业的关注。此外，在展会上面向各类中小型文化科技企业宣传广州对 IAB 产业的资助和优惠政策，吸引优秀企业和人才。

（二）举办论坛活动，激发创意灵感

第一，举办论坛峰会，邀请知名专家学者与业界领军人物进行演讲与对话，分享成功经验，激发创意灵感。一方面，针对文化与新一代信息技术、文化与人工智能、文化与生物医药等文化科技融合主题，邀请优秀企业家分享实践案例。另一方面，针对促进文化科技融合所遇到的产业资源整合、新型合作模式构建、市场体系建设、知识产权保护、空间发展等问题，举办多场主题论坛，邀请相关国际组织、文化界、科技界知名专家学者进行主题演讲和深入研讨。

第二，举办文化创意与科技活动或比赛，碰撞零星智慧火花。如"全国大学生工业设计大赛"，多年以来都由教育部高等教育司指导，教育部高等学校工业设计专业教学指导分委员会、广东省教育厅联合主办，由广东不同的组织机构承办和协办。[①] 广州拥有丰富和雄厚的高等教育资源和实力，可以面向广大高校学生进行宣传，吸引大学生参赛，汇聚智慧成果。此外，还可以举办"IAB 文化创意周"等活动，通过多场全城互动小活动，让市民体验并参与到 IAB 与文化产业的交融中来。

① 搜狐.2018 年全国大学生工业设计大赛全国总赛区进阶终评名单出炉！[EB/OL].[2019 - 04 - 11].https://www.sohu.com/a/246118071_744393.教育部工业设计专业教学指导分委员会.2016 年全国大学生工业设计大赛征集公告[EB/OL].[2019 - 04 - 11].http://edu.dolcn.com/archives/259#more - 259.教育部工业设计专业教学指导分委员会.2014 年全国大学生工业设计大赛[EB/OL].[2019 - 04 - 11].http://edu.dolcn.com/archives/205.

（三）搭建交易平台，促进多方合作

交易会的重点目标之一便是其交易功能的实现。广州可以通过举办专项推介交易会的方式搭建市场交易平台，促进文化科技资源的整合。纳入的文化产业包括动漫、游戏、音乐等数字内容服务，工艺美术品制造，广播影视节目制作，文化装备生产，文化消费终端生产，传统文化保护与开发等；科技产业包括互联网、物联网、云计算、大数据等新一代信息通信产业，智能机器人、智能运载工具、智能终端、智能工厂等人工智能产业，以及现代中医药、生物制药、高端医疗设备、基因检测等生物医药产业，主要为 IAB 产业。推介交易活动可根据展区主题进行设置安排，举办文化科技产业招商引资推介会，文化创意产品拍卖会，文化创意产业项目洽谈交易会，文化科技人才招聘会等各类推介交易会。

另外，吸引国内各省市重点产业项目在广州文化科技融合交易会推出，设立地区专场，推介具有地区特色的和跨地区的文化创意产业和文化科技项目，并通过企业自我宣传介绍、企业成果展示、合作洽谈等方式促进交易的达成。

（四）与现有展会合作，整合可利用资源

广州已有举办展会的良好基础。现有展会包括综合展览类的广州博览会，专业展览类的文化类展会如广州国际艺术博览会、广州紫砂陶瓷艺术文化节，科技类展会如中国国际应用科技交易博览会、中国（广州）智能装备暨机器人博览会、亚太国际3D打印产业展览会等，涉及了文化产业、文化事业和科技产业的多方面，已积累了一定经验。广州文化科技融合交易会的举办可以与其他展会合作，实现可利用资源的互联共通，并且借鉴其他文化科技类展会的举办经验，加快交易会的筹备速度，节省资源，提高效率。

第三节　汇聚文化资源：举办
世界非遗博览会

非物质文化遗产体现着一座城市的历史积淀，在提升城市文化认同感和树立城市文化形象上有着重要的作用。广州是一座拥有2000多年历史的文化名城，目前有国家级非物质文化遗产项目18

项，省级项目 71 项，市级项目 111 项，包括民间文学、传统音乐、传统舞蹈、传统戏曲、曲艺、传统体育游艺杂技、传统美术、传统医药、民俗等内容。① 广州的非物质文化遗产展现着岭南的独特风情，反映着其城市精神，举办世界非物质文化遗产博览会有助于增强广州文化的吸引力和影响力，加快建设独具特色、文化鲜明的国际一流城市。

9.3.1 国内非物质文化遗产展会

在博览会的主题、举办时间、展览场地、主办方、承办方、协办方、活动内容和参与情况、参会方式等方面具有代表性的国内非物质文化遗产博览会主要有以下 5 个展会：中国非物质文化遗产博览会、中国成都国际非物质文化遗产节、浙江·中国非物质文化遗产博览会、沈阳非物质文化遗产博览会和澳门·人类非物质文化遗产暨古代艺术国际博览会。

（一）中国非物质文化遗产博览会

中国非物质文化遗产博览会是由中国文化和旅游部和山东省政府主办、以展览推广中国非物质文化遗产为目的的大规模展览会。自 2010 年起，每两年一届。2015 年 6 月文化部复函同意中国非遗博览会落户济南，这是济南市永久承办的首个由国家部委主办的全国性展会，与成都非遗节形成"东部一会、西部一节"的非遗品牌节会活动（见表 9-9）。②

中国非物质文化遗产博览会采取"政府主导、社会参与、市场运作"的方式，采用多种手段与方式展现非遗的非凡魅力，在推动非遗保护的同时创造经济效益。③

① 非物质文化遗产［EB/OL］.［2019-01-16］. http：//www. ichgz. com/common/web/ich/project/list.

② 举办第五届中国非物质文化遗产博览会分会场活动的公告［EB/OL］.［2018-12-31］. http：//www. cnfyblh. com/p/315. html.

③ 中国非物质文化遗产博览会［EB/OL］.［2018-12-31］. https：//baike. baidu. com/item/% E4% B8% AD% E5% 9B% BD% E9% 9D% 9E% E7% 89% A9% E8% B4% A8% E6% 96% 87% E5% 8C% 96% E9% 81% 97% E4% BA% A7% E5% 8D% 9A% E8% A7% 88% E4% BC% 9A/177894？fr = aladdin.

表 9 - 9 中国非物质文化遗产博览会各届基本情况

	第一届	第二届	第三届	第四届	第五届
主题	保护传承、合理利用	促进非遗保护、共建精神家园	非遗：我们的生活方式	非遗走进现代生活	活态传承、活力再现
举办时间	2010 年 10 月 15—18 日	2012 年 9 月 6—11 日	2014 年 10 月 10—13 日	2016 年 9 月 21—25 日	2018 年 9 月 13—17 日
展览场地	济南舜耕国际会展中心	台儿庄古城	济南舜耕国际会展中心	济南国际会展中心	济南舜耕国际会展中心
主办方	中国文化部、山东省政府				
承办方	文化部非物质文化遗产司、中国非物质文化遗产保护中心、济南市人民政府、山东省文化厅	文化部非物质文化遗产司、中国非物质文化遗产保护中心、山东省文化厅、枣庄市人民政府	中国非物质文化遗产保护中心、济南市人民政府、山东省文化厅	文化部非物质文化遗产司、山东省文化厅、济南市人民政府、中国非物质文化遗产保护中心、文化部民族民间文艺发展中心	济南市人民政府、山东省文化厅
执行承办单位	—	—	—	山东新丞华展览有限公司	济南市文化广电新闻出版局
活动内容与参与情况	展示 600 余项传统美术、传统技艺、传统医药等非遗项目①，共吸引 65 万余人次参观展览、观看演出，累计交易额 432 亿元②	来自全国各地的 767 个非遗项目和 1800 多名代表性传承人参加，其中包括唐卡、赫哲族鱼皮衣、扬州玉雕、苗族银饰、蒙古族马头琴、陕西社火脸谱、湘东	以非物质文化遗产产品交易、创意衍生品和非遗保护创新成果展示、整体性和生产性保护成果展示、传承人交流培训及国际板块展示为主要特	设中国非遗传承人群研修研习培训计划成果展、非遗精品展、传统工艺项目比赛、民歌大赛、传统工艺振兴论坛、非遗学术成果展、各省（区）市非遗项目展示、	按照传统工艺项目类别，分成了织绣印染、陶冶烧造、编织扎制、制茶酿造、印刷刻绘、家具文房、中药炮制、雕刻塑造等 8 个主题，设置了展演、展览、

---

① 首届"非遗"博览会开幕 展示 600 余项非遗项目 [EB/OL]. [2018 - 12 - 31]. http://www. cnfyblh. com/p/333. html.

② 首届中国非物质文化遗产博览会落幕 [EB/OL]. [2018 - 12 - 31]. http:// www. cnfyblh. com/p/335. html.

续表

	第一届	第二届	第三届	第四届	第五届
活动内容 与 参与情况		傩面具等 200 多个国家级非遗项目①	色②。凸显的六大亮点分别为：文化地域特色浓厚，突出整体性保护；非遗衍生品丰富多样；注重突出传承人的地位和作用；企业参与领域广泛；促进理论研究；营造产品良好交易氛围③	国际及港澳台手工艺产品交易展示、非遗大舞台、手工艺现场体验、美食大集、传统工艺制品和非遗衍生品展示交易等 12 项活动	比赛、体验、论坛五大板块，同时还深入城市社区、乡村、学校、公共文化场所、景区、商场等开展"非遗社区行""非遗校园行""舌尖上的非遗""非遗的世界"等系列活动④

（二）中国成都国际非物质文化遗产节

中国成都国际非遗节是 2006 年经国务院批准、以非遗为主题的国际性文化节会活动品牌。成都国际非遗节是国际首个以非遗为主题的大型国际文化节会，是联合国教科文组织持续参与主办的国内唯一的国际文化活动，是四川省唯一的国家级文化艺术节。⑤

成都国际非遗节自 2007 年来每两年举办一届，至 2018 年已有 6 届，不仅将来自世界各地的非遗之美呈现给观众，还向国际社会充分展现了我国在非遗保护领域的大国担当，增强了公众保护非遗的意识（见表 9 – 10）。

① 与"忘却"对抗 非物质文化传承后继有人［EB/OL］.［2018 – 12 – 31］. http：//www. cnfyblh. com/p/348. html.

② 新华社：第三届中国非物质文化遗产博览会在济南开幕［EB/OL］.［2018 – 12 – 31］. http：//www. sdwht. gov. cn/html/2014/blh_1010/16777. html.

③ 第三届中国非物质文化遗产博览会凸显六大亮点［EB/OL］.［2018 – 12 – 31］. http：//www. sdwht. gov. cn/html/2014/gzdt_1010/16634. html.

④ 第五届非博会介绍［EB/OL］.［2018 – 12 – 31］. http：//www. cnfyblh. com/zhengtijieshao.

⑤ 节会介绍 - 中国成都国际非物质文化遗产节［EB/OL］.［2018 – 12 – 31］. http：//www. cdgjfyj. cn/page. php？id = 24&module = page.

表 9 – 10 中国成都国际非物质文化遗产节各届基本情况

	第一届	第二届	第三届	第四届	第五届	第六届
主题	传承民族文化，沟通人类文明，共建和谐世界	多彩民族文化·人类精神家园	弘扬人类文明，共建精神家园	人人都是文化传承人	传承文脉，创造未来	传承发展的生动实践
展览场地	成都市金牛区两河城市森林公园	成都市金牛区两河城市森林公园	国际非物质文化遗产博览园（所在地：四川成都）	国际非物质文化遗产博览园	国际非物质文化遗产博览园	国际非物质文化遗产博览园
举办时间	2007 年 5 月 23 —6 月 10 日	2009 年 6 月 1—13 日	2011 年 5 月 29 —6 月 11 日	2013 年 6 月 15—23 日	2015 年 9 月 11—20 日	2017 年 6 月 10—18 日
主办方	中华人民共和国文化部、四川省人民政府	联合国教科文组织、中华人民共和国文化部、四川省人民政府				
承办方	成都市人民政府、四川省文化厅、中国非物质文化遗产保护中心					
协办方	成都市文化局、成都市金牛区人民政府					
活动举办与参与情况	开展了 11 类 270 项节会活动，400 万人参与	举办了 6 大类 370 多项活动，吸引了 520 多万人直接参与	举办了 7 大类 286 项活动，570 万人参与	举办了 8 大类 300 多项活动，参与人数比上届同时段增长 3.8%	共有 1100 个非遗项目参展，设立了非遗节 9 个分会场及 326 个社区活动，5800 多名代表、300 多万游客和群众参与	300 多万游客和群众参与了非遗博览园主会场、9 个分会场以及 326 个社区开展的各项节会活动

（1）第一届（2007 年）

本届非遗节是由联合国教科文组织召开的，由 10 名国际专家、30 多名国内专家参加的非物质文化遗产国际论坛——成都论坛圆满举办，并取得了巨大成功。在代表们各抒己见、广泛交流的基础上，成都论坛诞生了非物质文化遗产保护史上的里程碑之一——

《成都宣言》①。

（2）第二届（2009 年）

第二届非遗节中，联合国教科文组织代表、31 个国家常驻联合国教科文组织大使、7 个国家驻蓉领事馆外交官应邀出席非遗节相关活动。本届非遗节国际论坛形成并向国际社会发表了《成都共识》。

在非遗节期间，外地人在成都消费比平时增长 22.7%，餐饮行业营业额增长 20% 以上，百货行业客流量较平时增加 20% ~ 50%，酒店入住率维持在 80%，本届非遗节拉动成都市各类社会消费 54.2 亿元，促进了经济社会发展。②

（3）第三届（2011 年）

第三届非遗节的国际性进一步提高，联合国教科文组织、世界旅游组织、72 个国家和地区的 1200 多名外宾出席有关活动，其中有 25 个国家的驻华使节、27 个友城代表团、20 个国家的表演团、5 个国家的民间手工艺者、14 个国家和地区的专家学者。第三届非遗节国际论坛形成并发表的《成都倡议》，同样引起了国际社会的广泛关注与响应。

第三届非遗节期间，成都市的酒店入住率维持在 85% 左右，营业收入增长 50% 以上，餐饮行业营业额增长 25% 以上，拉动各类社会消费 61.5 亿元。③

（4）第四届（2013 年）

在联合国教科文组织的推动和主导下，本届非遗节举办覆盖全球的《公约》纪念大会，并发表《成都展望》，有力地提升了非遗节以及四川省和成都市的国际知名度和影响力，进一步夯实了成都建设文化之都、打造非遗之都的基础。

① 节会介绍 – 中国成都国际非物质文化遗产节［EB/OL］. ［2018 – 12 – 31］. http://www. cdgjfyj. cn/page. php？id = 24&module = page.

② 节会介绍 – 中国成都国际非物质文化遗产节［EB/OL］. ［2018 – 12 – 31］. http://www. cdgjfyj. cn/page. php？id = 24&module = page.

③ 节会介绍 – 中国成都国际非物质文化遗产节［EB/OL］. ［2018 – 12 – 31］. http://www. cdgjfyj. cn/page. php？id = 24&module = page.

第四届非遗节重点举行了开幕式、纪念联合国教科文组织《保护非物质文化遗产公约》通过10周年的成都国际非遗大会（以下简称"《公约》纪念大会"）、国际非遗博览会、第26届中国戏剧梅花奖大赛、中国书法·篆刻艺术国际大展、主题分会场、文化产业项目签约仪式和闭幕式等8大类主体活动的300多项交流、展示、展演、展销活动。

本届非遗节直接拉动社会消费42亿元，比上届同时段增长6.3%；首次举行了文化交流和文化产业项目签约仪式，共签约2个文化交流项目、10个文化产业合作项目，签约金额142.3亿元。《公约》于2003年通过，目前缔约国已达153个。①

（5）第五届（2015年）

第五届非遗节围绕"现代化进程中的非遗保护"主线，举办了国际非遗博览会、非遗国际论坛、非遗大戏台、非遗进万家、第二届印道·中国篆刻艺术双年展五大主题活动。

其中，中国传统手工技艺展正是本届非遗节的亮点之一。它首次整体呈现了中国四大传统手工艺，充分展现了"中国工艺"之风貌，让观众从琳琅满目的展品中领略博大精深的中国传统手工艺技法。与此呼应，本届非遗节还专门设置了国际传统手工艺展，近4000平方米的展出面积，充分展示了来自世界32个国家的传统手工艺，推动了国内外传统手工技艺的交流互鉴。与历届非遗节相比，本届非遗节的国际参展项目数量堪称前所未有，表明非遗节在国际化的道路上又迈出了一大步。此外，在第五届非遗节上，台湾首次参展。台湾馆分为主题与精品两大区块，主题区由"地理（空间）"与"季节（时间）"的横轴，以及"传统"与"创新"的纵轴，构成设计概念。借助展墙设计、图片与实物，以及台湾代表性工艺传承人的现场演示，多层次地呈现台湾民间工艺风貌与创新成果。精品区则邀请台湾工艺品牌、知名商家展售自选创新工艺精品。

---

① 节会介绍－中国成都国际非物质文化遗产节［EB/OL］.［2018－12－31］. http://www.cdgjfyj.cn/page.php？id=24&module=page.

本届非遗节吸引了 65 个国家（地区）和国际组织的 600 多名外宾及国内 4000 多名代表参加。此外，本届非遗节积极推动非遗传承与现代设计、产业、生活的融合创新，促进非遗资源与市场、资本的对接，非遗产品销售和订单总额达 6000 多万元，现场推介非遗生产性保护等文化产业合作项目 100 多个，签订非遗生产性保护项目投资等意向性合作协议 14 个，签约金额达 300 多亿元。①

（6）第六届（2017 年）

成都国际非遗节作为一个国际性的文化盛会，在办会理念中积极融入和响应"一带一路"倡议。在第六届非遗节国际论坛上，300 多位非遗专家、学者、传承人齐聚一堂，在"一带一路"框架下发表主旨演讲，共话"公约的精神实践与保护"。

"中国节、中国戏、中国艺"的主线全程贯穿中国非遗展，中国非遗展将地域视作一个整体，从整体的角度生动形象地展现了中国非遗之风貌与保护成果。参与文化部"研培计划"的 57 所高校与 5 所传统工艺工作站携 680 余件（套）作品接受公众检阅。该计划由文化部和教育部共同实施，借力高校、企业和有关单位，帮助传统工艺的持有者、从业者获得学术等资源支持，帮助其解决工艺难题，提高产品品质，培育本土品牌，拓展销售市场，培养传承人群，扩大就业范围。

本届非遗节在成都非遗博览园内的展览面积超过 5 万平方米；56 支国内外表演队伍共演出 588 场；1100 个非遗项目参展，非遗产品销售和意向订单总额达 8100 多万元；在本届非遗节首次开展的非遗作品授权展上，现场登记授权 2000 余件，成功签约 500 万元，授权意向签约 1400 万元。②

（三）浙江·中国非物质文化遗产博览会

浙江·中国非物质文化遗产博览会，由浙江省文化厅、杭州市人民政府主办，浙江省非物质文化遗产保护中心、浙江省非物质文

---

① 节会介绍-中国成都国际非物质文化遗产节［EB/OL］．［2018-12-31］．http://www. cdgjfyj. cn/page. php? id =24&module = page.

② 第六届中国成都国际非物质文化遗产节昨日圆满闭幕［EB/OL］．［2019-01-01］．https://sichuan. scol. com. cn/dwzw/201706/55934399. html.

化遗产保护协会、杭州市文化创意产业办公室承办,每年举办一次,除第三届在义乌举办,其余均在杭州白马湖国际会展中心举办,至2018年已有十届(见表9-11)。

表 9-11　浙江·中国非物质文化遗产博览会各届基本情况

	第一届	第七届	第八届	第九届	第十届
主题	一起创造,共同分享	传承与创新	继承传统,融入生活	非遗:让生活更美好	传统工艺融入现代生活,传承发展促进乡村振兴
举办时间	2009年9月17—20日	2015年10月15—19日	2016年10月20—24日	2017年9月21—25日	2018年9月19—23日
展览场地	杭州白马湖国际会展中心				
主办方	浙江省文化厅、杭州市人民政府				
承办方	浙江省非物质文化遗产保护中心、浙江省非物质文化遗产保护协会、杭州市文化创意产业办公室				
活动举办与参与情况	共吸引了包括浙江省在内的北京、天津、广东、山东等10多个省市参展,参展项目达600个,其中大部分项目都是国家级、省级非遗项目。展馆总面积达1.5万平方米,安排4个展馆,分为锦绣中华、老家风味、国医圣手等13	共分"丝绸之路"非遗主题长廊、"浙江特色小镇非遗主题馆""浙江农村文化礼堂非遗主题馆""非遗薪传"浙江纸艺彩扎精品展等六个展区,展示全国400多个非物质文化遗产代表性项目,近400多位非物质文化遗产代表性传	设有生活馆、体验馆、工艺馆、演艺区、展销区和学术论坛等板块和内容,即"三馆二区一论坛",共有来自全国17个省(市、自治区)的147个参展项目,368位代表性传人、工艺美术大师携作品、衍生产品参展	以"传承发展优秀传统文化""振兴传统工艺"为目标,以"三馆二区一论坛一竞赛"为主线,来自全国27个省(市、自治区)的近400位非遗传承人、相关从业人员携280个非遗项目(衍生品牌)的作品、产品、衍生品	以"一个主城市一个主展馆两个分会场"为构架,以"走进城市社区,促进国际交流,服务乡村振兴,参与非遗扶贫,推进融入生活,营造社会氛围"为总目标,发动各方面力量,共同组织开展系列活动。主展馆展览面积10000平方米,有来

续表

	第一届	第七届	第八届	第九届	第十届
活动举办与参与情况	个分展区①	承人、工艺美术大师携带1500余件精品力作参展参演②	参演③	参加展示、展演、展销、研讨及竞技比赛等活动	自中东欧16个国家，我国28个省（市、自治区）以及香港、澳门地区，共200多个项目、300多个传承人，参加展示展演、展销与研讨交流等系列活动④

注：第二届到第六届不详。

（四）沈阳非物质文化遗产博览会

沈阳非物质文化遗产博览会由沈阳市文广局与沈阳市内的区政府主办，是以展示及推广辽宁省非物质文化遗产为主的展览会。每年一届，至2018年已举办五届（见表9-12）。

表9-12　沈阳非物质文化遗产博览会各届基本情况

	第二届	第三届	第四届	第五届
主题	为文化遗产点赞，为美丽沈阳添彩	加强文化遗产保护，振兴传统工艺	非遗保护——传承发展的生动实践	多彩非遗，美好生活

① 首届中国（浙江）非物质文化遗产博览会开幕［EB/OL］.［2019-01-02］. http://blog. sina. com. cn/s/blog_4c4a9e610100fr6l. html.
② 第七届中国（浙江）非物质文化遗产博览会杭州开幕_央广网［EB/OL］.［2019-01-02］. http://news. cnr. cn/native/city/20151015/t20151015_5201592 86. shtml.
③ 第八届浙江·中国非物质文化遗产博览会［EB/OL］.［2019-01-02］. http://expo. zjfeiyi. cn/expoprofile. html.
④ 第十届浙江·中国非物质文化遗产博览会（杭州工艺周）活动综述［EB/OL］.［2019-01-02］. http://www. 360doc. com/content/18/0908/20/56112063_784978 474. shtml.

续表

	第二届	第三届	第四届	第五届
举办时间	2015 年 6 月 12—14 日	2016 年 6 月 17—19 日	2017 年 6 月 16—18 日	2018 年 6 月 15—17 日
展览场地	沈阳国际纺织服装城一楼中庭及北广场	沈阳市和平区皇寺文化广场、老北市文化园	沈阳市和平区皇寺文化广场、老北市文化园、五里河茶城	沈阳市和平区皇寺文化广场、老北市文化园、五里河沈阳世茂商都
主办方	沈阳市文广局与铁西区政府	沈阳市文广局与和平区政府		
承办方	沈阳国际纺织服装城、沈阳非物质文化遗产保护中心	沈阳市非物质文化遗产保护中心、沈阳市和平区文体广电新闻出版局和沈阳和平文化旅游产业发展有限公司	—	—
协办方	沈阳演艺集团、各区、县（市）文体局	沈阳演艺集团、各区、县（市）文体局	—	—
活动举办与参与情况	在 5200 平方米的展览场地，共设 260 个展位，①来自沈阳及域外的 130 多种非遗项目参展，其中有传	共设 220 个展位，分 10 大类别，来自我市及域外的 120 多个非遗项目申请参展，展演、展示、交易面积达 3000 平方米。②	共设 260 个展位，分五大区域和板块，来自沈阳市的 150 多个非遗项目申请参展，展演、展示、交易面积达 4000 平方米。博览会上为沈阳市第七批市级	共有 160 多个各级各类的非遗项目进行展演、展示，展览面积达 6000 多平方米。主体活动有五项：一是在开幕式上公布沈阳市"非遗之旅"参观旅游

---

① 2015 沈阳非物质文化遗产博览会亮点纷呈 精品荟萃［EB/OL］.［2019 - 01 - 02］. https：// mp. weixin. qq. com/s？ src = 3&timestamp = 1546429671&ver = 1&signature = akR6iFPXfqz1qrG27T8AD7mAPU7h7ImiISiHRV2LWTgQCnsCYtlDRa3Ctv-uDmMbi9t1PWqZIayqTvpYR ∗ EoE ∗ f39E4D5Yk-NUwV1BhnGBBxc8lH257gVesd39DF7bMVbofHF1yA3-nXVMQLVg4RvKQ = =.

② "纪念国家第十一个文化遗产日暨 2016 沈阳非物质文化遗产博览会"新闻发布会［EB/OL］.［2019 - 01 - 02］. http：// www. sywgj. gov. cn/html/SYWHW/2019 01/15464326188275. html.

	第二届	第三届	第四届	第五届
活动举办与参与情况	统的民间技艺、体育、戏曲、民俗、传统制作等。博览会上，第六批44个市级非遗项目和19个首批市级非遗传习基地获发牌匾①②	主体活动有四项：一是启动仪式：为沈阳市第四批市级非物质文化遗产代表性传承人和沈阳市第二批市级非遗传习基地颁发牌匾；二是非遗项目展演：组织传统戏剧、曲艺、传统体育、游艺与杂技类非遗项目专场舞台表演；三是非遗项目展示：组织传统技艺、传统美术、民俗、民间文学、传统体育、游艺与杂技、传统医药等类非遗项目传承人进行现场技艺展示；四是非遗讲堂：举办讲座，向观众传授非遗技艺③	非物质文化遗产代表性项目和第三批市级非遗传习基地颁发牌匾④	路线及参与单位；二是组织传统戏剧、曲艺、传统体育、游艺与杂技类非遗项目专场表演；三是组织传统技艺、传统美术、民俗、民间文学、传统医药等类非遗项目传承人现场技艺展示；四是在锡伯家庙设置互动区域，组织传统游艺非遗项目与广大市民互动；五是设立非遗小讲堂，向市民传授传统医药、技艺类非遗项目技艺和小知识⑤

注：第一届不详。

① 2015 沈阳非物质文化遗产博览会 ［EB/OL］．［2019 – 01 – 02］．http：// sy. bendibao. com/xiuxian/2015611/44760. shtm.

② 沈阳非物质文化遗产博览会开幕 ［EB/OL］．［2019 – 01 – 02］．http：// www. sohu. com/a/18689431_161351.

③ 2016 沈阳非物质文化遗产博览会时间、地点、内容 ［EB/OL］．［2019 – 01 – 02］．http：//sy. bendibao. com/xiuxian/2016612/47606. shtm.

④ 2017 沈阳非遗博览会即将启幕 ［EB/OL］．［2019 – 01 – 02］．https：// www. zhankoo. com/baike/11194. html.

⑤ 第五届沈阳非物质文化遗产博览会今日启幕 ［EB/OL］．［2019 – 01 – 02］．ht- tp：//www. cnena. com/news/bencandy-htm-fid-32-id-82534. html.

（五）澳门·人类非物质文化遗产暨古代艺术国际博览会

澳门·人类非物质文化遗产暨古代艺术国际博览会，每年一届，有展览、讲座、酒会、博览会学术刊物等多种形式，旨在为澳门建立一个拥有国际化学术背景的文化品牌，为艺术品收藏家们提供一个高公信力的交易平台（见表9－13）。[①]

表9－13　澳门·人类非物质文化遗产暨古代艺术国际博览会各届基本情况

	第一届	第二届	第三届
主题	保护传承，合理利用	"一带一路"，匠心传承	"一带一路"，匠心智造，时光深触
举办时间	2016年4月22—25日	2017年4月7—10日	2018年12月13—16日
展览场地	澳门威尼斯人酒店金光会展中心		
指导单位	—	—	中国非物质文化遗产保护协会
主办方	中国文物保护基金会、中国人民对外友好协会艺术交流院	中国文化管理协会遗产保护委员会	中华文化促进会
承办方	中国文物保护基金会艺术品专项基金管理委员会、中国文物基金会工艺品保护专项基金管理委员会、上海清雄文化传媒有限公司、澳门中艺文化传媒有限公司	上海清雄文化传媒有限公司	—
协办方	中国文物保护艺术品专项基金管理委员会、社会文物保护专项基金管理委员会、酒文物保护基金管理委员会	澳门基金会、中国艺术节基金会	澳门基金会

[①] 澳门·非物质文化遗产暨古代艺术国际博览会［EB/OL］．［2019－01－02］. https：//baike. baidu. com/item/% E6% BE% B3% E9% 97% A8% C2% B7% E9% 9D% 9E% E7% 89% A9% E8% B4% A8% E6% 96% 87% E5% 8C% 96% E9% 81% 97% E4% BA% A7% E6% 9A% A8% E5% 8F% A4% E4% BB% A3% E8% 89% BA% E6% 9C% AF% E5% 9B% BD% E9% 99% 85% E5% 8D% 9A% E8% A7% 88% E4% BC% 9A/19131366？ fr = aladdinhttp：//www. onezh. com/web/index_58021. html.

续表

	第一届	第二届	第三届
支持单位	—	—	澳门贸易投资促进局、山海非物质文化遗产保护协会、澳门金沙集团、许伯夷基金会
参与方式	—	—	各地区推选优秀非遗项目，与向组委会报名参加的二种方式组合，经审核，选择优秀参展项目（经过国际博览会专家组评审，参展优秀项目和物品，将会给予评奖：国际博览会金奖；国际非物质文化遗产博览会金奖；国际文化产业化博览会金奖）
活动举办与参与情况	参展的非物质文化遗产超过200项，古代艺术品主要以海外收藏家收藏的中国古代珍贵文物为主，数量超过100件。组委会组织规模600人的观摩团前往观摩和洽谈收藏。博览会将借此搭建平台，力争让更多身在海外的国宝级藏品回归中国[1][2][3]	在国际古代艺术交流区域首次开办"梵光佛影——犍陀罗造像艺术3D光影秀"特展，以3D数位投影技术为载体，展示出犍陀罗佛像中东西方两种同样悠久、丰富而精美的元素之间的交融，将佛教艺术中的真善美真实地呈现在大众面前。除此之外，国际古代艺术交流区域的精美展品还有如下：明永乐"一把莲"青花皿、元青花如意头宝相	推出一系列特别策划项目，包括：2018国际博览会文艺晚会、2018国际博览会拍卖会、3D文化和非遗文化影像馆、环澳宣传车巡游等项目，扩大博览会的影响力，并同期邀请国家级非遗手工艺大师及国内外知名收藏家、学者齐聚一堂共同探讨古代艺术与人类非物质文化遗产、传统手工艺的趋势和未来。在现场非遗演绎上，世界级、国家级非遗剧

① 澳门将举办首届非物质文化遗产暨古代艺术国际博览会［EB/OL］．［2019 - 01 - 02］．http：//www. xinhuanet. com/2015 - 12/17/c_1117499066. htm.

② 首届非物质文化遗产暨古代艺术国际博览会将亮相澳门（2016）［EB/OL］．［2019 - 01 - 02］．http：//blog. sina. com. cn/s/blog_6a9510e20102w6bg. html.

③ 澳门将举办首届非物质文化遗产暨古代艺术国际博览会［EB/OL］．［2019 - 01 - 02］．http：//www. sach. gov. cn/art/2015/12/24/art_723_127223. html.

	第一届	第二届	第三届
活动举办 与 参与情况		花纹大盘、银兔毫建盏等。 非物质文化遗产及手工艺展示区域带来中国历史悠久的扬州古琴制作技艺、极富当代艺术精神的邱启敬玉雕技艺、嵊州紫砂陶制作工艺、苏州刺绣技艺、扬州雕版印刷等项目。博览会期间，还举办名人名家带来的讲座论坛①	种的代表团体都将参与现场演出，弘扬东方戏曲之美。通过艺术品拍卖、现场演绎、文化学术与艺术互动结合，连续性引发新闻话题热度，媒体全面聚焦，吸引全球范围的观展人群

9.3.2　国外非物质文化遗产展会

（一）法国巴黎（卢浮宫）世界非物质文化遗产展

法国巴黎（卢浮宫）世界非物质文化遗产展由法国文化部、法国国家艺术行业联合会主办，每年都在巴黎卢浮宫布鲁塞尔厅举行，展览面积为 3000 平方米，在世界非物质文化遗产界中占据重要地位。该展得到了法国文化部、法国国务秘书处的大力支持，在保护物质与非物质文化遗产的同时，为贸易展业、公众、热衷于文化遗产的个体及文化遗产守护者创造了巨大的协同作用。②

每年举办一届，至 2018 年已举办 24 届。第 17 届中国国家级非遗大师参加了该展，成为继韩国之后第二个参展的亚洲国家。

第 24 届征集的参展对象有：非物质文化遗产相关单位及传承人、文化旅游书籍出版单位及销售单位、艺术文化遗产修复者及传

---

① 在古董与手艺中见证历史与生活 2017 第二届澳门非物质文化遗产暨古代艺术国际博览会大幕开启［EB/OL］.［2019 - 01 - 02］. https://www. gcs. gov. mo/ showCNNews. php？ DataUcn = 110392&PageLang = C.

② 2018，法国非物质文化遗产展报名渠道正式开通！［EB/OL］.［2019 - 01 - 02］. https://mp. weixin. qq. com/s？ src = 11&timestamp = 1546440105&ver = 1317&signature = TAh3QMEPx8ELOQ44OE0p1sgw7OyNekxzuAkx9BpoJBiEsG2mDUDl ＊ lA ＊ bLydxdTui0rTt7l6yt3aPfHNuMtXmySP-ZtCH4RFy ＊ IZmKzqn1TwNU1sFweZHmSPPD-P3PagY&new = 1.

统手工艺者、建筑师、博物馆馆长、文物保护管理机构、城市规划、材料供应商、古典家具、文化遗产相关教育与培训机构、新技术实践者、新材料研发机构及相关协会等（见表9-14）①。

表9-14　法国巴黎（卢浮宫）世界非物质文化遗产展各届基本情况

	第18届	第19届	第20届	第21届	第22届	第23届	第24届
主题	遗产与环保	遗产与疆域	遗产与疆域	遗产与疆域	文化遗产中的佼佼者	遗产与文化旅游	遗产与文化旅游
举办时间	—	2013年11月7—11日	2014年11月7—11日	2015年11月5—8日	2016年11月3—6日	2017年11月2—5日	2018年10月25—28日
展览场地	巴黎卢浮宫布鲁塞尔厅						

（二）惠特桑文化节（The Whitsun Heritage Festival）

惠特桑文化节是欧洲文化遗产年（European Year of Cultural Heritage）的活动之一，是匈牙利和外国非物质文化遗产承载社区的节会，旨在交流经验并向公众介绍非物质文化遗产。多年来，惠特桑文化节一直在匈牙利露天博物馆举办，通过工艺展示、舞台表演的形式，吸引观众观看与参与。游客可以领略到社区的传统习惯，体验到社区的认同②。其主要目的是让传统文化广受欢迎并获得人们的认同③。每年举办一次（见表9-15）。

表9-15　惠特桑文化节各届基本情况

	第6届	第7届
举办时间	2017年6月4—5日	2018年5月20—21日
展览场地	匈牙利露天博物馆（Open Air Museum）	

---

① 关于组织参加"法国巴黎（卢浮宫）世界非物质文化遗产展"的通知［EB/OL］．［2019-01-02］．http://mofcom. wuxi. gov. cn/doc/2015/01/23/24161. shtml

② Whitsun Heritage Festival-koee2018［EB/OL］．［2019-01-07］．http://koee2018. kormany. hu/whitsun-heritage-festival-international-gathering-of-intangible-cultural-heritage.

③ Skanzen-Whitsun Heritage Festival 2018［EB/OL］．［2019-01-07］．http://skanzen. hu/en/plan-your-visit/programmes/whitsun-heritage-festival-2018.

	第六届	第七届
主办方	非物质文化遗产部，露天博物馆（Intangible Cultural Heritage Department, Open Air Museum）	

（三）2017 大阪·饮食博览会

饮食博览会以"美食之都"大阪为舞台，自 1985 年开始每 4 年举办一次，在过去举办的 8 次饮食博览会中，累计入场人数超过了 480 万人，大阪饮食博览会成为日本最大规模的"美食"活动。

2017 饮食博览会将举办主题定为"日本的节庆·日本的美味大比拼"，聚焦于 2013 年 12 月成功登录为联合国教科文组织无形文化遗产的和食（日餐）文化，一方面集中日本全国的美味佳肴，另一方面作为给美食增添色彩的传统文化的象征，还隆重推出各种演出，让观众亲身感受日本各地的节庆气氛，举办一个不仅能让日本人民，还能让世界各国的嘉宾尽情享受欢乐之"飨宴"（见表 9-16）。①

表 9-16　2017 大阪·饮食博览会基本情况

主题	日本的节庆·日本的美味大比拼
举办时间	2017 年 4 月 28 日至 5 月 7 日［11 点~20 点（最后一天至 19 点）］
展览场所	INTEX 大阪（大阪国际商品展览会会场/南港）
主办方	饮食博览会执行委员会、一般社团法人大阪外食产业协会、公益财团法人关西·大阪 21 世纪协会
协办方	大阪商工会议所、一般社团法人日本食品服务协会
后援	总务省、文部科学省、厚生劳动省、农林水产省、经济产业省、国土交通省、大阪府、大阪市、京都府、滋贺县、兵库县、奈良县、和歌山县、福井县、三重县、德岛县、鸟取县、京都市、神户市、堺市、独立行政法人日本贸易振兴机构、独立行政法人国际观光振兴机构、关西商工会议所联合会、公益社团法人关西经济联合会、一般社团法人关西经济同友会、公益财团法人大阪观光局、NHK 大阪等
票价	成人（高中生以上）当日 2200 日元、成人（高中生以上）预售 1600 日元、儿童（中小学生）当日 1100 日元、儿童（中小学生）预售 800 日元

---

① 2017 饮食博览会·大阪［EB/OL］.［2019-01-07］. http://www.shokuhaku.gr.jp/multilingual/chinese01.html.

出展费	600000 日元/18 平方米（1 小间）
出展摊位数	600 间
入场人数	50 万人

（四）2012 全州亚洲·太平洋无形文化遗产节

全州亚太无形文化遗产节提供了一个向海内外展示其现况的平台，庆典活动与展览分开进行，项目丰富多彩，让人们既可以观赏到海外无形文化遗产及韩国优秀的文化遗产，又可以进行各种各样的体验（见表 9 - 17）。

表 9 - 17　2012 全州亚洲·太平洋无形文化遗产节基本情况

举办时间	2012 年 6 月 1—6 日
展览场所	全州韩屋村内扇子文化馆、说唱文化馆、工艺品展览馆等全州韩屋村一带

该文化节通过海外无形文化遗产邀请展——生活、娱乐，哥斯达黎加无形文化邀请展和亚太生活文化照片展，介绍中国、印度、柬埔寨等亚太地区约 6 个国家的生活面貌，此外有韩国代表名人、名匠的作品展示（见表 9 - 18）。①

表 9 - 18　2012 全州亚洲·太平洋无形文化遗产节展览情况

展览名	内容
亚太无形文化遗产特别展 ——生活、娱乐	介绍亚太 12 个国家的无形文化遗产及传统生活文化遗产体现出的各国生活及文化 －时间：6.1（周五）—6.6（周三）10：00—20：00 －地点：特设展览馆（工艺品展览馆停车场）
韩国无形文化遗产邀请展 ——女人的家政	再现韩国传统闺房文化，介绍工匠们制作的衣柜、梳妆台等女性生活用品 －时间：6.1（周五）—6.6（周三）10：00—20：00 －地点：特设展览馆（工艺品展览馆停车场）

---

① 2012 全州亚洲·太平洋无形文化遗产节 ［EB/OL］. ［2019 - 01 - 07］. http://multi-culture. dibrary. net/html_ contents/htmls/2012_ zh_ CN/2012m_ mc000003. html.

展览名	内容
中美特别邀请哥斯达黎加文化展 ——牛车（Carreta）	介绍与全州市签订谅解备忘录（MOU）的哥斯达黎加的无形文化遗产"牛车"作品及制作过程 –时间：6.1（周五）—6.6（周三）10：00—20：00 –地点：特设展览馆（工艺品展览馆停车场）
亚太生活文化照片展 ——家政的一致性，生活的多样性	展览贴有亚洲国家家庭、食物等生活文化相关图片及说明文的展板 –时间：6.1（周五）—6.3（周日） –地点：中央小学墙壁
市民共同参与征召 ——代代家宝	展览通过市民参与征召征集或借来的生活用品、器具、照片等 –时间：6.1（周五）—6.3（周日）10：00—20：00 –地点：韩屋村国营停车场

表 9 - 19　2012 全州亚洲·太平洋无形文化遗产节公演情况

公演名	内容
印度查乌舞（India Chhau Dance）	查乌舞是东印度地区的传统舞蹈，再现摩呵婆罗多等叙事诗里的故事 –时间：6.1（周五）20：00 –场所：扇子文化馆特设舞台
柬埔寨的斯贝克托姆，高棉皮影戏（Combodia Sbeck Thom，Khmer Shadow Theatre）	斯贝克托姆是一种以采用整张皮革制作皮影道具为特征的皮影戏，在新年、王的生日等特别活动时演出 –时间：6.1（周五）19：00 –场所：扇子文化馆特设舞台
男寺党游戏（Namsadang Nori）	"男寺党游戏"是指由男艺人组成的流浪卖艺游戏，发挥了批判朝鲜时代的社会身份制、唤醒民众觉醒的作用 –时间：6.1（周五）19：00 –场所：扇子文化馆特设舞台
北青狮子戏（Bukcheong Lion Mask Dance Drama）	北青狮子戏是咸镜南道北青郡正月十五时，面带狮子面具进行的民俗游戏，作为驱鬼、祈求村子安全的活动，传播得很广 –时间：6.2（周六）15：00 –场所：扇子文化馆
中国皮影戏（Chinese Shadow Puppetry）	中国皮影戏是中国戏剧的一种，用皮革或纸做的人偶登场载歌载舞 –时间：6.2（周六）20：30 –场所：梧木台特设舞台

续表

公演名	内容
脚戏（Taekgyeon）	脚戏是利用手脚的弹力制服对方，一种用于自我防卫的韩国传统武术 －时间：6.3（周日）16：30 －场所：说唱文化馆

9.3.3 其他博览会

（一）世界博览会

世博会是一项由主办国政府组织或政府委托有关部门举办的有较大影响和悠久历史的国际规模的集会。世博会集中展示了当下各国在文化、科技与产业等方面与生活紧密联系的优秀成果，并对未来的发展方向予以启发。世博会分为综合性与专业性两种类型（见表9－20）。[①]

表9－20　历届世博会基本情况

年份	地点	名称	种类	举办天数（天）	参观人数（万人）	主题
1851	英国伦敦	伦敦万国工业产品大博览会	综合	190	604	万国工业
1855	法国巴黎	巴黎世界工农业和艺术博览会	综合	180	516	农业
1867	法国巴黎	巴黎世界博览会	综合	210	923	农业
1873	奥地利维也纳	维也纳万国博览会	综合	180	725	文化和教育
1876	美国费城	美国独立百年博览会	综合	180	800	美国百年
1878	法国巴黎	巴黎世界博览会	综合	170	1616	农业
1880	澳大利亚墨尔本	万国工农业、制造业与艺术国际博览会	综合	210	1200	万国工农业
1883	荷兰阿姆斯特丹	阿姆斯特丹国际博览会	专业	100	880	园艺

---

① 世界博览会［EB/OL］.［2019－01－07］. https：//zh. wikipedia. org/wiki/% E4% B8% 96% E7% 95% 8C% E5% 8D% 9A% E8% A6% BD% E6% 9C% 83.

年份	地点	名称	种类	举办天数（天）	参观人数（万人）	主题
1889	法国巴黎	巴黎世博会	综合	182	2512	法国大革命
1893	美国芝加哥	芝加哥哥伦布纪念博览会	综合	183	2700	哥伦布发现
1894	法国里昂	里昂万国博览会	综合	—	—	殖民地工农业
1900	法国巴黎	第5届巴黎世界博览会	综合	210	5000	世纪回顾
1901	美国布法罗	泛美世界博览会	综合	—	—	—
1904	美国圣路易斯	圣路易斯百年纪念博览会	综合	185	1969	圣路易斯市成立100周年
1905	美国波特兰	刘易斯和克拉克博览会	综合	—	—	刘易斯和克拉克远征探险百年纪念
1906	意大利米兰	米兰世界博览会	综合	198	1000	庆祝辛普朗
1908	英国伦敦	伦敦世界博览会	综合	220	1200	工业
1911	意大利都灵	都灵世界博览会	综合	—	—	意大利统一50周年
1915	美国旧金山	旧金山巴拿马太平洋博览会	综合	288	1883	巴拿马运河
1925	法国巴黎	国际装饰艺术与现代工业博览会	—	—	—	装饰艺术与现代工业
1926	美国费城	费城建国150周年世界博览会	综合	183	3600	纪念美国
1933	美国芝加哥	芝加哥万国博览会	综合	170	2257	一个世纪的进步
1935	比利时布鲁塞尔	布鲁塞尔世界博览会	综合	150	2000	通过竞争获取和平
1937	法国巴黎	巴黎艺术世界博览会	专业	93	870	现代世界的艺术和技术
1939	美国纽约	纽约世界博览会	综合	340	4500	明日新世界
1958	比利时布鲁塞尔	布鲁塞尔世界博览会	综合	186	4150	科学、文明和人

续表

年份	地点	名称	种类	举办天数（天）	参观人数（万人）	主题
1962	美国西雅图	西雅图世界博览会	专业	184	964	太空时代的人类
1964	美国纽约	纽约世界博览会	综合	360	5167	通过理解走向和平
1967	加拿大蒙特利尔	加拿大世界博览会	综合	185	5031	人类与世界
1970	日本大阪	日本万国博览会	综合	183	6422	人类的进步与和平
1974	美国斯波坎	美国斯波坎世界博览会	专业	184	480	无污染的进步
1975	日本冲绳	冲绳世界海洋博览会	专业	183	349	海洋——充满希望的未来
1982	美国诺克斯维尔	诺克斯维尔世界能源博览会	专业	152	1113	能源——世界的原动力
1984	美国新奥尔良	路易西安纳世界博览	专业	184	734	河流的世界——水乃生命之源
1985	日本筑波	筑波世界博览会	专业	184	2033	居住与环境——人类的家居科技
1986	加拿大温哥华	温哥华世界运输博览会	专业	165	2211	世界通联
1988	澳大利亚布里斯本	布里斯本世界博览会	专业	184	1857	科技时代的休闲
1992	意大利热那亚	热那亚世界博览会	专业	92	800	哥伦布
1992	西班牙塞维利亚	塞维利亚世界博览会	综合	176	4100	发现的时代
1993	韩国大田	大田世界博览会	专业	93	1400	挑战新的发现
1998	葡萄牙里斯本	里斯本博览会	专业	132	1000	海洋——未来的财富
1999	中国昆明	昆明世界园艺博览会	专业	184	950	人类与自然——迈向21世纪
2000	德国汉诺威	汉诺威世界博览会	综合	153	1800	人类

年份	地点	名称	种类	举办天数（天）	参观人数（万人）	主题
2005	日本爱知	爱·地球博	综合	185	2200	自然的睿智
2006	中国沈阳	沈阳世界园艺博览会	专业	184	1261	我们与自然和谐共生
2008	西班牙萨拉戈萨	萨拉戈萨世博会	专业	93	800	水与可持续发展
2010	中国上海	上海世博会	综合	184	7309	城市，让生活更美好
2011	中国西安	西安世界园艺博览会	专业	178	1280	天人长安·创意自然 城市与自然和谐共生
2012	韩国丽水	丽水海洋世博会	专业	93	800	天然的海洋
2013	中国锦州	锦州世界园林博览会	专业	173	1200	城市与海，和谐未来
2014	中国青岛	青岛世界园艺博览会	专业	184	400	让生活走进自然
2015	意大利米兰	米兰世博会	综合	184		滋养地球，生命能源
2016	中国唐山	唐山世界园艺博览会	专业	171	700	给养地球
2017	委内瑞拉加拉加斯	加拉加斯能源博览会	专业	95	—	新兴能源
2017	哈萨克斯坦阿斯塔纳	阿斯塔纳世界能源博览会	专业	93	—	未来的能源
2019	中国北京	北京世界园艺博览会	专业	162	—	绿色生活美丽家园
2020	阿联酋迪拜	迪拜世博会	综合	173	—	心系彼此，共创未来

（二）中国进出口商品交易会（广交会）

中国进出口商品交易会，又称广交会，创办于 1957 年春，每年春秋两季在广州举办，由商务部和广东省人民政府联合主办、中国对外贸易中心承办，是中国目前历史最长、规模最大、商品种类最全、到会采购商最多且分布国别地区最广、成交效果最好、信誉最佳的综合性国际贸易盛会（见表 9 – 21）。①

表 9 – 21　历届广交会基本情况

届数	举办时间			展览面积（万平方米）	展位数量（个）
	第一期	第二期	第三期		
124	2018 年 10 月 15 日至 19 日	2018 年 10 月 23 日至 27 日	2018 年 10 月 31 日至 11 月 4 日	118.5	60645
123	2018 年 4 月 15 日至 19 日	2018 年 4 月 23 日至 27 日	2018 年 5 月 1 日至 5 日	118.5	60475
122	2017 年 10 月 15 日至 19 日	2017 年 10 月 23 日至 27 日	2017 年 10 月 31 日至 11 月 4 日	118.5	60466
121	2017 年 4 月 15 日至 19 日	2017 年 4 月 23 日至 27 日	2017 年 5 月 1 日至 5 日	118	60219
120	2016 年 10 月 15 日至 19 日	2016 年 10 月 23 日至 27 日	2016 年 10 月 31 日至 11 月 4 日	118	60250
119	2016 年 4 月 15 日至 19 日	2016 年 4 月 23 日至 27 日	2016 年 5 月 1 日至 5 日	118	60233
118	2015 年 10 月 15 日至 19 日	2015 年 10 月 23 日至 27 日	2015 年 10 月 31 日至 11 月 4 日	118	60228
117	2015 年 4 月 15 日至 19 日	2015 年 4 月 23 日至 27 日	2015 年 5 月 1 日至 5 日	118	60228
116	2014 年 10 月 15 日至 19 日	2014 年 10 月 23 日至 27 日	2014 年 10 月 31 日至 11 月 4 日	118	60222

（三）中国（深圳）国际文化产业博览交易会

中国（深圳）国际文化产业博览交易会是中国唯一一个国家

① 中国进出口商品交易会（广交会）概况 ［EB/OL］. ［2021 – 02 – 12］. https://www. cantonfair. org. cn/about/overview.

级、国际化、综合性的文化产业博览交易会，以博览和交易为核心，全力打造中国文化产品与项目交易平台，被誉为"中国文化产业第一展"（见表9－22、表9－23）。①

表9－22 中国（深圳）国际文化产业博览交易会基本情况

主题	博览与交易
主办方	中共中央宣传部（国家新闻出版广电总局）、中华人民共和国文化和旅游部、中华人民共和国商务部、国家广播电视总局、中国国际贸易促进委员会、广东省人民政府、深圳市人民政府
承办方	深圳报业集团、深圳广播电影电视集团、深圳出版发行集团公司、深圳国际文化产业博览交易会有限公司
展览地点	深圳会展中心

表9－23 历届中国（深圳）国际文化产业博览交易会基本情况

届数	举办时间	展览面积（平方米）	参观人数（万人）	成交额（亿元）
第一届	2004年11月18日至22日	43130	47.7	356.90
第二届	2006年5月18日至21日	105000	96.77	275.40
第三届	2007年5月17日至22日	105000	176	499.13
第四届	2008年5月16日至19日	105000	268.79	702.32
第五届	2009年5月15日至18日	105000	351	880.69
第六届	2010年5月14日至17日	105000	367.49	1088.56
第七届	2011年5月13日至16日	105000	354.05	1245.85
第八届	2012年5月18日至21日	105000	—	1435.51
第九届	2013年5月17日至20日	105000	—	1665.02
第十届	2014年5月15日至16日	105000	—	2324.99
第十一届	2015年5月14日至18日	105000	—	2648.18
第十二届	2016年5月12日至16日	105000	587.085	2032.01
第十三届	2017年5月11日至15日	105000	666.106	2240.85
第十四届	2018年5月10日至14日	105000	733.258	2018年起不再发布交易数据

① 第十四届中国（深圳）国际文化产业博览交易会［EB/OL］.［2019－01－07］. http://www.cnicif.com/content/2018－03/01/content_18560112.htm.

（四）中国北京国际文化创意产业博览会

中国北京国际文化创意产业博览会（简称北京文博会）创办于2006年，是经国务院批准，每年定期在北京举行的大型国际文化创意产业盛会，至2018年已连续举办十三届，成为对外展示国家文明形象、对内增强文化自信、对全国文化建设引领示范的重要平台。

北京文博会秉承"立足北京，服务全国，面向世界"的办会理念，依托首都文化人才、文化设施、文化总部和文化资本聚集优势，通过综合活动、展览展示、推介交易、论坛会议、创意活动、分会场"六位一体"的活动架构，展示我国文化创意产业发展成就，弘扬中华优秀传统文化，带动产业深度融合和转型升级，促进区域协同创新，增进国际交流合作。在北京文化创意产业的发展过程中，发挥了重要的示范引领和辐射带动作用；在推进全国文化中心建设中做出了积极贡献（见表9-24、表9-25））。①

表9-24 中国北京国际文化创意产业博览会基本情况

主办方	文化和旅游部、国家广播电视总局、国家新闻出版广电总局和北京市人民政府
协办方	中国广播电影电视社会组织联合会、中国出版协会、中国文化产业协会、北京市属委办局等31个单位
承办方	北京市贸促会
展览地点	中国国际展览中心

表9-25 历届中国北京国际文化创意产业博览会基本情况

届数	主题	举办时间
第一届	创意、科技、文化	2006年12月10日至14日
第二届	文化创意与人文奥运	2007年11月8日至11日
第三届	文化创意与服务贸易	2008年12月18日至21日
第四届	激发文化创新活力促进经济持续增长	2009年11月25日至29日
第五届	激荡文化创新活力促进发展方式转变	2010年11月18日至21日

---

① 北京文博会介绍［EB/OL］．［2019-01-07］．http://www.iccie.cn/about/profile/.

届数	主题	举办时间
第六届	文化融合科技 创新驱动发展	2011 年 11 月 10 日至 13 日
第七届	文化融合科技 创新引领转型	2012 年 12 月 19 日至 21 日
第八届	促进文化贸易 加快经济升级	2013 年 11 月 7 日至 10 日
第九届	推动文化创新 促进产业融合	2014 年 12 月 11 日至 14 日
第十届	推动文化繁荣 促进融合创新	2015 年 10 月 29 日至 11 月 1 日
第十一届	激发文化活力 引领产业创新	2016 年 11 月 15 日至 17 日
第十二届	文化科技融合 传承创新发展	2017 年 10 月 26 日至 29 日
第十三届	引领文化产业高质量发展 助推全国文化中心建设	2018 年 10 月 25 日至 28 日

9.3.4　比较分析

（一）国内非物质文化遗产展会特点

国内非物质文化遗产展会具有以下主要特点。

（1）"政府主导、社会参与、市场运作"模式。国内非物质文化遗产博览会通常由国家文化和旅游部或（和）省政府主办，省文化厅或（和）非物质文化遗产保护的相关机构承办，由市文体局、文化局或其他社会会展机构协办，协调社会各方优势力量共同参与。

（2）时代特色鲜明。国内非物质文化遗产博览会主要有以下三个主题：一是与"一带一路"倡议和"乡村振兴"战略等新时代特色呼应，保护和传承非物质文化遗产；二是让非遗融入生活，合理利用非物质文化遗产；三是通过数字化技术和互联网技术等，为非物质文化遗产注入新活力。

（3）展示形式多样。非物质文化遗产博览会通常有配套的新闻发布会、开幕式和闭幕式，除了在博览会会场的展演、展示、交易，还有传统工艺竞赛、现场非遗项目体验等形式。此外，还会举办非遗保护学术论坛、传统工艺振兴论坛等论坛活动，并可以深入社区、乡村、学校、公共文化场所等开展"非遗社区行""非遗校园行""舌尖上的非遗""非遗的世界"等系列活动。还可以建立非遗网上交易平台，在传承与普及非遗的同时带来经济效益。

（二）国外非物质文化遗产展会特点

与国内的相比，国外的非物质文化遗产展会具有以下特点。

（1）规模固定。相比国内非物质文化遗产展会的大规模，国外非遗展会的展览面积和活动范围相对较小。法国巴黎（卢浮宫）世界非物质文化遗产展举办至 2018 年已有 24 届，仍然保持 3000 平方米的展览面积，以保持展会的高品质。匈牙利的惠特桑文化节在匈牙利露天博物馆内举办，规模固定，通过展示非遗工艺和舞台表演吸引观众前往观看，开展体验活动吸引观众亲身感受。

（2）联合展示。除了可以通过非物质文化遗产节等形式来举办，还可以与其他类型的展会合作，如日本的 2017 大阪·饮食博览会。依托饮食博览会，以非物质文化遗产——"和食"为主题对象，在推动餐饮行业发展和推广饮食文化的同时，为美食增添传统文化色彩，宣传非物质文化遗产。

（3）国际参与。匈牙利的惠特桑文化节在展示本国的非物质文化遗产的同时，邀请其他国家非物质文化遗产项目参展。韩国全州亚洲·太平洋无形文化遗产节积极邀请哥斯达黎加、印度、柬埔寨、中国等国家的非遗项目表演和交流，与外国非遗项目进行交流互鉴。

9.3.5　对策建议

结合国内外非物质文化遗产展会的特点，对广州举办世界非物质文化遗产博览会提出以下建议。

（一）创新创意引领，丰富展会形式

展会主题在坚持保护、传承、宣传非物质文化遗产宗旨的前提下，要紧跟时代潮流，与国家文化政策和文化战略相呼应，凸显先进创意思维和创新方法。展会形式方面，不仅可以继承传统的展演、展示、交易、论坛等方式，还可以深入社区开展非遗系列活动，营造非遗在身边的文化氛围。此外，还可建立非遗商品网上交易平台，提供全天候线上交流和交易服务。

（二）联合展示，增强广州文化影响力

积极与其他类型展会合作，充分利用其他类型展会的现有资源和影响力，助力非物质文化遗产博览会的开展。推动与国外非遗相关机构的合作，邀请国外非遗项目参展，让世界了解广州的非物质文化遗产，相互借鉴。

（三） 加强合作，形成大湾区文化合力

《规划纲要》要求："大湾区城市联合开展跨界重大文化遗产保护，合作举办各类文化遗产展览、展演活动，保护、宣传、利用好湾区内的文物古迹、世界文化遗产和非物质文化遗产，支持弘扬以粤剧、龙舟、武术、醒狮等为代表的岭南文化，彰显独特文化魅力。"① 一方面，大湾区具有共同的岭南文化特色，另一方面，广州、澳门、深圳都具有举办大型博览会的基础，因此广州可与香港、深圳、澳门等湾区城市汇聚文化资源，合力举办非遗博览会，向世界展示岭南文化的独特魅力。

第四节　重塑文化形象：点亮广州城市地标

城市地标对形象宣传、文化建设有着巨大的作用。根据对广州国际指标、其他国际一流城市和广州文化产业、文化事业等的调研，本课题组拟以广州的城市地标之一——广州塔为例，探讨如何接轨国际经验，重塑广州的文化形象。

本节数据主要来源于网络公开数据，包括官网、各类报道等。通过与上海中心大厦、台北 101 大楼、纽约时代广场等 10 个地标的比较，总结出广州塔点亮主题（非商业性）目前的优势和不足，为广州塔点亮主题设计提供参考，从而进一步扩大广州塔影响力，增强其宣传效果。

9.4.1　城市地标灯光主题

经初步调查，具有代表性的城市地标灯光主题主要有以下几种。

（一） 广州塔灯光主题

广州塔 2009 年 9 月竣工，2010 年 9 月 30 日正式对外开放，是广州颇负盛名的地标，近年来获邀灯光主题也很多，特别是医疗卫

---

① 粤港澳大湾区发展规划纲要 ［EB/OL］．［2019 - 04 - 03］．http://www. gz. gov. cn/gzgov/zxtt/201902/c862bf20f2 0047c5ab21c8b6d21986dd. shtml.

生领域。城市宣传方面也通过粤语体现其特色（见表 9 - 26）。

表 9 - 26　广州塔灯光主题

序号	主题设计	类型	时间	内容
1	志愿者，节日好！①	节日节庆	2018 年 12 月 5 日	12 月 5 日国际志愿者日，广州塔、猎德大桥等羊城地标式建筑上集体亮起"志愿者，节日好！"
2	绿色灯光	—	2018 年 3 月 20 日	2018 年，加入圣帕特里克节"绿动全球"活动中的中国地标建筑可谓星光熠熠，除八达岭长城以外，广州塔也在节日当天变身"绿色小蛮腰"②
3	—	节日节庆	2017 年 10 月 1 日	国庆节之夜，以"壮阔东方潮，我爱你中国"为主题的庆祝改革开放 40 年国庆灯光表演主题活动在广州珠江两岸上演③
4	—	节日节庆	2016 年 12 月 3 日	2016 国际欢乐嘉年华开幕，广州塔为爱心与环保亮灯④
5	彩色灯光	节日节庆	2018 年 8 月 25 日至 8 月 28 日	广州地标广州塔举行"醉七夕蛮腰情"乞巧嘉年华系列活动，位于广州塔塔身 355 米至 407 米高空的 LED 广告屏将

① 梁炜培，李拉．国际志愿者日广州塔亮灯 [EB/OL]．[2018 - 12 - 14]．http://epaper. oeeee. com/epaper/A/html/2018 - 12/06/content_61688. htm.

② 百家号．中国地标点亮爱尔兰绿长城、广州塔参与 "绿动全球" [EB/OL]．[2018 - 12 - 14]．https://baijiahao. baidu. com/s？id = 1595502338389775059&wfr = spider&for = pc.

③ 南方都市报．小蛮腰 "双塔" 辉映国庆夜 [EB/OL]．[2018 - 12 - 14]．http://www. thnet. gov. cn/thxxw/mtjj/201810/9157e3b727c14beab1909ff6a27507a3. shtml.

④ 金羊网．2016 国际欢乐嘉年华开幕　广州塔为爱心与环保亮灯_金羊网新闻 [EB/OL]．[2018 - 12 - 14]．http://news. 163. com/16/1203/21/C7D3TTHH00014 AEE. html.

序号	主题设计	类型	时间	内容
5				播放具有七夕特色的公益祝福灯光①
6	粉红色	—	2015 年 2 月 15 日	由广州日报官方微信上选出的 5 对情侣代表成为首批幸运大使,一同点亮广州塔情人节主题灯光,整个广州塔变成温暖的粉红色,颗颗爱心围绕塔身旋转②
7	彩色	—	2014 年 7 月 8 日	广州塔"童梦奇园",璀璨灯光展点亮七彩嘉年华,打造五彩缤纷的广州塔夜景③
8	为了网络家园更美好·祝 2018 全国网站平台知识技能竞赛半决赛圆满成功	比赛活动	2018 年 11 月 21 日	以"为了网络家园更美好"为主题的 2018 全国网站平台知识技能竞赛半决赛在广州举行④
9	520 唯爱行	—	2016 年 5 月 20 日	为感谢唯爱跑友和"唯爱行"的公益善举,当晚广州塔为爱点亮,塔身顶端亮起"520 唯爱行",预示孩子们的未来⑤

① 中国新闻网. 广州塔七夕"点亮小蛮腰"现代科技呈现传统浪漫 [EB/OL]. [2018 - 12 - 14]. http://www. gd. chinanews. com/2016/2016 - 08 - 10/2/372967_2. shtml.

② 大洋网 - 广州日报. 执子之手求子跟我走 [EB/OL]. [2018 - 12 - 14]. http://news. 163. com/15/0215/05/AIFKF34R00014AED. html.

③ 中国广告网新闻中心. "童梦奇园"艺术灯光,巨型机器人再现广州塔 [EB/OL]. [2018 - 12 - 14]. http://www. cnad. com/show/11/241495. html.

④ 新华网. 2018 全国网站平台知识技能竞赛半决赛在广州举行 [EB/OL]. [2018 - 12 - 14]. http://www. gd. xinhuanet. com/newscenter/2018 - 11/22/c _ 1123754869. htm.

⑤ 金羊网. 唯爱行"520 唯爱告白慈善跑"万余人爱心点亮广州塔 [EB/OL]. [2018 - 12 - 14]. http://gz. southcn. com/content/2016 - 05/23/content _ 148136969. htm.

续表

序号	主题设计	类型	时间	内容
10	彩灯＋烟火	—	2010 年 11 月 12 日	11 月 12 日，第 16 届亚洲运动会开幕式在广州海心沙岛举行。这时广州塔上空燃放焰火①
11	南哥	社会关怀	2017 年 10 月 12 日	10 月 12 日，大型院线电影《南哥》登陆了中国第一高塔②
12	《够钟训觉啦》、《因为在广州，所以很幸福》、《小羊洗洗睡吧》、《广州晚安》（Hugo & 阿智）、《心光广州》、《广州晚安》（甄家杰）、《晚安广州》、《亲，晚安》、《今天的你棒棒哒》、《绵羊篇》、《有你粤美》、《荷鲤（和你）道晚安》、《传递温暖》、《早一点休息》、《GoodNight》、《圆月下》、《小萌腰说晚安》、《问候篇》、《愿你安好，暖心羊城》、《木棉花》等	—	2015 年	为让广州塔更亲民，增添岭南人文气息与关怀，市委宣传部、市城管委、市旅游局在广州塔启动"广州塔公益灯光设计大赛"，并在当晚的亮灯仪式上滚动播放来自全国各地的 19 条祝福语，让羊城的夜晚披上了浓浓的情谊。主题为"广州，晚安"③
13	蓝灯	—	2013 年 4 月 20 日	广州塔为雅安点亮祈福蓝灯④
14	阅读，让花城更美好	文化历史	2016 年 4 月 1 日	2016 年的读书月活动，主办方采取了别样的方式开启——在广州塔上点

① 中国网（北京）. 实拍亚运会绚烂烟火："广州塔"点亮夜空 [EB/OL]. [2018 - 12 - 14]. http://travel. 163. com/10/1115/12/6LHGR31300063JSA. html.

② 百家号. 中国第一高塔，竟为这个平凡人点亮！ [EB/OL]. [2018 - 12 - 14]. https://baijiahao. baidu. com/s? id = 1581238184424601958&wfr = spider&for = pc.

③ 陈惠婷. 广州塔征集"最高的问候"打造最温暖地标 [EB/OL]. [2018 - 12 - 14]. http://roll. sohu. com/20150617/n415211331. shtml.

④ 羊城晚报. 广州塔五年坚守实现扭亏为盈　步入高富美之列 [EB/OL]. [2018 - 12 - 14]. https://gz. news. fang. com/2015 - 09 - 28/17515159. htm.

序号	主题设计	类型	时间	内容
14				亮读书月主题公益广告，让阅读之光照耀全城①
15	改革开放 40 年，光语花城新时代	—	2018 年 11 月 26 日—2019 年 4 月 25 日	广州国际灯光节是由广州市人民政府主办的，广州市锐丰音响科技股份有限公司承办的，每年一度的广州大型公共艺术文化盛事②
16	红灯"终止结核病""End TB""为结核病点亮城市的红""Light up for TB"	—	2018 年 9 月 26 日	世界卫生组织（WHO）组织开展"点亮城市的红"结核病宣传活动。广东省选择在"广州塔"进行"为结核病点亮城市的红"亮灯仪式③
17	蓝色	—	2017 年 11 月 14 日 2016 年 11 月 11 日 2013 年 11 月 13 日晚	广州塔"小蛮腰"被点亮成蓝色，这个被称为"蓝光行动"的公益活动是由中华人民共和国卫生部疾病预防控制局、中华医学会糖尿病学分会围绕"联合国糖尿病日"开展的糖尿病防治宣传行动④

---

① 广州日报.广州"阅读专线"公交电车首发（组图）［EB/OL］.［2018－12－14］.http：//www. lw. gov. cn/lwq/mtbd/201604/e148c52181e6481 bba3f8bb88433c25a. shtml.

② 隆行天下.2018 广州灯光节攻略（时间＋地点＋门票＋交通指南）［EB/OL］.［2018－12－14］.http：//gz. bendibao. com/tour/2018516/ly240748. shtml？ tdsourcetag＝s_ pctim_ aiomsg.

③ 信息时报."广州塔"亮灯终止结核病［EB/OL］.［2018－12－14］.http：//k. sina. com. cn/article_ 1750553234_ 6857209204000dka3. html.

④ 余燕红，李晓姗，黄燕.点亮"小蛮腰"，为关爱全球过亿女性糖尿病患者［EB/OL］.［2018－12－14］.http：//sn. people. com. cn/n2/2017/1114/c378309－30921932. html.

续表

序号	主题设计	类型	时间	内容
18	粉红色	—	2013 年 10 月 9 日	广州塔被 6000 多套 LED 照明设备妆点成绚丽的粉红色，宣告着一场由飞利浦和其全球商业伙伴们为宣传乳腺癌防治而共同发起的全球地标亮灯接力活动在中国内地的成功传递①
19	蓝色灯	—	2014 年 4 月 2 日	4 月 1 日是第 7 个"世界自闭症关爱日"，当天下午，省残联组织省残疾人康复协会等省内及港澳多家自闭症康复教育机构和单位，在广州塔西广场举办广东省第七届"世界自闭症关爱日——缤纷色彩，追求梦想"广场活动，广州塔亮起蓝灯②
20	红色灯	—	2014 年 12 月 1 日	2014 年是第 27 个"世界艾滋病日"，由智行基金会、广州塔、广东省青少年发展基金会主办，BD 中国支持的"2014'爱'滋徒步——用爱的脚步点亮广州塔"公益活动在广州顺利落幕③
21	蓝绿灯	—	2013 年 10 月 7 日	2013 年 10 月 7 日，广州塔用强大的象征意义与社会影响力成为中国乃

① 家庭医生在线. 联合国糖尿病日广州举办蓝光行动点亮广州塔［EB/OL］. ［2018－12－14］. http://tangniaobing. familydoctor. com. cn/a/201311/535319. html.

② 南方日报. 广州塔亮起蓝灯［EB/OL］. ［2018－12－14］. http://www. gd-info. gov. cn/shtml/guangdong/jrgd/sh/2014/04/03/96192C1. shtml.

③ BD 中国. BD 中国参与"爱"滋徒步，用爱点亮广州塔［EB/OL］. ［2018－12－14］. https://www. prnasia. com/story/110624－1. shtml.

序号	主题设计	类型	时间	内容
21				至亚洲首个获邀参与"第一届国际面瘫日"全球亮灯的地标建筑，得到全球国际媒体的广泛报道①
22	蓝色灯	—	2012 年 4 月 2 日	2012 年 4 月 2 日是世界孤独症关爱日，由广州市残联主办、广州市康纳学校承办的"点亮蓝灯、璀璨星愿——孤独症关爱日系列活动"在花城广场正式启动②

（二）上海中心大厦灯光主题

上海中心大厦建筑于 2016 年 3 月 12 日竣工，外观呈螺旋式上升，建筑表面的开口由底部旋转贯穿至顶部，是城市天际线。上海中心大厦迄今可查的公益性灯光主题并不多，涉及范围不广（见表 9 – 27）。

表 9 – 27　上海中心大厦灯光主题

序号	主题设计	类型	时间	内容
1	至爱凡·高③	比赛活动	2017 年 12 月 18 日	《至爱凡·高》联手共享单车品牌 OFO 小黄车，与奥地利艺术团体 OMAi 合作，推出艺术公益骑行活动
2	上海欢迎您 Welcome to Shanghai④	比赛活动	2018 年 10 月 20 日	为了迎接中国国际进口博览会的到来，上海中心景观灯和外滩景观灯光正在进行整体调试

---

① 人民网 . 广州塔 10 月 7 日晚将点亮蓝绿灯关注面瘫 ［EB/OL］. ［2018 – 12 – 14］. http://gd. people. com. cn/n/2014/0926/c123932 – 22451722. html.

② 39 健康网 . 广州塔 10 月 7 日晚将点亮蓝绿灯关注面瘫关注星星的孩子　副省长徐少华亲临广州塔畔点亮蓝灯 ［EB/OL］. http://ek. 39. net/a/201243/2005183. html.

③ 百家号 .《至爱凡·高》"星空霸屏"点亮上海中心塔冠 ［EB/OL］. ［2019 – 01 – 03］. https://baijiahao. baidu. com/s? id =1587272326022325923&wfr = spider&for = pc

④ 搜狐新闻 . 迎接进口博览会上海中心调试激光彩灯 ［EB/OL］. ［2019 – 01 – 03］. http://www. sohu. com/a/270574835_624299.

续表

序号	主题设计	类型	时间	内容
3	厉害了我的国	节日节庆	2017 年 10 月 1 日	上海在内的全国 33 个城市都参与了"为祖国祝福"的主题灯光秀活动，各大城市标志性建筑都用各自独特的方式点亮华灯，为祖国母亲庆生①
4	我爱你，中国	节日节庆	2018 年 10 月 1 日	2018 年国庆，"我爱你中国"灯光秀在全国多地上演。上海中心则打出"我爱你中国"的字样，从地面沿塔身盘旋而上直至塔冠②
5	蓝色灯光	医疗卫生	2016 年 4 月 2 日	4 月 2 日是"世界提高自闭症意识日"，为了让各国政府和相关组织提高人们对自闭症的认识，世界各地的重要建筑会在当天点亮象征自闭症儿童保护的蓝色灯光，表达社会对自闭症患者，尤其是儿童的关心③

（三）上海震旦大厦灯光主题

上海震旦大厦于 2004 年落成，号称有全球最贵的 LED 广告位。灯光主题以商业宣传为主，社会公益类主题较少。"I Love SH"或"I♥SH"等"我爱上海"的主题变体是其特点。特别的是，上海震旦大厦也为政府服务平台做宣传（见表 9 - 28）。

---

① 文汇. "厉害了我的国"十一特别节目点亮上海中心大厦［EB/OL］.［2019 - 01 - 03］. http://app. myzaker. com/news/article. php？pk = 59d105071bc8e0ed480 00005.

② 上海市政府网站. 黄浦江畔灯火璀璨"国旗色"表达祝福"我爱你，中国"［EB/OL］.［2019 - 01 - 03］. http://news. sina. com. cn/c/2018 - 10 - 04/doc-ifxeuw-ws0826485. shtml.

③ vicky. 关爱特殊儿童群体，让爱点亮上海中心［EB/OL］.［2019 - 01 - 03］. http://www. adquan. com/post - 2 - 33796. html.

表9-28 上海震旦大厦灯光主题

序号	主题设计	类型	时间	内容
1	"新民邻声"	政府政策	2016年9月9日	"新民邻声"是原来新民晚报App的升级版,新民邻声坚持赵超构确定的晚报宗旨:"宣传政策,传播知识,移风易俗,丰富生活"①
2	I Love SH	城市形象	经常出现	黄浦江边的震旦大厦是构成外滩天际线的标志性建筑,外立墙金光闪闪,夜晚更是化身为LED巨型幕墙,经常会出现"I love Shanghai"这类的标语,像是这座城市与四方到来的宾客们的对话框②
3	红色灯光"终止结核病""End TB""为结核病点亮城市的红""Light Up For TB"	医疗卫生	2018年9月26日	上海市震旦国际大厦和上海环球港以红色主题灯光为背景同时亮灯,滚动播放"终止结核病""End TB""为结核病点亮城市的红"和"Light Up For TB"等宣传语,以响应世界卫生组织开展"点亮城市的红"结核病宣传活动的号召③
4	为生命加油向生命致敬919	医疗卫生	2017年9月19日	北京水立方、福建广电大厦、上海震旦国际大楼三大城市地标建筑一起点亮了数字"919",象征着919为大病患者点亮梦想,点亮困境的人生,为大病患者带去康复的信心和希望④

① 搜狐新闻."新民邻声"点亮上海 开启服务市民新篇章 [EB/OL]. [2019-01-03]. http://www.sohu.com/a/114132168_239711.

② 鲍勇剑.那幢打着"I Love SH"的震旦大厦,见证了一位东方商人的远见与"赌性"[EB/OL]. [2019-01-03]. https://www.sohu.com/a/113377037_475946.

③ 百家号.震旦大厦和环球港同时亮起红色灯,上海向终止结核病迈进[EB/OL]. [2019-01-03]. https://baijiahao.baidu.com/s?id=1612722729573315595&wfr=spider&for=pc.

④ 环球网.919主题公益日点亮水立方大病患儿飞天圆梦 [EB/OL]. [2019-01-03]. http://w.huanqiu.com/r/MV8wXzExMjcwMjIxXzQwMl8xNTA1OTY3MzYw.

（四）深圳京基 100 大厦灯光主题

深圳京基 100（KK100）是目前深圳第二高楼、中国内地第九高楼、全球第十七高楼，也被称为颇具话题性的深圳灯光。灯光主题比较紧跟深圳政府政策（见表 9 – 29）。

表 9 – 29　深圳京基 100 大厦灯光主题

序号	主题设计	类型	时间	内容
1	扫黑除恶	政府政策	2018 年 8 月 23 日	罗湖区京基 100 大厦灯光幕墙亮起了醒目的"扫黑除恶"宣传标语，并围绕"扫黑恶、净环境、促稳定、保平安"主题变幻出多种灯光造型，十分令人瞩目①
2	扶贫济困日启动	政府政策	2013 年 6 月 27 日	"2013 年广东扶贫济困日、深圳市慈善月、慈善日启动仪式暨第二届慈展会倒计时、'深圳温度'大型公益项目亮灯启动仪式"在深圳第一高楼——京基 100 大厦所在地附近深圳大剧院举行②
3	"深爱人才，圳等你来""来了就是深圳人""聚天下英才而用之"	政府政策	2018 年 10 月 19 日至 11 月 10 日	为庆祝 11 月 1 日"深圳人才日"的到来，罗湖区借助现代灯光科技宣传爱国奋斗精神，开展"弘扬爱国奋斗精神·建功立业新时代"系列主题活动，持续营造识才爱才敬才用才的良好社会氛围③
4	祝广大市民节日快乐	节日节庆	2018 年 8 月 17 日	京基 100 大厦七夕亮灯祝福有情人④

① 深圳要讯. 深圳罗湖地标集体点亮标语只为了这件大事［EB/OL］.［2019 – 01 – 03］. http://www. oeeee. com/mp/a/BAAFRD00002018082398408. html.

② 搜狐资讯. 京基 100 点亮爱心温度世界最大"温度计"现深圳［EB/OL］.［2019 – 01 – 03］. http://roll. sohu. com/20130628/n380188200. shtml.

③ 百家号. 罗湖灯光为人才点亮［EB/OL］.［2019 – 01 – 03］. https://baijiahao. baidu. com/s? id = 1615379932349680041&wfr = spider&for = pc.

④ 深圳晚报. 京基 100 大厦七夕亮灯祝福有情人［EB/OL］.［2019 – 01 – 03］. ht-tp://shenzhen. sina. com. cn/news/s/2018 – 08 – 18/detail-ihhvciix0887067. shtml.

序号	主题设计	类型	时间	内容
5	你好，2019①	节日节庆	2019 年 1 月 1 日	在深圳，为迎接新年的到来，京基 100、地王大厦等裙楼打出了"2019""新年快乐"等祝福字样，迎接 2019 年的到来
6	下班啦②	社会关怀	—	—
7	蓝色灯光	医疗卫生	2015 年 4 月 2 日	数十家政府机构、公益组织、企业、媒体等携手举办的"没有标签没有歧视关注自闭症群体"慈善晚宴在罗湖区举办③

（五）纽约时代广场④灯光主题

时代广场（Times Square）是美国纽约市曼哈顿的一块繁华街区，被称为"世界的十字路口"。时代广场每年节日节庆基本有比较固定的灯光主题，其他时间以艺术表演为主（见表 9 - 30）。

表 9 - 30　纽约时代广场灯光主题

序号	主题设计	类型	内容
1	时代广场新年前夜庆祝活动 The Times Square New Year's Eve celebration⑤	节日节庆	每年新年到来之际，其新年倒数都会成为世界的焦点，其降球仪式是跨年夜重要的庆祝活动之一，还包括音乐表演、烟火表演等活动

---

① 南方日报. 你好! 2019 ［EB/OL］. ［2019 - 01 - 03］. https://tech. sina. com. cn/roll/2019 - 01 - 01/doc - ihqhqcis2061433. shtml.

② 杭州 19 楼. 深圳第一高楼卖萌，下班时间，京基 100 的 Led 灯出现了三个字 ［EB/OL］. ［2019 - 01 - 03］. https://www. 19lou. com/forum - 1261 - thread - 12501344904507326 - 1 - 1. html.

③ 郭静. 世界自闭症日京基 100 为"星星的孩子"点亮蓝灯 ［EB/OL］. ［2019 - 01 - 03］. http://news. szhome. com/149866. html.

④ 纽约时代广场官方网站，https://www. timessquarenyc. org/.

⑤ Times Square Arts. The Times Square New Year's Eve celebration EB/OL］. ［2019 - 01 - 03］. https://www. timessquarenyc. org/times-square-new-years-eve.

续表

序号	主题设计	类型	内容
2	爱在时代广场 LOVE IN TIMES SQUARE①	节日节庆	时代广场情人节活动在十字路口（Crossroads）举办，其最引人注目的是"情人节心"的设计。该设计大赛每年都会邀请建筑和设计公司提交一份标志性的公共艺术设施策划，其目的是在这个充满活力的城市中心庆祝和传达爱情。该艺术活动至 2018 年已经举办 11 年
3	午夜时刻 Midnight Moment②	艺术表演	"午夜时刻"是世界上规模最大、运行时间最长的数字艺术展览，每晚从晚上 11：57 到午夜，在时代广场的电子广告牌上同步。由时代广场广告联盟（the Times Square Advertising Coalition）主办，自 2012 年起由时代广场艺术策划，估计每年的收视人数为 250 万

（六）纽约帝国大厦③灯光主题

帝国大厦（Empire State Building），竣工于 1931 年 4 月 11 日的高层建筑物，是美国纽约的地标建筑物之一，灯光主题以节日节庆和社会关怀为主（见表 9－31）。

表 9－31　纽约帝国大厦灯光主题

序号	主题设计	类型	内容
1	• 庆祝圣诞节日灯光秀 • 庆祝新年 • 庆祝感恩节	节日节庆	—
2	—	音乐灯光秀	帝国大厦的音乐灯光节目可以同步到电台的音乐播放

---

① Times Square Arts. LOVE IN TIMES SQUARE ［EB/OL］. ［2019－01－03］. https://www. timessquarenyc. org/seasonal-events/love-in-times-square.

② Times Square Arts. Midnight Moment ［EB/OL］. ［2019－01－03］. http://arts. time-ssquarenyc. org/times-square-arts/projects/midnight-moment/index. aspx.

③ 纽约帝国大厦官方网站，http://www. esbnyc. com/explore/tower-lights/calendar.

序号	主题设计	类型	内容
3	• 以黄色庆祝对点亮儿童生活的承诺 • 以蓝色纪念人权日 • 红色、白色和蓝色以纪念退伍军人节 • 粉红色以纪念雅诗兰黛及其乳腺癌意识运动 • 以蓝色纪念糖尿病研究所基金会 • 以蓝色和洋红色纪念妇女和平与人道主义基金	社会关怀和公益	—
4	• 纪念 2018 年 NEW ERA PINSTRIPE BOWL 比赛活动 • 以金和黑色纪念 2019 年大学橄榄球锦标赛	比赛活动	—
5	• 以蓝白色与闪烁的蜡烛纪念"光明节"（Chanukah） • 以红色、白色和绿色纪念哥伦布日 • 以绿色、白色和橙色纪念印度日和 2018 年印度日游行 • 红色、白色和绿色以纪念墨西哥独立日	宗教历史	—
6	• 以黄色庆祝电视节目《辛普森一家》30 周年 • 以粉红色庆祝 2018 年维多利亚的秘密时装秀	其他	—

（七）纽约世贸中心一号楼灯光主题

世界贸易中心一号大楼（One World Trade Center），原称为自由塔（Freedom Tower），是一座兴建于美国纽约新世界贸易中心的摩天大楼，坐落于"9·11"袭击事件中倒塌的原世界贸易中心的旧址附近。因其历史特殊性，以社会关怀类主题为主，多为纪念缅怀之意（见表 9-32）。

表 9-32　纽约世贸中心一号楼灯光主题

序号	主题设计	类型	内容
1	悼念布鲁塞尔恐袭遇难者的比利时国旗色灯光、巴黎恐袭的法		—

续表

序号	主题设计	类型	内容
1	国色灯光、抗议特朗普退出《巴黎协议》的绿色灯光	社会关怀	
2	红色、蓝色、白色	社会关怀	星期二晚上，在一场致命的卡车袭击夺走了至少8人的生命后，世贸一号被点燃了红色、白色和蓝色①
3	彩虹	社会关怀	星期天晚上，世贸一号点亮了彩虹尖顶，以庆祝美国最高法院在所有50个州的同性婚姻合法化的具有里程碑意义的决定②
4	红色、白色和蓝色	社会关怀	在曼哈顿致命的恐怖袭击之后，世界贸易中心的尖顶照亮了红色、白色和蓝色，以纪念"自由与民主"③
5	9·11纪念	历史文化	从2011年开始，世贸中心的9·11纪念馆都会点亮名为"以光纪念"（Tribute in Light）的灯光活动。这是一个纪念性的公共艺术设施，首次出现在9·11之后的六个月，以后每年9月11日的晚上，从黄昏到黎明都会被点亮。它已经成为一个标志性的象征，既尊重遇难者，又庆祝不可磨灭的纽约精神④

（八）迪拜哈利法塔灯光主题

哈利法塔原名迪拜塔，又称迪拜大厦或比斯迪拜塔，是世界第一

① Daniel Chaitin. One World Trade Center lit up in Red, White, and Blue after Deadly NYC Truck Attack [EB/OL]. [2018-12-28]. https://www.washingtonexaminer.com/one-world-trade-center-lit-up-in-red-white-and-blue-after-deadly-nyc-truck-attack.

② CaitlinMota. One World Trade Center lits up in Rainbow Colors [EB/OL]. [2018-12-28]. https://www.nj.com/hudson/index.ssf/2015/06/photos_one_world_trade_center_lights_up_in_rainbow.html.

③ Tariq Tahir for Mailonline. Spire of One World Trade Center lit up Red, White and Blue in Honor of 'Freedom and Democracy' after Deadly Terror Attack on Manhattan [EB/OL]. [2018-12-28]. https://www.dailymail.co.uk/news/article-5038451/World-Trade-Center-lit-red-white-blue-attack.html.

④ 9/11 MEMORIAL&MUSEUM. Tribute in Light [EB/OL]. [2018-12-28]. https://www.911memorial.org/tribute-light.

高楼与人工构造物，其灯光主题较多是国外相关内容（见表9－33）。

表9－33 迪拜哈利法塔灯光主题

序号	主题设计	类型	内容
1	新年灯光秀	节日节庆	这场挥别2017年，迎接2018年的"Light Up 2018"灯光秀，向已故的谢赫·扎耶德·本·苏丹·阿勒纳哈扬（Sheikh Zayed bin Sultan Al Nahyan）致敬，以标志2018年"扎耶德年"的到来①
2	各国国旗	节日节庆	迪拜的世界最高和最著名的摩天大楼迪拜塔将亮起巴基斯坦国旗的颜色，庆祝该国的国庆日。此外，该塔还点亮过以下国家的国旗颜色：英国、印度、法国、埃及、中国等②
3	火箭图样	政府政策	第一颗完全由阿联酋工程师建造的卫星KhalifaSat从日本的太空中心成功发射升空。为了庆祝这一里程碑式的时刻，哈利法塔在倒计时中被点亮了，然后展示了一枚巨大的火箭，它"起飞"的高度达到了828米③

（九）加拿大国家电视塔④灯光主题

加拿大国家电视塔（the CN Tower）又译为加拿大国家塔、西恩塔，位于加拿大安大略省多伦多。为了提高公众对慈善机构、事件和城市活动的认知，加拿大国家电视塔每年通常的点亮主题是社会关怀和公益（见表9－34）。

表9－34 加拿大国家电视塔灯光主题

序号	主题设计	类型	内容
1	新年灯光秀	节日节庆	12月31日加拿大国家电视塔将会上演新年倒数活动和灯光表演

---

① momosam. 载入吉尼斯记录的迪拜哈利法塔灯光秀又延长啦！［EB/OL］．［2018－12－28］．http：//www.dubairen.com/45524.html.

② 迪拜全酋通.迪拜哈利法塔亮起过哪些国旗？竟然叫流动的国旗，铁打的迪拜塔［EB/OL］．［2018－12－28］．http：//www.sohu.com/a/226214762_417877.

③ momosam. 哈利法塔又亮了！为庆祝第一颗100%阿联酋制造的卫星发射升空［EB/OL］．［2018－12－28］．http：//www.dubairen.com/51138.html.

④ 加拿大国家电视塔CN Tower［EB/OL］．［2018－12－28］．https：//www.cntower.ca/en-ca/about-us/night-lighting.html.

续表

序号	主题设计	类型	内容
2	红色	节日节庆	加拿大国家电视塔已经连续三年在小年夜点亮中国红①
3	以红色纪念世界救助日 以紫色纪念国际残疾日 以蓝色纪念人权日 以蓝色纪念国家反暴力日 以淡绿色纪念世界双胞胎输血综合征意识日 12 月 6 日，为纪念国家纪念活动和暴力侵害妇女行动日，加拿大国家电视塔将熄灭灯光	社会关怀	—
4	—	比赛活动	加拿大国家电视塔会在联盟球队进入季后赛后，在每个系列赛的第一场主场比赛和决赛时点亮球队的颜色
5	—	军事	在一名加拿大士兵被遣返的当天，加拿大国家电视塔顶部灯光将在每个小时黑暗五分钟，整个晚上都是为了纪念这位做出最终牺牲的士兵
6	—		以绿色纪念达特茅斯学院（Dartmouth College）250 周年 季节问候：12 月，加拿大国家电视塔会以红色和绿色庆祝假日季

（十）威利斯大厦②灯光主题

威利斯大厦（Willis Tower）是位于美国伊利诺伊州芝加哥的一

---

① 星岛日报．CN 塔点亮中国红喜迎鸡年春节［EB/OL］．［2018 - 12 - 28］．http：//www. singtao. ca/vancouver/969167/2017 - 01 - 24/post-cn 塔點亮中國紅 - 喜迎雞年春節/? variant = zh-cn.

② 威利斯大厦 Willis Tower Skydeck Chicago 官方网址，https：//theskydeck. com/plan-a-visit/upcoming-events/.

幢摩天大楼，又译为韦莱大厦，原名西尔斯大楼，于 1974 年建成，是当今世界最高建筑物之一，也是当今第九高摩天楼。灯光主题设计比较固定，特色是面向社会组织或团体的灯光主题（见表 9 - 35）。

表 9 - 35 威利斯大厦灯光主题

序号	主题设计	类型
1	2 月 14 日情人节颜色：粉色和红色 7 月 3 - 4 日独立日颜色：红色和蓝色 10 月 31 日万圣节颜色：橙色 11 月假期颜色：绿色和红色 12 月 28 日至 2019 年 1 月 1 日新年庆典颜色：紫色和琥珀色 3 月 16 日至 18 日圣帕特里克节（St. Patrick's Day）颜色：绿色	节日节庆
2	1 月 22 日至 28 日 Lurie 儿童医院颜色：红色 4 月 2 日自闭症意识颜色：蓝色 4 月 20 日至 22 日地球日颜色：绿色和蓝色 9 月肺纤维化意识颜色：蓝色 10 月乳腺癌宣传月颜色：红色	社会关怀
3	2 月 3 日至 5 日美国心脏协会颜色：红色 3 月国家 MS 协会颜色：橙色 9 月芝加哥警察纪念基金会颜色：蓝色	社会关怀
4	4 月黑鹰队季后赛颜色：红色 7 月 16 日至 22 日特奥会 50 周年颜色：红色 8 月 First Bears 季前赛主场比赛颜色：橙色和蓝色	比赛活动

9.4.2 比较分析

通过对国内外著名地标灯光主题的梳理和比较，结合广州塔目前的灯光主题安排分布情况，我们发现广州塔至少有以下三方面可以考虑改进。

（1）加强计划性。本课题组发现，在广州塔官网、官方微博和公众号上都无法查询到广州塔点亮灯光的日程安排或相关消息。从各类灯光秀和过往经验来看，广州塔这类地标的灯光主题是颇具吸引力的。但如果没有相对固定的安排和官方展示，就无法充分发挥广州塔的宣传作用，特别是对于外来旅游者的吸引力会受到一定限制。反观纽约时代广场、纽约帝国大厦等著名地标的亮灯安排，都是有计划且可查询的，规律的点亮仪式或点亮主题更能凸显地标的存在感，让地标建筑的意义渗透到日常生活中。

（2）提升人文关怀。从目前的情况来看，广州塔的灯光主题设计大多局限于重大节日和商业广告，相对而言，有关广州历史文化和广州民众生活的灯光设计较少，人文情怀不够浓厚。

（3）广州塔是广州的新城市地标，亦应成为岭南文化中心的地标，乃至国际一流城市的地标。目前，广州塔的灯光主题设计较少涉及其他城市、其他国家的主题，应积极与其他城市和其他国家合作，适当推出城市合作与国际合作的灯光主题，以提升广州文化的影响力。

9.4.3　对策建议

就目前的情况而言，可以考虑从以下几个方面进一步完善广州塔灯光主题。

（1）固定重大节日，形成城市文化特色。每年固定举行国家重大传统节日和周年庆典灯光主题景观秀，辅之以珠江北岸灯光节夜景，形成民众向往的都市文化景观，增加广州塔的吸引力和影响力。

（2）举办主题设计活动，提高社会参与度。2015 年的广州塔公益灯光设计大赛，民众参与度高，影响广泛，是一个成功的范例。今后，广州可以结合具有地方文化特色或者时代潮流的主题开展广州塔灯光主题设计活动，充分调动广州，乃至粤港澳和全国的民众参与灯光主题设计，集思广益，不断创新。

（3）加强国际互动，提高广州塔影响力。广州可以通过加强地方联动、增强国际互动扩大广州塔宣传的影响力。例如，加拿大国家电视塔连续三年的"中国红"祝福和迪拜哈利法塔的中国国旗致敬都展现了一种主动交流、开放自信的姿态。广州塔的灯光主题设计可以借鉴这些做法，使广州塔成为国家关注的焦点。

图书在版编目（CIP）数据

广州迈向国际一流文化城市／程焕文，肖鹏，宋佳
等著． -- 北京：社会科学文献出版社，2022.12
（羊城学术文库）
ISBN 978 - 7 - 5228 - 0448 - 4

Ⅰ.①广… Ⅱ.①程… ②肖… ③宋… Ⅲ.①城市文
化 - 建设 - 研究 - 广州 Ⅳ.①G127.651

中国版本图书馆 CIP 数据核字（2022）第 126322 号

·羊城学术文库·

广州迈向国际一流文化城市

著　　者／程焕文　肖　鹏　宋　佳　等

出　版　人／王利民
责任编辑／王　绯　徐永清
责任印制／王京美

出　　　版／社会科学文献出版社·政法传媒分社（010）59367156
　　　　　　地址：北京市北三环中路甲 29 号院华龙大厦　邮编：100029
　　　　　　网址：www.ssap.com.cn
发　　　行／社会科学文献出版社（010）59367028
印　　　装／三河市尚艺印装有限公司

规　　　格／开本：787mm×1092mm　1/16
　　　　　　印　张：18.25　字　数：284 千字
版　　　次／2022 年 12 月第 1 版　2022 年 12 月第 1 次印刷
书　　　号／ISBN 978 - 7 - 5228 - 0448 - 4
定　　　价／109.00 元

读者服务电话：4008918866